KB011340

포르노그래피,
그리고 청년이라는 문제

베스텐트 한국판 10호

WestEnd
Neue Zeitschrift für Sozialforschung
18. Jg., Heft 2, 2021

Herausgegeben im Auftrag des Instituts für Sozialforschung an der Johann Wolfgang Goethe-Universität, Frankfurt am Main, und der Gesellschaft für Sozialforschung, Frankfurt am Main, von:

Sidonia Blättler
Axel Honneth

In Verbindung mit:
Klaus Günther
Kai-Olaf Maiwald
Juliane Rebentisch
Martin Saar
Sarah Speck
Stephan Voswinkel

Wissenschaftlicher Beirat:
José Brunner, Tel Aviv
Judith Butler, Berkeley
Kenichi Mishima, Tokio
Beate Rössler, Amsterdam
Yves Sintomer, Paris
Peter Wagner, Barcelona

베스텐트 한국판
베스텐트 한국판은 '연구모임 사회 비판과 대안' 구성원들이 편집합니다:
고지현 김광식 김원식 김주호 문성훈(책임편집자)
오근창 이유선 정대성 정대훈 정태창 조현준 홍찬숙

WESTEND

Copyright © 2021 Institut für Sozialforschung and Campus Verlag GmbH, Frankfurt am Main
Korean Translation Copyright © 2024 April Books Publishing Co., Seoul

This Korean edition is published by arrangement with
Institut für Sozialforschung, Frankfurt am Main. All rights reserved.

이 책의 한국판 저작권은 저작권자와 독점 계약한 사월의책에 있습니다.
저작권법에 의해 한국 내에서 보호를 받는 저작물이므로 무단 전재 및 복제를 금합니다.

포르노그래피,
PORNOGRAPHY, AND THE PROBLEM OF YOUTH
그리고 청년이라는 문제

포르노그래피는
비윤리적인가?

청년 남성과
청년 여성은
왜 대립하는가?

WestEnd
베스텐트 한국판 10호
연구모임 사회비판과대안 엮음

차례

서문

이번 호로 베스텐트 한국판이 10호째를 맞았다. 베스텐트는 독일 프랑크푸르트학파의 산실인 사회연구소의 기관지이다. 따라서 베스텐트는 프랑크푸르트학파의 지적 전통인 사회철학에 기초한 학제적 사회비판 이론이란 관점에서 오늘날 현대사회의 문제점과 최근의 사회적 쟁점들을 비판적으로 성찰하는 글들을 소개하고 있다.

2012년 베스텐트 한국판이 처음 창간되었을 때 기쁨도 있었지만, 걱정도 컸었다. 분명 베스텐트 한국판 출간은 현대사회비판과 관련된 유럽의 선진적인 논의를 한국에 직접 소개한다는 점에서 우리나라 학계와 비판적 지식인의 문제의식을 확대하는 데 기여할 수 있다. 그리고 여기에 추가하여 한국판 특집을 만들어 한국 연구자들의 사장된 글을 발굴하여 재수록한다는 점에서도 베스텐트 한국판 출간은 분명 가치 있는 일이었다. 그러나 학문적으로 가치가 있다고 해서 베스텐트 한국판 출간의 지속성이 보장되는 것은 아니다. 한국 출판계의 척박한 현실을 생각할 때 '팔리지 않는 책'을 계속해서 출간한다는 것은 결코 쉬운 일이 아니기 때문이다. 그래서 걱정도 컸다.

하지만 지난 10여 년의 기간은 천만다행으로 작은 희망을 품게 한 '소확행'의 과정이기도 했다. 첫 번째로는 베스텐트 한국판을 출간하는 '사월의책'이 수익과 관계없이 베스텐트 한국판을 계속 출간하겠다는 의지를 보여주었다. 그리고 두 번째로는 중앙대학교 독일유럽연구센터가 베스텐트 한국판의 가치를 인정하여 지속적으로 지원을 해주었다는 점, 끝으로는 많지는 않지만 베스텐트 한국판이 예상과는 달리 어느 정도 판매되고 있다는 점에 희망과 기쁨을 느꼈다.

소소한 에피소드들도 있었다. 베스텐트 한국판 2013「쟁점」부분의 주제였던 '디지털 자아'를 보고 자신이 찾던 연구 주제라며 감사의 말을 전한 독자가 있었고, 우연히 만난 영문과 박사과정생이 베스텐트 한국판에 관해 이야기할 때, 그리고 비록 지인이지만 베스텐트 한국판을 1호부터 꾸준히 모았다는 말을 듣고, 지난 10여 년간 베스텐트 한국판을 빠짐없이 출간한 것에 보람을 느끼기도 했다.

작지만 이런 성과를 낸 데에는 베스텐트 한국판 편집위원들의 노고가 컸다. 이분들은 매번 베스텐트 독일판에 실린 글들을 한국어로 번역하는 작업을 큰 대가 없이 감당해주었다. 그리고 한국판 특집을 마련하기 위해 주제를 선정하고, 관련 자료를 검색하고, 또한 우수한 글들을 발굴하는 작업 역시 오로지 사명감 하나로 감당해주었다. 베스테트 한국판 편집위원들의 노고에 이 자리를 빌려 감사드린다.

베스텐트 한국판 10호는 항상 그렇듯이 이번에도 두 부분으로 구성되어 있다. 첫째는 베스텐트 독일판에 수록된「쟁점」을 번역한 부분이다. 이번 쟁점의 주제는 포르노그래피이며, 이를 둘러싼 윤리성과 비윤리성 논쟁, 그리고 이와 연동된 정치적 대립, 페미니즘과 퀴어의 입장

등 이른바 '성' 전쟁으로 불리는 포르노그래피 논쟁과 관련하여 참조할 만한 글들이 실려 있다. 우리나라에서 포르노그래피는 법적으로 금지되어 있지만, 인터넷을 통해 '야동'이 광범위하게 확산하고 있고 성 착취 영상물까지 유포되고 있는 현실을 볼 때 포르노그래피에 대한 학문적 성찰은 남의 나라 일만은 아니다.

둘째는 베스텐트 한국판 특집으로 우리나라 저자들의 글이 실려 있다. 이번 특집의 주제는 청년세대 내에서의 젠더 갈등이다. 사실 이런 주제에 관한 기사들이나 학술 논문들은 지난 대선 이후 유행처럼 생산되면서 청년 담론의 핵심을 차지하고 있다. 그런데 이런 담론은 대개 기성학자 내지 기성세대에 의해 주도되면서 정작 청년 본인들의 입장은 상대적으로 부각되지 못했다. 이번 특집은 바로 청년 자신이 자신들이 겪는 문제에 관해 직접 발언하는 기회를 만들고자 했고, 이 때문에 특집에 실린 글들은 대부분 청년세대에 속한 젊은 연구자들의 것이다.

이번 쟁점과 특집도 현대사회를 비판적으로 성찰하는 많은 분에게 자신의 시각을 정리하는 데 도움이 될 수 있기를 바란다. 그리고 베스텐트 한국판 출간 10년을 맞이하여 앞으로도 베스텐트 한국판이 지속적으로 출간되기를 기대하며, 우리나라 비판적 지식인들이 즐겨 탐독할 수 있는 베스텐트가 되도록 좋은 번역에 힘씀은 물론 한국판 특집을 선정하는 작업에도 만전의 노력을 다할 것을 다짐해본다.

문성훈

베스텐트 한국판 책임편집자

1부

1부 쟁점 / 포르노그래피: (비)윤리성과 성

포르노그래피
(비)윤리성과 성(性)

율리아네 레벤티슈, 케르슈틴 슈타케마이어

이번 「쟁점」은 포르노그래피를 둘러싼 최근의 논쟁에 관한 글들을 모았다. 포르노그래피 생산 분야는 1990년대 논쟁 이후 극적으로 변화하여 손쉽게 대중적으로 접할 수 있는 온라인 문화의 한 부분이 되었다. 이 때문에 오늘날 포르노그래피 생산 분야의 주류가 아마추어 부분에 의해 보완될 뿐만 아니라 이를 통해 주류의 형태 자체도 영향을 받았다. 게다가 포르노그래피 시장도 그 생산물 속에서 드러나는 성문화를 볼 때 다양화가 이루어졌다. 1970년대에 포르노그래피의 해방적 급진화라는 차원에서 개최되었던 포르노 영화제가 복귀한 것도 이를 증명한다. 그러나 이 모든 변화에도 불구하고 포르노그래피 자체가 처한 상황은 처음 등장할 때나 지금이나 마찬가지이다. 포르노그래피는 여전히 한 사회의 (비)윤리적 질서를 둘러싼 논쟁에서 하나의 증상으로서 그 준거점이 되고 있기 때문이다. 이런 논쟁에서는 대개 윤리성과 비윤리성이라는 대립적 판단들이 새로운 대상을 끄집어내기보다는 기존의 대상만을 다루기 쉽다.

이런 점은 특히 1970년대, 1980년대, 그리고 1990년대의 성(性) 전쟁이 오늘날에도 잔존하고, 또한 이것이 어떤 식으로 잔존하는지를 보면 알 수 있다. 수산나 파소넨(Susanna Paasonen)에 따르면, 미국 저널리스트 니콜라스 크리스토프(Nicholas Kristof)가 선도적인 포르노그래피 웹사이트 '폰허브(Pornhub)'를 상대로 벌인 최근 캠페인에서 동원한 수사법은 이미 1980년대 급진 페미니즘과 우파보수주의 이익 단체들이 동맹하여 포르노그래피와 맞서 싸울 때 사용했던 바로 그 수사법이었다. 그러나 여성의 권리 보호라는 이름으로 감행된 포르노그래피에 대한 투쟁은 웹사이트의 기술적-물질적 인프라와 소셜 미디어 콘텐츠를 겨냥할 경우 역설적 효과를 초래한다. 이러한 투쟁은 여성으로 식별되는 바로 그 사람들의 성적 자기결정권을 제한하기 때문이다. 포르노그래피는 남성에 의한 제도화된 여성 학대의 표현이자 수단이라는 단일한 포르노그래피 관점을 전제한다면, 성 노동자의 성적 자기결정권만이 아니라 포르노 판타지를 연기하는 여성 연기자, 그리고 미학적 측면만이 아니라 묘사되는 행위, 신체, 성별, 섹스 형태를 통해 구별되는 포르노그래피 생산물의 다양성 등은 생각조차 할 수 없게 된다. 더구나 포르노그래피가 이성애적 역할 모델에 빠져 있는 곳에서는 포르노그래피를 통해 욕망의 쾌락주의적 형태를 가시화하려는 모든 노력은 곧장 종말을 고하고 만다.

레오니 칠히(Leonie Zilch)가 명백히 밝히고 있듯이, 포르노그래피를 페미니즘 차원에서 전유하기 위해서는 여성은 물론 종종 한 묶음으로 거론되는 아이 역시 포르노그래피로부터, 따라서 자신의 고유한 욕망으로부터도 보호받아야 한다는 가정을 거부해야 한다. 포르노그래피에 반대하기 위해 포르노그래피와 폭력을 동일시할 때 야기되는 재현과 현실의 붕괴에 대항하여, 지난 수십 년간 페미니즘 영화 이론의 선구자들은 여성의 미디어 역량만이 아니라 이원적 성 역할을 넘어선 판타지의 유희공간을 변호해왔다. 게르트루트 코흐(Gertrud Koch)의 글에 근거한 칠히의 입장에 따르면, 개별적 역할이 아니라 장면 전체가 폭력과 포르노그래피를 동일시하는 자료가 되는 상황을 볼 때, 세부 묘사만을 탐닉하는 이성애적 주류 포르노그래피의 이데올로기에 반하는 여성의 호기심에 대해 생각해볼 수 있다는 것이다. 사회적으로 고유한 성 역할을 넘어선 판타지의 생성적 기능에 대한 통찰은 페미니즘과 퀴어의 입장에서 포르노그래피를 전유하는 데 있어 다른 식의 포르노그래피의 가능성에 대한 질문과도 관계가 있다. 이러한 질문은 실제로 비디오 기술 발전과 웹에 기초한 생산 조건의 변화, 그리고 이에 동반한 포르노그래피 묘사 관행상의 변화를 배경으로 제기되고 있다.

포르노그래피가 명확하게 정의된 어떤 대상에 붙여진 이름이 아니라 윤리성의 윤곽과 실체를 둘러싼 논쟁의 이름이라는 점은, 1970년대 포르노그래피에 대한 반(反)문화적 공격처럼 1980년대 래디컬 페미니즘이 현재 어떻게 되돌아왔는가를 보면 명백히 드러난다. 반(反)포르노그래피 페미니즘의 아이콘이 된 안드레아 드워킨(Andrea Dworkin)의 글이 오늘날 흡사 르네상스를 맞고 있다는 점이 바로 그 사례이다(Dworkin 2019). 그러나 이 점이 그가 법학자 캐서린 맥키넌(Catharine MacKinnon)과 협력하여 기획한 반포르노그래피 규정과 관련하여 그런 것은 아니다(MacKinnon und Dworkin 1988). 사실 이런 배경에서 드워킨은 성 노동이나 수치심에서 해방된 성적 표현에 대한 권리처럼 여성을 위한 포르노그래피를 생산하고 소비할 권리를 요구하는 사람들에게 선동적 반대자로 비쳤다. 오늘날 드워킨은 그녀와 맥키넌의 정책에 동의하지 않는 퀴어 페미니즘 논쟁에서도 다시 읽히고 있을 뿐만 아니라, 그것도 학문 세계를 넘어서거나 이에 대항하여 단호하고도 부분적으로는 파괴적인 직설적 언어로 성폭력에 대해 말하는 저술가로 읽히고 있다(Fateman 2019: 12 이하). MYSTI의 문학적 글은 드워킨을 학문 담론이 성폭력에 대해 말할 때 구사하는 완곡 화법에 급진적인 반대 목소리를 낸 사람으로 다룬다. 그에게서 퀴어는 이성애적 매트릭스로부터의 적극적인 탈출 제안이 아니라, 비윤리적 불쾌함, 즉 오늘날 항상 사회적 폭력이 자행된 자기 인식으로 표시된다. 개인의 주관성을 지배적인 윤리를 통해 포르노그래피화시키는 폭력이 여기서는 학술 담론이나 법 규정 내에서의 논의가 아니라 밀도 높은 1인칭의 경험 형태로 표현된다는 사실 역시 포르노그래피 담론에서 발생한 변화된 풍경을 보여준다. 여기서는 1970년대, 1980년대, 그리고 1990년대 페미니즘이 벌인 성(性) 전쟁이 그어 놓은 반포르노그래피 입장과 성 긍정적 입장 사이의 견고한 경계선 자체가 현재 상황에서 볼 때 재협상의 대상이 된다.

포르노그래피를 통한 성적 자기결정권을 옹호하는 입장과 포르노그래피가 함축한 사회적 폭력을 비판하는 입장 중 어느 하나를 선택하는 것이 아니라, 이 두 가지 입장이 상호연관 속에서 논의되고 체험되어야 한다는 변화된 지적 분위기에 대해서는 제니퍼 도일(Jennifer Doyle)과 제니퍼 내시(Jennifer C. Nash) 역시 지적하고 있다. 도일과 내시는 자신의 지적 전기를 바탕으로 쾌락과 폭력 경험 사이의 성 정치적 영역을 측정하고, 이런 영역에서 자신을 기술한다는 것이 무엇을 의미하는지 설명한다. 여기서는 성(性) 전쟁을 둘러싼 입장들이 서로 나누어지는 것이 아니라, 매우 포괄적이고 다양화된 토론을 초래하는 수많은 상호 이행과 동맹 관계를 보여준다. 이러한 토론에서는 윤리성과 비윤리성의 사회적 연결망에서 차지하는 각각의 위치만큼이나, 그것이 포르노그래피의 묘사이든 문학적 혹은 학문적 문헌이든 그 표현 형식의 정치가 중심에 설 수밖에 없다.

이런 복합적 상황 때문에 학문적 맥락에서는 다양한 모습의 포르노그래피에서 실제로 작용하는 인종주의적이고 성적인 고정관념을 근거로 포르노그래피의 양면성을 무조건 외면하는 것이 아니라, 바로 그 양면성에 주목하는 연구들이 등장한다. 특히 퀴어 연구와 아프리카계 미국인 연구에서 권력, 재현, 섹스, 에로티시즘, 쾌락의 연관성에 관한 연구가 활발히 진행되고 있다는 사실은 퀴어와 흑인의 주관성을 사회적으로 낙인찍음으로써 이를 특히 포르노그래피화시키는 상황을 볼 때 결코 우연이 아니다. 이런 주관성을 이질적인 것으로 표시하게 되면 이에 몰두하는 것은 비윤리적이라는 꼬리표를 달게 되기 때문이다. 따라서 이러한 연구에서 문제가 되는 것은 백인 부르주아 사회에서 비윤리적인 것으로 간주된 것과 성적 해방을 무조건적으로 동일시하는 것이 아니라, 오히려 포르노그래피를 백인 부르주아적 (비)윤리성의 표현 속에서 그것의 변위가 발견되는 개방적 영역으로 다루는 것이다.

이런 식의 접근을 수행하는 최근의 국제적 논의들은 부르주아 성 모델의 이원적 대립이 허용되지 않는 바로 그곳에서 페터 고르젠(Peter Gorsen)이 1960년대 후반부터 1980년대 중반까지 근대적 성 윤리성을 근본적으로 문제 삼은 "성 미학"과 함께 분명한 반향을 일으키고 있다. 오늘날까지 영어로 번역되지 않은 "자웅동체적 에로스"에 대한 그의 논의와 오늘날 특히 트랜스섹슈얼의 포르노그래피화에 대한 미국에서의 토론을 연결하는 작업은 그동안 명백하고도 절박한 것으로 드러났다(Gossett und Huxtable 2017). 고르젠의 목표는 오늘날 우리가 결정적으로 근대적 현상이라고 말하는 포르노그래피가 민족적, 교육학적, 경제적 윤리관에 의해 규정되어 있다는 점과 그 방식을 명확히 밝히는 것이었다. 이를 통해 이러한 연결 고리와 근대적 주체의 생산 및 재생산 패러다임에 속하지 않는 성행위를 포르노그래피화하는 것을 비판적 논쟁의 대상으로 삼고, 변화된 사회적 실천과 연결할 수 있기 때문이다. 페터 고르젠의 저술 자료를 발췌한 케르슈틴 슈타케마이어의 작업은 바로 이런 기획의 일환이다.

번역_문성훈

참고문헌

Dworkin, Andrea 2019: Last Days at Hot Slit. The Radical Feminism of Andrea Dworkin. Hg. von Johanna Fateman und Amy Scholder. Cambridge: Semiotext(e).

Fateman, Johanna 2019: Introduction, in: dies. und Amy Scholder (Hg.): Last Days at Hot Slit. The Radical Feminism of Andrea Dworkin. Cambridge: Semiotext(e), 9–39.

Gossett, Che und Juliana Huxtable 2017: Existing in the World. Blackness at the Edge of Trans Visibility, in: Reina Gossett, Eric A. Stanley und Johanna Burton (Hg.): Trap Door. Trans Cultural Production and the Politics of Visibility. Cambridge: MIT Press.

MacKinnon, Catharine und Andrea Dworkin 1988: Pornography and Civil Rights. A New Day for Women's Equality. Minneapolis: Organizing Against Pornography.

포르노 십자군과 감정적인 플랫폼 정치

수산나 파소넨

2020년 겨울, 전 세계적으로 가장 많은 포르노 동영상을 보유하고 있는 사이트인 폰허브(Pornhub)는 콘텐츠의 대부분에 해당하는 9백만 개의 동영상에 대한 접근을 차단했다. 이것은 퓰리처상을 받은 뉴욕타임스 기자인 크리스토프(Kristof)가 「폰허브의 아이들」이라는 폭로 기사를 써서 대중적인 주목을 받았기 때문이다. 그 플랫폼의 어두운 곳은 "강간 동영상으로 가득하다"는 언급으로 시작하는 그 기사는 폰허브가 "아동 강간, 보복 포르노, 여성이 샤워하는 장면을 찍은 몰래카메라, 인종주의적이고 여성혐오적인 콘텐츠, 비닐봉투 안에서 여성이 질식하는 장면" 등으로 돈을 벌고 있다고 주장했다(Kristof 2020). 학대당하고, 고문당하고, 인신매매에 희생된 여성들의 이야기를 자세히 다루면서, 크리스토프는 잘 알려진 폰허브 운영 원칙의 문제들을 반복해서 언급했다. 폰허브는 오랫동안 해적 행위 위에 비즈니스 모델을 구축하고 있으며, 잘못을 고치려 하지 않고, 불법적인 콘텐츠에 대한 고소 및 삭제 요구에 늑장 대응을 해왔다는 비판을 받아왔다(Auerbach 2014; Grant 2020 참조). 성

노동자들이 목소리를 냈을 때에는 이런 비판들이 거의 영향력이 없었으나, 뉴욕타임스가 기사로 내자 상황이 달라졌다. 크리스토프는 성을 상업적으로 거래하는 폰허브와 다른 플랫폼들에 압력을 가하는 데서 출발해서, 그 기사를 통해 "성의 금지"(Molldrem 2018)라는 더 큰 맥락에서 온라인 플랫폼으로부터 노출 및 섹스 콘텐츠를 점차 제거해 나가기 위한 논리, 목표, 추이 등에 대해 조사했다. 데이비드 핼퍼린(Halperin 2017: 3)은 이것을 "섹스와의 전쟁"이라고 불렀다. 이것은 섹스를 목표로 한, 특히 미국에서 "도덕적, 심미적, 정치적 혹은 종교적 이유에서 승인되지 않은" 섹스의 형태에 대한 수많은 개별적 목소리들이 누적된 결과이다(Halperin 2017: 6; Race 2018: 172-173).

동시에, 이용자들이 가입비를 내고 성인 콘텐츠를 공유하는 온리팬스(OnlyFans)는 코로나 19로 인한 봉쇄기간 동안 10배나 성장했다. 사람들은 성적으로 교류하고 소통하기 위해 다양한 방식으로, 감추어진 소셜 미디어나 메시지 앱을 사용하고 있다. 이것은 물론 그런 서비스 제공자의 커뮤니티 규준을 어기는 것이다(Tiidenberg and van der Nagel 2020). "외설적인" 것을 금지하고 있는 줌과 스카이프가 원격 섹스 데이트나 파티에 이용되고 있는 것을 생각하면 된다. 포르노 비디오 사이트의 트래픽은 여전히 높은 상황이며, 웹캠 사이트의 사용자도 꾸준히 증가하고 있다. 여기에는 그동안 집중화가 이루어져 왔는데, 데이터 트래픽의 대부분이 몇 개 안 되는 플랫폼을 통해서 이루어지고 있고, 폰허브는 그 플랫폼의 하나라고 할 수 있다.

이제 문제는 웹에서 섹스 콘텐츠를 단순히 삭제하는 것이 아니다. 사용자 보호라는 덧없는 이름하에 노출 및 섹스 콘텐츠를 소셜 미디어 사이트에서 분리해내려는 시도가 있었지만 미수에 그쳤고 우리의 문제는 그 이상의 것이다(Paasonen, Jarrett and Light 2019). 데이터 거대기업인 구글과 같은 소셜 미디어 회사들은 포르노 사이트를 언급하는 것을 허용하지 않고 있으며, 페이스북이나 인스타그램도 포르노 사이트를 연결하는 것을 금지하고 있다. 틱톡은 설사 규정을 어기지 않았더라도 온리팬스에 접속한 사용자들의 계정을 삭제하는 것으로 알려졌다. 이것은 인스타그램이 포르노 스타들의 계정을 삭제한 것과 같은 경우다(Fabbri 2019). 크리스토프의 폰허브 캠페인은 네트워크화된 미디어 속의 섹스 콘텐츠를 상대하는 작업에 기여했을 뿐 아니라 공공정책과 지난 수십 년간의 반-포르노 활동가들의 전략을 함께 엮어냄으로써 그런 작업을 넘어서고 있다. 그것은 특수하기도 하고 일반적이기도 한 작업으로서 포르노그래피에 관한 미국의 문화정치 안에 포함된 핵심적인 긴장을 잘 그려냈으며, 그 충격은 전 세계적인 것이었다.

말 좀 해봐

포르노 동영상 수집 사이트들은 유튜브가 2005년 이후 정한 온라인 동영상 공유 규칙을 운영 원리로 채택하는 경우가 대부분이다. Xvideos와 xHamster를 제외하고, 가장 인기 있는 사이트들(예를 들어 폰허브, 레드튜브, 유폰)은 마인드긱(MindGeek)이라는 동일한 회사 소유이다. 유튜브에 대해 글을 쓰고 있는 길레스피(Gillespie 2010: 352)는 플랫폼 개념을 다음의 네 가지 다른 의미로 설명하고 있다. "무엇인가 구축하고 시작할 수 있는 전산 플랫폼, 말하고 듣는 장소인 정치적 플랫폼, 기회가 실제적인 만큼 추상적인 약속이라는 점에서 비유적 플랫폼, 그리고 유튜브가 개방적이고 평등주의적인 표현을 촉진하도록 설계되었다는 점에서

건축학적인 플랫폼."

정치적이고 비유적인 의미에서 플랫폼을 갖는다는 것은 사람들이 보고 듣는다는 것, 즉 청중을 확보하고 문화와 사회에 잠재적으로 영향을 미칠 가능성이 있다는 것을 의미한다. 반대로 플랫폼을 해체하는 것은 청중을 확보할 채널에 대한 접근 권한을 제거함으로써 침묵하는 것을 의미한다. 네트워크화된 미디어에서 플랫폼의 해체는 다양한 수준에서 발생한다. 사용자의 계정 또는 전체 그룹을 제거하거나(Rogers 2020), 콘텐츠 카테고리를 금지하고(Pilipets and Paasonen 2020), 중재를 통해 그런 금지를 강제하고, 플랫폼을 운용할 수 있는 기술적, 경제적 토대에 충격을 줌으로써 플랫폼을 해체하기도 한다. 소셜 미디어에서 섹스 플랫폼의 해체는 커뮤니티 규준과 같은 플랫폼 내부의 법을 통해 이루어진다. 극적인 예로서, 텀블러(Tumblr)는 2018년 콘텐츠의 대부분을 차지했던 과도한 노출과 성적인 묘사를 금지하기로 결정했다(Cho 2018). 이 플랫폼은 10여 년에 걸쳐 구축된 네트워크, 리소스, 아카이브에 대한 접근 권한을 상실하여 주변화된 성적인 비순응 커뮤니티들 사이에서 인기를 끌었다(Byron 2019; Molldrem 2019). 애플리케이션, 사이트 혹은 서비스의 인프라를 목표로 한 세 번째 형태의 플랫폼 해체는 2021년 1월 웹호스팅 서비스에서 트럼프 지지자들이 선호하는 팔러 앱(Parlor app)을 삭제하기로 결정한 아마존의 결정이 나온 이후 논쟁거리가 되었다.

크리스토프가 폰허브의 문제를 해결하기 위해 제안한 해결책은 성노동자 및 활동가들이 오래전부터 요구해왔던 것과 부분적으로 동일하다. 즉 불법 복제와 불법 콘텐츠를 억제하기 위해서는 인증된 사용자만 동영상을 게시할 수 있어야 하고 다운로드는 금지되어야 하며, 콘텐츠의 변경과 보고 관행이 개선되어야 한다는 것이다. 길레스피의 용어를 사용하자면, 이런 제안들은 폰허브를 정치적, 비유적, 건축학적 플랫폼으로 작동하지 못하게 하는 것이다. 폰허브는 이런 수정 사항을 준수했다고 주장한다(Pornhub 2020 참조). 그러나 크리스토프는 나아가 플랫폼과 결제 인프라의 연결을 끊을 것을 제안한다. "나는 검색 엔진, 은행, 신용카드 회사가 어린이나 의식이 없는 여성에 대한 성폭행으로 수익을 창출하는 회사를 지원해야 하는 이유를 모르겠습니다." 부정적인 광고와 증가하는 광고 손해에 놀란 비자와 마스터카드는 플랫폼과의 관계를 신속하게 단절했고, 현재는 신용카드를 받을 수 없게 되었다. 2021년 4월 16일 크리스토프는 「왜 우리는 기업이 강간 비디오를 통해 이익을 얻게 하는가?」라는 또 다른 의견 기사를 뉴욕타임스에 실음으로써 자신의 프로젝트를 이어갔다. 이것은 Xvideos를 표적으로 삼은 것으로서 신용카드 회사와 검색 엔진 모두에 그 플랫폼을 차단할 것을 요구하는 것이었다.

비디오 집적 사이트는 자신들이 호스팅하고 스트리밍하는 비디오를 직접 생산하지 않는다는 점에서 대리 포르노 제작자이다(MindGeek은 이런 짓을 하면서도, 불법복제 때문에 재정적인 어려움을 겪는 제작 스튜디오 몇 개를 구입하기도 했다; Paasonen et al. 2019: 58). 동업자로서 그들은 유통 및 광고 플랫폼이다. 현재의 기술적 상황에서 이것은 데이터 최적화에서 정보 디자인에 이르는 전문적인 작업을 하면서 전산적, 건축학적 플랫폼을 운영하고 있다는 것을 의미한다. 이런 인프라 작업은 불법 콘텐츠 혹은 사용약관에 위배되는 콘텐츠가 유통되지 않도록 하는 콘텐츠 조정으로 확장된다. 폰허브 조정자의 작업을 강제로 성 고문과 미성년자 학대 장면을 보아야 하는 "영혼-파괴" 작업이라고 묘사한 것을 인용하면서, 크리스토프의 기사는 상업 콘텐츠 조정의 피해에 대한 광범위한 우려를 나타냈다. 그러나 포르노에 관련된 예외적인 용어로 폰허브의 조정을 프레임화하는 과정에서 상업적 콘텐츠들은 무시되고 있다.

사라 로버츠(Roberts 2019)가 상업 콘텐츠 조정에 대한 그의 민속지적 연구에서 자세히 언급했듯이, 소셜 미디어 플랫폼은 수많은 저임금 고용인들이 그것들을 솎아내지 않았다면 동물과 인간에 대한 고문 자료로 가득 차 있을 것이다. 시각적 콘텐츠의 조정은 대부분 자동화된 알고리즘을 통해 이루어지지만, 진위나 콘텍스트를 구별하는 작업은 기계가 하기 어렵다(비디오 형식이 일련의 일거리를 만들어낸다). 소셜 미디어의 "오물 구덩이" 안에서의 작업은 플랫폼들의 브랜드 관리와 연관되어 있으며, 정신 건강에 대한 충분한 지원이 이루어지는 일은 거의 없고, 주목할 만한 정서적 심리적 스트레스를 수반한다(Roberts 2019: 116-123, 151-154). 크리스토프(Kristof 2020)는 트라우마를 유발하는 콘텐츠의 문제를 폰허브에만 국한시킴으로써 그 조정 직원을 마인드긱의 희생자이면서 동시에 아동의 성적인 학대를 조장하는 악당이 되게끔 했다.

포르노 집적 사이트의 콘텐츠 조정 리소스 부족은 심각한 문제이지만, 구글 및 페이스북의 유사한 작업 역시 직원을 "최악의 인간성을 흡수"하게 만듦으로써 "영혼을 파괴하는" 것으로 논의된 바 있다(Chen 2014). ISIS의 참수 비디오, 성적이거나 기타 폭력에 대한 문서들, 백인 극단주의자가 총격을 가하는 장면에서 촬영한 영상은 모두 상업 콘텐츠 조정자가 신고하거나 제거하기 전까지는 모두 주류 소셜 미디어에서 사용 가능하다(Gillespie 2018: 9; Parks 2019). 페이스북은 2021년 첫 3개월 동안 5백만 건의 아동 누드 및 착취 사건에 대해 조치를 취했으며, 사용자가 신고하기 전에 콘텐츠의 98.9%를 잡아냈다고 보고하고 있다. 포르노 비디오 집적 사이트의 운영 원칙은 소셜 미디어 플랫폼과

거의 유사하기 때문에 콘텐츠 정책이 크게 다르더라도 콘텐츠 조정상의 문제는 비슷하다.

포스타-세스타

2018년 "온라인 성매매 방지법"(FOSTA)과 "성매매 방지법"(SESTA) 법안이 미 상원에서 초당적 지지로 통과된 이후로 소셜 미디어에서 성적인 표현과 의사소통을 위한 공간이 점점 좁아지고 있다. 사용자가 게시한 콘텐츠에 대한 책임으로부터 온라인 서비스를 보호하는 미국 통신예절법 230조에 대한 예외로서 FOSTA-SESTA는 온라인 플랫폼을 성적 유혹을 돕는 콘텐츠에 대한 책임이 있는 게시자로 재정의했다. 그 결과 인신매매와 관련이 없는 상업적 섹스와 관련된 콘텐츠가 광범위하게 제거되었는데, 이는 합의된 성노동과 합의되지 않은 성노동을 구분하지 않았기 때문이기도 하다(Reynolds 2020). 결과적으로 성 서비스에 대한 온라인 광고가 사라졌으며, 클라이언트 필터링, 성 건강 자원 및 독립적인 경력 관리에 대한 팁을 공유하는 성노동자를 위한 소셜 미디어 그룹 및 스레드가 등장했다(Blunt and Wolf 2020; Paasonen et al. 2019: 133; Tripp 2020). 미국 기반 소셜 플랫폼이 전 세계적으로 사용되기 때문에 이 법안은 성노동이 합법화된 국가에서도 광범위한 반향을 일으키고 있다.

이러한 변화는 상업적 섹스의 영역을 훨씬 넘어 콘텐츠 조정에 영향을 미쳤다. 너무 적게 제거하는 데서 발생하는 책임이 성적인 콘텐츠 호스팅과 관련된 상업적 이점을 훨씬 압도하기 때문에, 선제적 조치로 소셜 미디어 회사는 콘텐츠 정책을 강화했다. 광고주들은 자신들의 광고가 과도한 노출과 섹스 묘사 다음에 나오는 것을 원하지 않았기 때문에 소셜 미디어 회사들은 그런 콘텐츠들로 돈을 벌기가 어려웠다(Pilipets and Paasonen 2020). 페이스북과 인스타그램은 과도한 노출, 성적인 표현 및 유혹을 금지시키고, 여성의 젖꼭지와 맨 엉덩이가 보이는 것, 사용자들이 섹스에 대한 서로의 관심을 묻는 것, 성적인 맥락에서 가지와 복숭아 이모티콘을 사용하는 것을 못하도록 플랫폼을 바꾸었다(소셜 미디어에서 성 플랫폼화에 대한 더 긴 논의는 Paasonen 2021 참조).

한편, FOSTA-SESTA는 인신매매 억제에 거의 영향을 미치지 않는 반면 성노동자의 정보 자원에 대한 접근을 억제하고 이를 보호하지 못한다는 비판을 받고 있다(Tripp 2020). 체임벌린(Chamberlain 2019: 2206)은 이 법이 "상당한 범주의 보호된 표현을 범죄화하는 위험이 있다는 점에서 결함이 심각하며, 성노동과 성매매 간의 상호작용을 잘 이해하고 있지 못해서 이미 문서화된 표현에 좋지 않은 영향을 미쳤다"고 비판한다. 오랜 계획하에 FOSTA-SESTA는 2017년 Backpage.com을 대상으로 상업적 섹스 광고를 금지시켰다(Goldman 2018). FOSTA-SESTA의 영향과 Backpage의 성 광고 폐쇄를 요약하면서, 성노동자 커뮤니티 보고서는 다음과 같이 지적하고 있다. "이 법은 성노동자 착취를 방지하기 위해 어떤 일을 했다는 증거가 없다. 우리의 연구에 따르면 이 법은 실제로 개인을 경제적으로 더 어렵게 만들어 인신매매에 더 취약하게 만들었으며, 폭력으로부터 성노동자를 보호하기 위해 이전에 확립되어 있던 의사소통 채널에 대한 접근을 감소시켰다."(Blunt and Wolf 2020: 35)

Backpage를 대상으로 한 2017년 NYT 오피니언 기사에서 크리스토프는 그 사이트를 "대부분의 미국 인신매매 피해자가 판매되는 혐오스러운 웹사이트"라고 불렀고 SESTA는 "의도적으로 아동 인신매매에 가담한 사람들만을 대상으로 매우 협소하게 만들어졌으며" 따라서 그 법에 대한 비판과 달리, 온라인에서 표현의 자유를 제한하거나 성노동자의 권리를 제한하는 것과는 아무런 관련이 없다고 주장했다. 경험적 증거에 비추어 볼 때 이것은 명백히 사실이 아니다. 폰허브 및 Xvideos에 반대하는 이전의 작업과 이후의 캠페인에서와 마찬가지로 크리스토프는 모든 상업적 성노동을 강제 및 비자발적 노동과 마음대로 결합시키고 미성년자에 대한 성적 학대를 정서적 수사학의 핵심으로 이용했으며 FOSTA-SESTA에 대한 비판을 약화시키기 위해 Google과 같은 테크 회사가 성매매자의 동맹이라고 비난했다(예를 들어 Barnes 2019; Kristof 2009 참조). 수사학적 전략으로 성노동과 인신매매를 결합시키는 것은 기독교 우파, 낙태 폐지를 주장하는 페미니스트 및 정부에서 일하는 사람들을 단절시키고 통합시켜가면서 20년 동안 매우 큰 영향력을 발휘했다(Weitzer 2007: 449). 이 전략은 학대의 피해자가 아닌 다른 성노동자의 존재와 대리인을 고의적으로 모르는 체했으며, 정책에 영향을 미칠 가능성을 제한하고, 지역적으로나 국제적으로 그들의 다양한 의제, 입장 및 경험을 모호하게 만들었다(Bernstein 2019).

미국 인터넷 거버넌스가 전 세계 사용자에게 미치는 영향을 감안할 때 FOSTA-SESTA와 같은 법안은 지역적 문제를 훨씬 뛰어넘는다. 이것은 기본적으로 미국의 한 신문에 실리는 오피니언 기사로 구성된 크리스토프의 캠페인, 그리고 정책에 영향을 미치려는 일련의 트위터로 구성된 캠페인 같은 것이 국제적으로 중요하다는 것을 의미한다. 왜냐하면 그런 정책들은 전 세계 수십억 명의 사람들이 사용하는 온라인 플랫폼의 이용 약관을 변경시키기 때문이다. 미국에서 도덕적 공황으로 보일 수 있거나 실제로 도덕적 공황인 상황이 독일에서 온라인 성매매를 하는 사람들의 생계에 영향을 미칠 수 있으며, 또한 그런 상황은 소셜 미디어 사용자가 성교육 자료에서부터 역사적인 사진이나 감동적인 셀카에 이르는 성적인 콘텐츠를 교환하거나 교환하지 못하게 되는 방식으로, 또는 그런 플랫폼을 통해 성적으로 관계를 맺거나 그렇지 못하게 되는 식으로 영향을 미칠 수가 있다.

역겨운

물론 포르노와 여성에 대한 폭력의 연관성은 1970년대 이래로 포르노그래피를 여성의 성적 대상화, 비인간화, 예속을 정당화하는 남성 폭력의 상징이자 기록으로 규정한 페미니스트 기획의 핵심이었다(Griffin 1981; Dworkin 1989; Kappeler 1986; Long 2012 참조). 로빈 모건(Robin Morgan)의 유명한 1974년 슬로건인 "포르노는 이론이고 강간은 실천이다"에서와 같이 이러한 논쟁은 포르노와 성폭력 사이의 인과 관계를 이끌어냈다. 주로 미국에서 시작된 반포르노그래피 페미니즘은 계속해서 국제적 영향력을 행사하고 있다.

포르노의 생산과 소비가 개인적으로나 전체적으로나 여성에게 해롭다는 전제하에 안티포르노 페미니즘은 이분법적 젠더의 틀 안에서 가부장적 권력관계에 대한 비판에 초점을 맞추었다. 그래서 여성을 포함하지 않거나 여성이 다른 여성을 위해 만든 형태의 포르노그래피, 이분법을 따르지 않거나 단순히 비판의 패턴에 맞지 않는 사람들에 의해 만들어진 포르노그래피는 존재하지 않는 것으로 혹은 가부장적 성 정치의 추가적인 증거로 해석되었다. 남성에 의한 여성 학대에 초점을 맞춘 이런 식의 논증은 거의 인정되지 않고 있는 이성애적인 논리로 작동하며, 성적인 환상과 포르노 작품의 틀로 일반화되었다(Thompson 2015; Paasonen et al. 2020: 40-41). 크리스토프의 캠페인과 마찬가지로 반포르노그래피 페미니즘은 포르노와 성노동이 여성 주체가 없고 남성 헤게모니를 강화하는 데 도움이 되는 도덕적이고 젠더화된 이분법적 세계를 그려내고 있다. 거기에는 포르노를 성적 실험이나 표현의 장소로 간주하거나 제멋대로이고 퀴어하고 변태적인 성적 욕망과 환상을 위한 장소로 고려할 여지가 없다. 이것은 게일 루빈(Rubin 1989: 281)이 페미니스트 섹스 전쟁의 초기에 나쁜 섹스(동성애, 미혼, 난잡한, 비생식, 상업, 공개 및 변태)로부터 "좋은 섹스"(이성애, 기혼, 일부일처, 출산, 비상업, 사적인, 평범한)를 구별했던 종류의 성적 위계가 지속적으로 존재하고 있음을 말해준다.

안티포르노 페미니즘의 비판은 범주적이기 때문에, 포르노라는 장르를 "나쁜 섹스"의 영역에 확고하게 위치시키면서, 의도, 미학, 정치, 경제가 나란히 배열된 단일한 실재인 양 그 장르에 접근한다. 장르가 이렇게 균질화됨에 따라 그 내부의 다양성과 단편화가 시야에서 사라지게 되고, 그 결과 현대 포르노 작품이나 제품을 파악하는 것은 불가능해지며, 논의되는 내용의 많은 부분을 이해하는 것도 불가능해진다(Paasonen 2011 참조). 이러한 비판은 또한 포르노 산업에 반대하지 않는 한, 포르노 업계에서 일하는 여성들의 견해에 대해서는 무관심한 경향이 있다. 1980년대와 1990년대에 주로 만들어졌던 포르노 산업의 개념은 다양한 규모의 스튜디오, 아마추어 및 세미 아마추어, 독립 제작자 및 애니메이터가 참여하는 현대적 생산 형태를 설명하지 못한다. 현대의 포르노 산업은 소셜 미디어에서 포르노 작업을 볼 수 없는 상황에서, 동영상 수집 사이트를 점령하는 식으로 플랫폼에서 보여질 수 있게 하는 것을 목표로 하고 있다. 이것은 포르노를 보여지게 하는 것이 결코 쉽지 않은 일이라는 것을 의미한다. 크리스토프의 폰허브 캠페인을 비판하면서, 저널리스트인 그랜트(Grant 2020)는 다음과 같이 지적하고 있다.

> 수년 동안 포르노 배우들은 튜브사이트 비즈니스 모델의 핵심인 착취에 주의를 환기시키려고 노력했다. YouTube 클론은 얼마 전까지만 해도 많은 온라인 미디어와 마찬가지로 한때 독립 제작자에게 더 많은 지배력을 부여했던 온라인 포르노 생태계를 지배하고 있다. 그런 시절은 거의 끝났고 폰허브와 같은 웹사이트 뒤에 있는 거대 기업들은 해적질을 통해서가 아니라 비즈니스의 독점을 통해서 독립 포르노에서 돈을 빨아들이고 있다. 폰허브의 모회사는 포르노 제작 회사도 소유하고 있다. 다른 경우라면 목소리를 냈을 종사자들은 작업을 위해 회사에 의존하지 않을 수 없다. 결과적으로, 그것은 더 적은 노동, 더 낮은 임금, 그리고 종사자들에 대한 통제력을 떨어뜨리는 결과를 가져왔다. 독점 하에서, 특히 독립적인 감시나 노동조합이 없이 운영되는 산업에서는 학대가 만연하게 된다.

폰허브 및 마인드긱이 포르노 작업 및 제작 문화에 미치는 영향에 대해서는 비판할 것이 많다. 이들의 영향으로 스튜디오 시스템이 붕괴되었고, 더 긴 계약이 허용되었으며, 공연 경제는 재정적으로 불안정해졌으며, 재정적으로 생존 가능성이 낮아졌다(Berg 2021; Paasonen et al. 2019: 44, 59-60). 그랜트가 주장하듯이 신용카드 회사와 페이팔(PayPal)이 폰허브에 대한 지불을 중단하도록 하는 캠페인은 그럼에도 불구하고 상황을 개선하는 데 거의 도움이 되지 않는다. 오히려 그런 캠페인은 수익을 플랫폼에 의존하고 있는 성노동자와 기타 콘텐츠 제작자에게 피해를 주고 있다. 성매매 허브로서의 폰허브에 대한 공격은 또한 사용자가 주류 소셜 미디어 플랫폼에 아동 학대 자료를 게시하게 할 뿐만 아니라 보고된 아동 성학대 자료의 대부분을 왓츠앱(WhatsApp)과 같은 암호화된 메시지 앱을 통해 공유하도록 한다는 점에서 요점을 놓치고 있다(예를 들어 Burgess 2021; Kleinman 2021). 그러나 현재까지 20억 명이 아동 성매매 플랫폼으로 사용하는 페이스북 소유의 왓츠앱을 표적으로 하는 캠페인은 존재하지 않는다.

자유주의 저널리스트인 크리스토프는 강간 비디오에 대한 자신의 비판과 포르노가 강간 문화의 엔진이라는 주장을 조심스럽게 구별하고, 대신 불법 콘텐츠를 공유하는 플랫폼을 목표로 삼고 있다. 다시 말해서, 그는 자신의 프로젝트를 포르노그래피가 아니라 강간에 관한 것으로 프레임화함으로써 보다 범주적인 용어로 포르노그래피를 금지하려는 사람들과 스스로를 수사학적으로 분리시킨다. 동시에 그의 폰허브 기사는 "형법을 통해 매춘과 포르노를 포함한 성매매의 폐지"를 목표로 하는 종교적 권리 단체인 엑소더스 크라이(Exodus Cry)가 운영하는 캠페인인 트래피킹허브(Traffickinghub)의 노력을 홍보하고 있다(Grant 2020). 크리스토프의 캠페인은 성교육, LGBTQ+ 권리, 생식 및 낙태 권리에 반대하는 보수 단체를 한데 아우르는 반포르노 기획과 긴밀하게 연결되어 있는 것으로 보인다(Grant 2020). 이러한 조직들을 인신매매 반대 단체로 프레임화하는(Weitzer 2007) 것은 다양한 활동에 대한 자금 지원을 받을 수 있도록 그런 조직들을 중성화하는 데 도움을 주었다.

그들은 인신매매 반대 캠페인으로 여성의 권리를 보호한다고 주장하지만 실제로는 국제적으로 여성의 성적인 권리에 대한 반대 캠페인을 벌인 것이다. 한편 크리스토프의 저널리스트로서의 지위는 급진적 페미니스트나 보수적 기독교인으로 분류된 활동가들이 접근할 수 없는 종류의 객관성의 아우라를 그에게 제공했다. 약 200만 명의 트위터 팔로워를 가진 그의 정치적 플랫폼은 주목할 만하다. 그것은 뉴욕타임스 선데이 리뷰 섹션의 첫 페이지 전체를 폰허브에 관한 기사가 차지하는 것만 보아도 분명히 드러난다.

레이건 대통령 임기 동안, 세간의 이목을 끌었던 급진 페미니스트 안드레아 드워킨(Andrea Dworkin)과 캐서린 매키넌(Catherine MacKinnon)은 젠더 정치와 성 정치가 완전히 양립할 수 없었음에도, 자신들의 기획을 기독교 보수 연합의 기획과 일치시켰다(Vance 1997 참조). 포르노그래피에 반대하는 페미니스트 기획과 보수적인 로비 단체 간에도 유사한 조정이 이루어지고 있으며, 크리스토프와 엑소더스 크라이의 연계도 마찬가지이다. 이러한 연결에 주목하면서 비평가들은 크리스토프의 폰허브 공격이 도덕적 십자군이라는 것을 재빨리 알아차렸다(Grant 2000).

그의 주장은 "포주가 눈꺼풀에 자신의 이름을 문신으로 새긴 13세 소녀"(Kristof 2017)와 같은 백페이지(Backpage) 광고와 학대 생존자에게서 발췌한 것과 같은 노골적인 예를 사용하고 있다. 이런 것들은 정치적 효과에 대한 부정적인 정서적 반응을 목표로 하는 반포르노 페미니스트 슬라이드 쇼에 해당하는 텍스트로 작동한다(Gentile 2010: 85-92). 페미니스트 반포르노그래피 운동은 역사적으로나 현대적으로나 포르노의 사악한 영향에 대해 논쟁하는 데 부정적인 감정을 사용했으며, 이를 상처, 슬픔, 분노, 좌절, 두려움 및 메스꺼움과 연관시켰다(예를 들어

Griffin 1981; Dworkin 1989; 2000). 그의 논문 모음집인 *Last Days at Hot Slit*(2019)의 출판으로 재조명을 받고 있는 드워킨의 경우 특히 그렇다. 미투(#MeToo)의 문화적 맥락과 미국의 재생산권 투쟁에서 많은 사람들이 그의 감정적 산문, 상황에 대한 분노, 그의 확고한 정치적 입장이 공명하고 있다는 것을 발견한다(Paasonen et al. 2020: 46). 동시에 그의 명료한 논증은 성적 및 젠더 다양성에 대한 고려와 맞지 않는 이분법적 젠더의 틀 내에서 지나친 단순화 및 성적 규범성과 더불어 등장한다.

1970년대부터 현재까지, 페미니스트 텍스트에서 기독교 근본주의 텍스트에 이르기까지, 그리고 크리스토프의 보고에 이르기까지 포르노와 관련된 부정적인 영향에 대한 설명은, 진정성과 민감성에 대한 본능적인 감각을 부여하기 위해서, 직감적 반응에 정치적 논증을 고정시킨다. 그런 설명들은 말이 "단순한 말 이상의 것"이 될 수 있도록 "말 뒤에 몸"을 두어 감정적으로 작동한다(Miller 1997: 181). 감정(분노, 슬픔, 혐오감)의 힘을 기반으로 하는 행동주의는 개인적 감정을 집단 및 사회적 감정과 연결시키는 데 강력한 힘을 발휘할 수 있다(Protevi 2009). 동시에 이러한 형태의 감정적 연설은 포르노와 관련된 미학, 성적 일상, 신체, 성별, 섹슈얼리티, 경제, 정치 및 윤리 내에서 다양성을 없애며, 포르노를 획일적인 반응을 불러일으키는 단일 개체 및 대상으로 프레임화한다. 다시 말해서, 포르노그래피의 문화적 대상과 관습이 균질화될 뿐만 아니라 그것을 경험하는 방식도 균질화된다. 이 모든 것은 포르노에 접근하고, 개념화하고, 분석하고, 알 수 있는 방법에 대한 명확한 한계를 설정한다. 물론 이것은 그런 캠페인이 목표로 하는 것이다.

장르로서의 포르노의 경계는 한 번도 정해진 적이 없으며, 수많은 배우, 거버넌스 관행, 재정 및 정치적 이해관계를 포함하는 디지털 및 네트워크로 연결된 생산, 배포 및 소비 과정에서 점점 확장된다. 포르노는 시공간을 가로질러 유사성이 없는 관행, 미학 및 경제를 포괄하는 용어이다. 포르노에 대한 분석과 비평이 효율적이기 위해서는 경험적 증거에 기반을 두어야 하며, 다루어야 하는 배우와 자료 간의 차이를 고려한 구체적인 것이어야 한다.

코로나19 팬데믹을 겪는 동안 육체와 육체를 연결할 수 없는 네트워크 수단을 통해 의사소통을 하게 되면서 웰빙을 위한 성적 관계의 매개 형식의 중요성이 눈에 띄게 커졌다. 그러한 관계를 현존하는 친밀한 관계의 연장이라는 협소한 용어로 이해하지 않는 것이 중요하다. 그것은 웹캠, 온리팬스 계정, 포르노 클립, 연결 앱 프로필 등을 통해 가상의 낯선 사람의 (매개된) 신체와 관련된 성적 놀이, 실험 및 쾌락의 영역이다. 일부 사람들을 위한 놀이 공간으로서, 이들은 두 개념 사이의 명확한 구분을 흐리게 하는 방식으로 다른 사람들을 위한 작업 공간이기도 하다(Paasonen 2018: 31). 어쨌든 그 사이트들은 생식 목표에서 분리되어 자신이 성적으로 즐길 수 있는 것과 좋아하는 것, 선호하는 것이 무엇인지, 결과적으로 자신의 성적 자아가 무엇인지 또는 자신이 누구인지를 발견하는 데 도움이 된다. 이러한 "예상치 못한 형태의 경험"(Warner 2000: 185)은 "새로운 감각, 비정상적인 분위기, 이전에는 상상할 수 없었던 관계 방식"(Race 2009: 186)의 출현으로 섹슈얼리티와 욕망에 대한 이해를 바꿀 수 있다. 포르노를 포함해서, 매개된 이미지와 소리를 접할 때와 마찬가지로 다른 사람들과의 만남에서 예기치 않은 사건이 발생한다. 이러한 맥락에서 포르노를 잠재적으로 놀랍고 가능한 만남을 제공하는 것으로 간주하는 것은 정서적인 힘과 잠재력에 대해 생각하는 대안적인 방법을 열어준다.

그러나 현재의 문화적 정세 내에서 문화적 대상을 포르노로 분류하고 시작하는 것이 무엇을 의미하는지 재고할 필요가 있다. 이는 네트워크화된 수단을 통해 성적인 표현 및 관계를 위한 공간을 확보하기 위한 것이다. 성적인 미디어를 만드는 사람들은 그것을 반드시 포르노로 간주할 필요는 없으며, 심지어 그것은 탐색과 성찰의 수단으로서 개인적인 중요성을 가질 수 있다. 성적인 묘사와 가시성은 자아 발견과 사회적 관계의 열쇠가 될 수 있는 것과 마찬가지로, 젠더 및 성적 비순응 커뮤니티를 만들고 유지하는 데 중요하다(Molldrem 2018). 동시에 소셜 미디어 플랫폼은 자신의 브랜드와 광고주의 상업적 이익을 보호하기 위해 모든 누드 표현을 공격적인 것으로 분류하고 범주적으로 제거한다(Tiidenberg and van der Nagel 2020: 46-47). 성적인 콘텐츠가 특정 사이트에 국한되고 페미니스트와 기독교 우파 단체가 이 사이트의 지불 시스템 액세스를 차단하기 위해 노력하고 있기 때문에 누구의 이익이 누구의 이름으로 어떻게 제공되고 있는지 묻는 것이 여전히 중요하다.

성 미디어의 생산, 배포 및 사용에 대한 맥락을 신중하게 분석하는 것은 공개토론의 초점을 이동시키는 데 필요하다. 그렇게 될 때 온라인 플랫폼에서의 성적인 권리가 괴롭힘과 학대로부터의 자유라는 소극적인 의미의 자유가 아니라, 어느 한쪽이 다른 쪽을 과대평가하거나 상쇄하지 않고 섹슈얼리티를 표현하고 즐긴다는 적극적인 의미의 자유로 이해될 수 있다(Spišák et al. 2021). 이러한 단계는 또한 다양한 젠더 동일시 및 성적 취향을 가진 사람들이 성적 미디어를 어떻게 사용하는지, 그리고 온라인 플랫폼(정치적, 비유적, 계산적, 건축적)과 그 거버넌스가 성적 사교성을 어떻게 형성하는지 그 복잡성을 인정하고 탐색하는 데 필요하다. 성적 교환과 신체적 표현이 무엇을 의미하는지 또는 누가 그것을 생산하는지에 대한 단순화된 도덕주의적이고 이데올로기적인 견해는 자아 표현, 쾌락 및 지식에 관한 성적 권리를 다루는 데 있어서 득보다는 실이 훨씬 더 크다.

번역_이유선

참고문헌

Auerbach, David 2014: Vampire Porn. MindGeek is a Cautionary Tale of Consolidating Production and Distribution in a Single, Monopolistic Owner, in: Slate, 23. Oktober. ‹www.slate.com/articles/technology/technology/2014/10/mindgeek_porn_monopoly_its_dominance_is_a_cautionary_tale_for_other_industries.html›.

Barbes, Leslie 2019: False Representations of Sex Workers, in: AUReporter 49. 3. ‹https://www.reporter.anu.edu.au/false-representation-sex-workers›.

Berg, Heather 2021: Porn Work. Sex, Labor, and Late Capitalism. Chapel Hill: The University of North Carolina Press.

Bernstein, Elizabeth 2019: Brokered Subjects. Sex, Trafficking, and the Politics of Freedom. Chicago: University of Chicago Press.

Blunt, Danielle und Ariel Wolf 2020: Erased. The Impact of FOSTA-SESTA & The Removal of Backpage. ‹https://www.hackinghustling.org/erased-the-impact-of-fosta-sesta-2020/›.

Burgess, Matt 2021: Police Caught One of the Web's Most Dangerous Paedophiles. Then Everything Went Dark, in: Wired, 12. Mai. ‹https://www.wired.co.uk/article/whatsapp-encryption-childabuse›.

Byron, Paul 2019: »How Could You Write Your Name Below That?« The Queer Life and Death of Tumblr, in: Porn Studies 6. 3, 336–349. ‹https://doi.org/10.1080/23268743.2019.1613925›.

Chamberlain, Lura 2019: FOSTA. A Hostile Law with a Human Cost, in: Fordham Law Review 87. 5, 2171–2211. ‹https://doi.org/10.2139/ssrn.3314708›.

Chen, Adrian 2014: The Laborers Who Keep Dick Pics and Beheadings Out of Your Facebook Feed, in: Wired, 23. Oktober. ‹https://www.wired.com/2014/10/content-moderation/›.

Dickson, EJ 2020: OnlyFans Creators and Sex Workers are Getting »Purged« from TikTok, in: The Rolling Stone, 17. Dezember. ‹https://www.rollingstone.com/culture/culture-features/onlyfans-sex-workerstiktok-purge-banned-1101928/›.

Dworkin, Andrea 1987 [1981]: Pornographie. Männer beherrschen Frauen. Übers. von Erica Fischer, Vorwort von Alice Schwarzer. Köln: EMMA-Frauenverlag.

Dworkin, Andrea 2000 [1987]: Pornography and Grief, in: Drucilla Cornell (Hg.): Feminism & Pornography. Oxford: Oxford University Press, 39–44.

Dworkin, Andrea 2019: Last Days at Hot Slit. The Radical Feminism of Andrea Dworkin. Cambridge: Semiotext(e).

Fabbri, Thomas 2019: Why is Instagram Deleting the Accounts of Hundreds of Porn

Stars?, in: BBC Trending, 24. November. ‹https://www.bbc.co.uk/news/blogs-trending-50222380›.

Gentile, Kathy Justice 2010: Sexing the Look in Popular Visual Culture. Cambridge: Cambridge Scholars Publishing.

Gillespie, Tarleton 2010: The Politics of »Platforms«, in: New Media & Society 12. 3, 347–364. ‹https://doi.org/10.1177/1461444809342738›.

Gillespie, Tarleton 2018: Custodians of the Internet. Platforms, Content Moderation, and the Hidden Decisions that Shape Social Media. New Haven: Yale University Press.

Goldman, Eric 2019: The Complicated Story of FOSTA and Section 230, in: First Amendment Law Review 17, 279–293.

Grant, Melissa Gira 2020: Nick Kristof and the Holy War on Pornhub, in: The New Republic, 10. Dezember. ‹https://www.newrepublic.com/article/160488/nick-kristof-holy-war-pornhub›.

Griffin, Susan 1981: Pornography and Silence. Culture's Revenge Against Nature. New York: Harper & Row.

Halperin, David M. 2017: Introduction. The War on Sex, in: David M. Halperin und Trevor Hoppe (Hg.): The War on Sex. Durham: Duke University Press, 1–61. ‹https://www.doi.org/10.2307/j.ctv125jg8g.4›.

Kappeler, Susanne 1988 [1986]: Pornographie. Die Macht der Darstellung. München: Frauenoffensive.

Kleinman, Zoe 2021: Child Sexual Abuse. Four Held in German-Led Raid on Huge Network, in: BBC News, 3. Mai. ‹https://www.bbc.com/news/world-europe-56969414›.

Kristof, Nicholas 2009: If This Isn't Slavery, What Is?, in: The New York Times, 3. Januar. ‹https://www.nytimes.com/2009/01/04/opinion/04kristof.html›.

Kristof, Nicholas 2017: Google and Sex Traffickers Like Backpage.com, in: The New York Times, 7. September. ‹https://www.nytimes.com/2017/09/07/opinion/google-backpagecom-sex-traffickers.html›.

Kristof, Nicholas 2020: Children of Pornhub, in: The New York Times, 4. Dezember. ‹https://www.nytimes.com/2020/12/04/opinion/sunday/pornhub-rape-trafficking.html›.

Kristof, Nicholas 2021: Why Do We Let Corporations Profit from Rape Videos?, in: The New York Times, 16. April. ‹https://www.nytimes.com/2021/04/16/opinion/sunday/companies-online-rape-videos.html›.

Long, Julia 2012: Anti-Porn. The Resurgence of Anti-Pornography Feminism. London

und New York: Zed Books.
Miller, William Ian 1997: The Anatomy of Disgust. Cambridge: Harvard University Press.
Molldrem, Stephen 2018: Tumblr's Decision to Deplatform Sex Will Harm Sexually Marginalized People, in: Wussy, 6. Dezember. ‹https://www.wussymag.com/all/2018/12/6/tumblrs-decision-to-deplatformsex-will-harm-sexually-marginalized-people›.
Paasonen, Susanna 2011: Carnal Resonance. Affect and Online Pornography. Cambridge: MIT Press.
Paasonen, Susanna 2018: Many Splendored Things. Thinking Sex and Play. London: Goldsmiths Press.
Paasonen, Susanna 2021: Intime Abhängigkeiten, fragile Verbindungen, entsexualisierte Plattformen, in: Sexuologie 28. 1–2.
Paasonen, Susanna, Kylie Jarrett und Ben Light 2019: NSFW. Sex, Humor, and Risk in Social Media. Cambridge: MIT Press.
Paasonen, Susanna, Feona Attwood, Alan McKee, John Mercer und Clarissa Smith 2020: Objectification. On the Difference Between Sex and Sexism. London: Routledge.
Parks, Lisa 2019: Dirty Data. Content Moderation, Regulatory Outsourcing, and »The Cleaners«, in: Film Quarterly 73. 1, 11–18. ‹https://doi.org/10.1525/fq.2019.73.1.11›.
Pilipets, Elena und Susanna Paasonen 2020: Nipples, Memes, and Algorithmic Failure. NSFW Critique of Tumblr Censorship, in: New Media & Society. ‹https://journals.sagepub.com/doi/pdf/10.1177/1461444820979280›.
Pornhub 2020: The Last on Our Commitment to Trust and Safety. ‹https://www.pornhub.com/blog/11422›.
Protevi, John 2009: Political Affect. Connecting the Social and the Somatic. Minneapolis: Minnesota University Press.
Race, Kane 2009: Pleasure Consuming Medicine. The Queer Politics of Drugs. Durham: Duke University Press. ‹https://www.doi.org/10.1215/9780822390886›.
Race, Kane 2018: The Gay Science. Intimate Experiments with the Problem of HIV. New York: Routledge.
Reynolds, Chelsea 2020: »Craigslist is Nothing More Than an Internet Brothel«. Sex Work and Sex Trafficking in US Newspaper Coverage of Craigslist Sex Forums, in: The Journal of Sex Research. ‹https://www.doi.org/10.1080/00224499.2020.1786662›.
Roberts, Sarah T. 2019: Behind the Screen. Content Moderation in the Shadows of So-

cial Media. New Haven: Yale University Press.

Rogers, Richard 2020: Deplatforming. Following Extreme Internet Celebrities to Telegram and Alternative Social Media, in: European Journal of Communication 35. 3, 213–229. ‹https://doi.org/10.1177/0267323120922066›.

Rubin, Gayle 1989: Thinking Sex, in: Carol S. Vance (Hg.): Pleasure and Danger. Exploring Female Sexuality. London: Pandora, 267–319.

Spišák, Sanna, Tommi Paalanen, Susanna Paasonen, Elina Pirjatanniemi und Maria Vihlman 2021: Social Networking Sites' Gag Order. Commercial Content Moderation's Adverse Implications for Fundamental Sexual Rights and Wellbeing, in: Social Media + Society. ‹https://doi.org/10.1177/20563051211024962›.

Thompson, Jay David 2015: Invisible and Everywhere. Heterosexuality in Anti-Pornography Feminism, in: Sexualities 18. 5–6, 750–764. ‹https://doi.org/10.1177/1363460714561722›.

Tiidenberg, Katrin und Emily van der Nagel 2020: Sex and Social Media. Melbourne: Emerald Publishing.

Tripp, Heidi 2020: All Sex Workers Deserve Protection. How FOSTA/SESTA Overlooks Consensual Sex Workers in an Attempt to Protect Sex Trafficking Victims, in: Penn State Law Review 124, 219–246.

Vance, Carole S. 1997: Negotiating Sex and Gender in the Attorney General's Commission on Pornography, in: Roger N. und Micaela di Leonardo (Hg.): The Gender/Sexuality Reader. Culture, History, Political Economy. New York: Routledge, 440–452.

Warner, Michael 2000: The Trouble with Normal. Sex, Politics, and the Ethics of Queer Life. Cambridge: Harvard University Press.

Weitzer, Ronald 2007: The Social Construction of Sex Trafficking. Ideology and Institutionalization of a Moral Crusade, in: Politics & Society 35. 3, 447–475. ‹https://doi.org/10.1177/0032329207304319›.

"결혼 혹은 혼음?"
(비)도덕적 자기정위의 공간으로서의 포르노그래피[1]

레오니 칠히

"진리로 이끄는 교육을 성공적으로 수행한 사람은 자신의 도덕적 표준이 사회의 관습적 표준에서 일탈한 경우에도 그 비도덕의 위험에서 지속적으로 보호된다고들 말한다."

(Freud 1969 [1917]: 451)

"여기 베를린에서 당신이 좋아하는 장소는 어디입니까?", "성적인 흥분을 처음 느꼈을 때를 기억하십니까?", "그럼, 좋아하는 음식은 무엇입니까?", "섹스와 음식 모두 좋습니까?", "당신은 엉덩이 쪽으로 하는 것이 좋습니까 보지 쪽으로 하는 것이 좋습니까?" 등의 질문을 하는 감독 파펠(Paulita Pappel)의 목소리가 화면 밖에서 들린다.[2] 쥴리가 우리와 함께

1 [옮긴이 주] '자기정위'는 Selbstverortung을 번역한 용어이다. '스스로 위치 정하기' 정도를 의미하는 이 말은 이 글에서 포르노가 도덕적인 자기 검열, 혹은 확인의 공간으로 작동한다는 것을 보이기 위해 사용되었다.

2 이 인용 질문들은 모두 영화 *Ask Me Bang* (Paulita Pappel, Rod Wyler, Deutschland 2020)에서 나온 것이다.

노이쾰른(Neukölln)[3]의 거리들을 지나갈 때 우리는 손 카메라를 그녀에게 밀착하여 질문하고 그녀는 대답한다.

활기찬 테크노 비트가 이들의 발걸음과 함께했으며, 질의와 응답 놀이에 그 음악소리가 함께 녹음되었다. 영상은 플래시포워드를 사용하여 시간 순으로 말한 내용을 코멘트한다. 베를린에서 가장 좋은 것이 무엇이냐는 질문에 쥴리는 "사람들"이라고 답한다. 그리고 우리는 두 남자가 팬티와 검은 마스크를 쓰고서 소파에 앉아 있는 것을 본다. "베를린에서 최악은 무엇이냐"는 질문에 검은색 짧은 드레스와 망사 스타킹을 신고 오른쪽 화면에서 등장하는 쥴리는 그 두 남자 앞에 무릎을 꿇으면서 "그 역시 사람들"이라고 답한다. 조각난 몇몇 화면이 차례로 지나가는 동안 쥴리는 그 남자들에게 밀착하며, 그들은 그녀의 옷을 벗기고 키스하며 만진다. 외설적이고 대담한 흰색 글씨로 "너무 많은 자지. 그리고 아주 적은 시간"이라는 문구가 회색빛 그림 앞에 등장한다. 빨강색 펜던트에 그려진 이 그림이 짧게 흔들거리는가 싶더니 곧바로 다음 질문을 받은 쥴리에게 장면이 급하게 바뀐다. 우리는 쥴리를 따라 지하철을 지나 그녀가 우리 카메라 팀과 "마스크를 쓴 다섯 자지들"[4]을 영접하게 될 아파트에 당도한다. "결혼인가 혼음인가?"라는 질문은 2020년 가을부터 파펠과 와일러(Rod Wyler) 감독 하에 페미니스트적 혼음을 제작해온 제작사 하드베르크(HardWerk)의 *Ask Me Bang* 시리즈의 첫 번째 영화에 등장하는 62개의 질문 중 마지막 질문이다. 쥴리는 지

3 [옮긴이 주] 노이쾰른은 성과 마약의 문제에서 당국의 통제가 거의 없는 베를린의 한 지역이다.

4 이 말과 이후의 인용들은 하드베르크(HardWerk)의 *Ask Me Bang* 시리즈에서 묘사한 것을 그대로 가져왔다. https://www.hardwerk.com/ask-me-bang.

체 없이 "혼음"이라고 답한다. 이 대답은 섹스장면들(Sex-Nummer)[5]이 계속 등장할 때마다 다섯 남자와 동시에 섹스를 하고 그들의 자지를 깊이 빨며 정액을 얼굴과 몸에 받고 싶은 것이 쥴리의 소망임을 화면 밖의 시청자들에게 상기시킨다.

"결혼인가 혼음인가?" 바로 이 질문을 시작으로 하여 동시대의 포르노그래피에 대한 짧은 역사가 소개된다. 이 역사는 세 부분으로 이뤄져 있다. (1) 월터 켄드릭(Walter Kendrick)에 따르면 도덕에 압도된 19세기 고고학자들의 정신에서 규범과 일탈의 대립, 도덕과 부도덕의 대립, 일부일처제와 문란의 대립의 구도가 생겨나는데, 이것이 바로 포르노그래피의 출생지다. '결혼'과 '혼음'의 병치는 19세기의 저 시원적 대립구도의 현재적 버전이다. (2) (비)도덕과 관련하여 여성(파펠)과 여성(쥴리)의 개인적 관계를 묻는 질문제기는 여성들*[6]이 이 담론에서 가지는 특별한 역설적 위치를 파괴한다. 그들은 한편으로 비도덕에서 보호받아야 하는 사람들이며, 다른 한편으로는 비도덕적 관심의 결코 대자화될

5 린다 윌리엄스는 (이성애적) 포르노의 황금기에 나타난 포르노영화의 내러티브 구조를 묘사하기 위해 "Sex-Nummer"(여기선 모두 '섹스장면들'로 번역함)라는 개념을 사용하는데, 이 개념은 뮤지컬의 'Musiknummer'('음악장면들')라는 개념에서 차용해왔다(Williams 1995: 170). 이 개념은 포르노영화에서 성행위의 여러 에피소드들을 지시하기 위해 사용된다. 이 에피소드들은 때로는 다음 섹스장면을 보여주기 위한 약한 구실에 불과한 내레이션으로 통상 서로 연결되어 있다. 이 글에서 "섹스장면들"이라는 개념은 이런 의미에서 사용된다. [옮긴이 주] "포르노의 황금기"(Golden Age of Porn)라는 용어는 미국 포르노시장의 활황기였던 1969년에서 1984년에 이르는 15년을 일컫는다. 이 시기에 명시적인 섹스 영화가 영화계의 긍정적 주목을 받게 된다. 미국의 이런 사정에 영향을 받아 포르노영화는 국제적으로 확산된다.

6 나는 우리가 '여성적'이라고 읽는 사람들의 정체성이 바로 이 여성적이라는 속성으로 해결되어서는 안 된다는 사실을 언어적으로 보여주기 위해 "여성들"이라는 단어 뒤에 별표(*)를 사용한다. 하지만 "여성"이라는 구성물과의 명시적 관계가 자신들의 숙고에 결정적으로 중요한 역할을 수행하는 (특히 1980년대의) 여성 이론가들이 이하 글에서 반복되는 경우 나는 이 차이들을 인지하도록 하기 위해 의식적으로 별표를 무시할 것이다.

수 없는 객체이다. 그들의 섹슈얼리티는, 페미니스트 영화 이론이 설득력 있게 보여주듯이, 고전적 포르노그래피가 모든 수단을 동원해서 해결하고자 한 수수께끼이다. (3) *Ask Me Bang*에서 우리는 영화 미학적으로 그리고 서사학적으로 1980년대 중반 페미니스트 포르노그래피가 출발했으며, 1980년대 말 곤조(Gonzo) 스타일의 포르노그래피가 출현했음을 알게 된다. 이들 1980년대 포르노그래피의 경향은 여성*의 육체뿐 아니라 점차적으로 그 영혼까지도 노출하기를 요구할 정도로 섹슈얼리티의 장치를 확장시켰다. *Ask Me Bang*은 유통되고 있는 포르노그래피의 관습을 사용함에도 불구하고 (아니 바로 그러한 사실로 인해) 여성*의 (비)도덕적 자기정위의 가능성을 제시하는 데 성공한다.

포르노그래피와 (비)도덕성

「염소와 교미하는 판(Pan)」.[7] 이 대리석상은 나폴리 국립고고학박물관의 비밀 캐비닛에서 가장 유명한 유물 중 하나일 것이다. 이 소장품은 폼페이에서 발굴된 것을 포함한 고대 로마의 유적들과 함께 있다. 「염소와 교미하는 판」 외에도 발기한 거대 성기가 특징인 다산의 신 프리아포스[8]에 대한 수많은 묘사와 교미하는 사람들의 그림 및 기타 "외설

7 [옮긴이 주] 「염소와 교미하는 판」.

8 [옮긴이 주] 고대 로마, 프리아포스 프레스코화

적인 조각품"(Kendrick 1987: 25) 등이 있는데, 이것들에 대해 18세기와 19세기의 고고학자들과 다큐멘터리 작가들은 많은 도덕적 문제를 제기했었다.

역사학자 월터 켄드릭이 자신의 책 『비밀 박물관: 현대문화에서의 포르노그래피』(1987)에서 말하듯이 그 전시에서 진정한 스캔들은 공예품에 대해 서술한 것이 아니라 고대 도시 거주민들의 삶에서 그 공예품들이 갖는 가치였다. 그는 카탈로그의 한 문장을 인용한다. "폼페이의 주민들은 (…) 이런 작품들을 얌전하지 않게도 가장 눈에 띄는 장소에 두었는데, 이 정도로 그들의 도덕관념은 우리와 현격하게 다르다."(같은 책: 10)

발굴된 공간을 원래대로 복원하는 것은 19세기 대중에게는 상상할 수 없는 일처럼 보였으며, 그 공예품들을 박물관의 비공개 영역에 분리해 놓는 것이 도덕적으로 가능한 유일한 해결책으로 보였다. 그런데 그것들을 특별하게 보관하기로 결정했기 때문에 그 공예품들을 분류할 필요가 있었다. "그것들에 붙여진 이름은 '포르노그래피'였고, 비밀 박물관에 보관되었다."(같은 책: 11)

책임자들은 폼페이에서 발굴된 음란한 저 공예품들을 과학적으로 문서화해야 할 필요성이 있다고 생각했을 뿐 아니라 또한 관습에 따라 문서화된 것과 거리를 두거나 도덕적으로 평가절하해야 할 필요성에 직면했다. 즉 그들은 긴장관계에 직면했던 것이다. 그런데 켄드릭에 따르면 이런 긴장관계는 우리 시대에도 포르노그래피를 다루는 문제에서 여전히 상존해 있다.

처음부터 '포르노그래피'는 단번에 부정하지 않고서는 주장할 수 없는 전쟁터, 가치와 위험이 같기 때문에 누구도 그 위험에서 그 가치를 구별할 수 없는 전쟁터를 지칭했다. 많은 주석가들이 계속하여 취하는 한 부류의 대상들을 지시하기 위해 (…) 우리가 지금 상대적 신조어를 사용하는 이유는 '포르노그래피'가 사물이 아니라 논쟁을 의미하기 때문이다. (같은 책: 31)

따라서 켄드릭은 19세기를 "위대한 포르노그래피 시대"라고 말하는데, 왜냐하면 "그때 '포르노그래피'라는 단어가 발명되었고, 또 아무도 알지 못했던 포르노그래피 유의 책과 그림들을 위치시킬 수 있도록 과거가 수색되었기 때문이다."(같은 책: 11) 『패니 힐』(1749)과 『마담 보바리』(1857)와 같은 소설이 이에 속했으며, 나중에는 『율리시스』(1922)와 『채털리 부인의 연인』(1928)도 포함되었다. 그것들은 모두 당시의 도덕 수호자들을 화나게 했고, 검열을 받았으며 일시적으로 금서가 되었었다. 오늘날 그것들이 문학사의 고전에 포함된다는 사실은 외설물의 영역 지정이 부분적으로 사회의 지배적인 도덕적 개념에 달려 있음을 보여준다. 모든 사회에는 자기만의 포르노그래피가 있다. 이것이 바로 "비밀 박물관" 이야기의 도덕이다. 21세기에 폼페이의 공예품들은 앞에 언급한 소설들만큼 '포르노그래피'로 간주되지 않았다.[9] 포르노그래피라는 용어는 20세기 중반부터 처음에는 보는 자들을 성적으로 자극할 의도로 생산된, 성적으로 노골적인 사진과 동영상을 지칭하는 것으로 제

9 이 소설들이 어떤 상황에 근거하여, 어떤 기준으로, 언제, 어디서, 누구에 의해, 누구를 위해 책 시장에서 새로운 (매우 유익한) 행복을 추구하기에 충분히 도덕적이라고 판단되었는지, 그리고 어떤 다른 소설들은 부적합한 것으로 그림자 속에 남아 있는지 등은 여전히 답변되지 않은 진술이다.

한되었었는데, 지난 수십 년을 지나가며 점차 과도한 "근접성"(Zu-nah-Sein)을 표현하는 특정한 관습을 지칭하는 것으로 확장되었다. 예컨대 음식포르노, 여행포르노, 재산포르노 및 전쟁포르노나 고문포르노 등과 같은 용어들을 생각해보면 될 것 같다.[10] 그런데 19세기 이후로 드러난 사실은 (역사의 이중 도덕이라고 말하지 않기 위해 두 번째 도덕이라 말하고자 한다) 이러한 도덕관이 모든 사람에게 적용되는 것이 아니라 우선 여성*에게 적용된다는 것이다.

여성 욕망의 신비

비밀 캐비닛에 숨겨 놓은 과거의 포르노성 공예물들은 2000년이 되어서야 일반 대중에게 공개되었다. 이로 인해 과연 누구의 도덕이 위태로워졌는가? 최근 문화사의 구석구석을 돌아보면 아이들 외에 외설적인 생각으로부터 보호가 필요하다고 여겨지는 사람은 대부분 여성*임을 알 수 있다. 프리아포스의 거대한 페니스(Kendrick 1987: 6), 자위행위를 부추기거나(Laqueur 2008) 아니면 읽은 것과 거리두기를 잘 못해 혼전 성관계를 유혹할 수도 있는(Stanitzek 1999) 과도한 소설 읽기, 혹은 주로 부유한 고객이 접근할 수 있었고, 그래서 대부분 이들을 위해 설립된 남성 클럽에서 수용되었던 초기 포르노영화(Koch 1989: 96)[11] 등과

10 이 개념의 이런 폭발적 사용에 대해서는 헤스터(Hester 2014), 슈마허(Schumacher 2017)를 참고하라. 그리고 코로나 시기 "팬데믹 포르노" 현상을 계기로 헤스터와 슈마허의 논증을 재구성하고 보다 현재화한 나의 연구도 보라(Zilch 2020).

11 1908년 검열이 도입되기 전인 1904년에 이미 "만개한"(Koch 1989: 96) 초기 포르노영화에 대해 고객의 재정 상태를 살펴야 할 필요성을 지적한 사람은 코흐(Gertrud Koch)만이 아니다. 켄드릭 역시 폼페이의 비밀 수집품이 "적절한 품행을 가진 신사(와 관리비를 준비한 신사)"(Kendrick 1989: 6)에게만 접근 가능했다고 말한다. 여성들, 어린이들,

관련하여 여성들*은 이런 것들에 적절하게 대응할 수 있는 매체비판능력이 결여되어 있다고들 생각했다. 그런데 한편으로 여성*이 포르노그래피로부터 보호되어야 한다는 견해가 있는 반면, 다른 한편 게르트루트 코흐(Koch 1981)와 린다 윌리엄스(Williams 1995)가 푸코의 『성과 진리』(2012)에 의지하여 (이성애적) 포르노영화를 예로 들어 설득력 있게 보여 준 것처럼 여성은 매체에서 압도적으로 욕망의 대상으로 언제나 중심에 서 있기도 하다.[12] 코흐는 다음과 같이 쓴다.

> 푸코에게 섹슈얼리티의 역사는 권력을 의미하는 '앎에의 의지'로 각인된다. 그렇다면 포르노그래피는 '앎에의 의지', 말하자면 호기심을 인식충동으로 삼아 권력 담론을 시작하는 성과학 교육센터에 다름 아닐 것이다. (Koch 1989: 107)

권력 관계에 의해 결정되는 이 "섹슈얼리티와 그 형태에 대한 연구"(같은 곳) 내에서 여성 오르가즘과 그 쾌락의 추정적 비가시성(Unsichtbarkeit)은 코흐와 윌리엄스에게 중요한 역할을 한다(Williams 1995: 83; Koch 1989: 120). 그들은 그런 비가시성을 지배될 수 없는 인식충동에 대한 모욕으로 해석한다. 포르노그래피의 영상논리 내에서 그 비가시성은 모든 묘사에서 표현의 결핍으로 나타난다. 윌리엄스에 따르면, 특히

성별과 나이에 상관없이 가난한 사람들 등은 제외되었다(같은 책 참조).

12 게르트루트 코흐와 이후에 등장한 린다 윌리엄스는 포르노영화를 정당한 영화학 이론의 대상으로 정착시킨 공로자로 인정받아야 한다. 그들은 포르노그래피의 (무-)가치를 둘러싼 여성주의적 참호전투에 참여한 것이 아니라 그 전투의 권력구조를 분석하고 흥미진진한 여성 청중의 가능성에 대해 질문하는데, 바로 이런 점에서 그들은 이런 평가를 받을 만하다. 그들의 통찰은 오늘날까지 우리 시대 포르노그래피를 분석하기 위한 중요한 입각점을 형성한다.

여성이 오르가즘으로 위장할 가능성이 있다는 사실로 인해 포르노영화는 이러한 불확실성을 불식시키는 데 집착하게 된다.

> 포르노영화는 스스로가 여성의 쾌락의 자의적 실행의 목격자가 아니라 비자의적 고백의 목격자가 된다는 확신을 필요로 한다. 남자는 속일 수 없는 오르가즘을 여성은 속일 수 있는데, 여성의 이런 능력은 (…) 결코 확신할 수 없는 무언가를 불러일으키고자 하는 장르의 모든 시도의 근거인 것 같다. 통제되지 않은 쾌락의 고백, 포르노그래피의 '시각적 집착' 등이 그것이다. (Williams 1995: 84)

그래서 윌리엄스는 포르노영화의 역사를 "이 비가시성의 문제를 극복하기 위한 다양한 전략의 역사"(같은 책: 83)라고 부른다. 이러한 표현의 결핍을 해소하기 위한 1970년대와 1980년대의 고전적 포르노영화의 해법은, 이들의 분석에 따르면, "최대 가시성의 원칙"이라고 묘사할 수 있는 다양한 시청각적 조합이었다.

> 좁은 의미의 포르노그래피에서 이 원칙은 이 장르 역사의 상이한 단계마다 상이한 방식으로 영향을 미쳤다. 이때 특히 신체 부위들을 클로즈업 하는 방식이 선호되었다. 그리고 어둠 속에 살짝 숨긴 성기의 과다노출, 신체와 생식기를 가장 잘 보여주는 위치 선택 등과 같은 기법도 사용되었다. 이후 일련의 섹스장면들 또는 질외 사정하는 페니스 등과 같이 이 장르에 적합한 관습이 형성되었다. (같은 책: 82 이하)

고전적 포르노영화에 대한 페미니스트 비평이 보여주듯이, 이러한 표현 관습은 특히 여성의 신체를 객체화하는 시선과 밀접한 관련이 있다. 여성은 "남성적 시선"에 정향되어 있다(Mulvey 2016). 여성의 몸은 클로즈업을 통해 일차적으로건 이차적으로건 간에 성기로 축소되며, 여성 신체의 구멍은 그 자체로는 아무런 신체도 없는 남근(팔루스)을 수용하고 만족시킨다. 따라서 윌리엄스는 성에 관한 "진리"(Williams 1995: 335)를 서술할 수 있는, 남근적 환상의 총체라고 생각한 최대 가시성 원칙에 대한 대안을 영화적 실천에서 찾는 것을 환영한다. 그녀는 예를 들어 로얄레(Candida Royalle)의 팜므 프로덕션(Femme Production)에서 제작한 영화들을 언급하는데, 그녀는 이 영화들에서 여성들이 "죄책감이나 두려움 없이 섹스를 경험할 수 있는 안전한 공간"(같은 책: 332)을 만드는 데 성공했다고 말한다. 이것은 예를 들어 성별을 알려주는 정액샷의 생략, 신뢰할 수 있는 내레이션[13], 그리고 예컨대 음핵이 음경을 대체하는 "대안적 페티시"(같은 책: 145)를 만들지 않고서도 여성에게 즐거움을 주는 성행위에의 집중(예를 들어 쿤닐링구스) 등의 모습으로 영화적으로 구현된다. 그런데 고전적인 포르노영화에 대한 비판 및 페미니즘적 시각에서 포르노영화를 만드는 것을 회피하는 것 등은 과거에도 있어 왔고 지금도 여전히 큰 흐름으로 존재한다. 따라서 그런 비판과 회피는 지나치게 과감한 묘사(와 그 결과)로부터 여성을 보호한다고 하

13 고전 포르노영화는 제시된 성관계를 서사학적으로 정당화하는 플롯을 가지고 있는데, 이런 플롯이 믿기지 않는다는 것이 고전 포르노영화에 대한 통용되는 비판점이다. 아마도 영화 *Deep Throat* (Gerard Damiano, USA 1972)가 가장 유명한 사례일 것이다. 이 영화에서 주인공 린다 러브레이스(Linda Lovelace)의 음핵이 그녀의 목구멍에서 발견되고 *Deep Throat*는 이를 반복적으로 영상에 담는데, 이것은 그녀의 지금까지의 오르가즘 결핍을 해결한다. 윌리엄스는 추가 사례 분석을 통해 1970년대와 1980년대의 포르노영화에서 섹스가 항상 (성적) 문제에 대한 유토피아적 해결책으로 기능한다는 것을 보여준다(Williams 1995: 203 이하). [옮긴이 주] *Deep Throat* (구강성교)는 1972년에 제작된, 미국 '포르노 황금시대'(1969-1984)의 최전선에 있는 작품으로 평가된다.

는 사회적 관습을 따른다. 관련 영화들은 (부부의) 침대에서 여성의 욕망을 만족시키기 위해 진력을 다하고 또 영화들이 (새롭게) 형성될 수 있을 가능성을 제시하긴 하지만, 여성의 욕망에 대한 고정관념을 재활성화하는 "대가"를 지불한다. 무엇보다 이 영화들은 이성애 여성과 커플들을 언급하면서 자신들의 위치에서 현재의 역할에 대한 이해를 가능하게 하는 자기정위의 가능성을 부여한다.

하지만 코흐가 지적했듯이 여성적 지각은 회피냐 수용이냐 하는 양자택일을 넘어서는 어떤 피안도 개시하지 않는 남근 담론에 흡수되지 않을 것이다. 여성은 서술된 것의 구체적 대상을 자신의 "상징적 구조"에서 해방시키며, 또 여성은 "자연주의적 포르노영화가 꾸준히"(Koch 1989: 121) 짚어주는 자신의 "충만한" 경험을 실제 보는 즐거움으로 승화시킨다. 이렇게 함으로써 "아마도 여성은 (…) 통용되는 담론의 외부에서 움직이는 상상력을 불러일으킬 것이다."(같은 곳). "그렇다면 '포르노제국'은 개별적인 것들에 대한 여성적 시선에 무력한 남근통치자의 왕국이 될 것이며, 이 여성적 시선은 저 제국을 자신의 취향에 따라 나누었다."(같은 책: 122)

페미니스트들이 포르노그래피를 비판하는 이유는 이것이 대상을 객체화하고, 초점을 일방적으로 정하며, 또 고도로 선택적인 묘사를 한다는 데 있다. 그런데 코흐에 따르면, 페미니스트들의 이런 비판이 남긴 "파편"에는 "다른 종류의 전유의 가능성", 즉 "파편 속에 반영될 수 있는, 그리고 상징적 전체 저편에서 '포르노제국'의 세계에 대한 유토피아적 시선"(같은 곳)을 빛나게 하는 전유의 가능성이 번뜩인다. 그래서 그녀는 여성과 포르노 사이의 관계를 특징짓는, 그리고 여성을 언제나 "매혹과 실망" 사이에서 끊임없이 동요하게 만드는 이중적 함의는 "다른 섹슈얼리티"(같은 곳)의 유토피아를 실현하는 데 생산적이면서 동시에 불가피한 것으로 환영할 수 있을 것이라고 한다.

따라서 윌리엄스에게는 시청자의 쾌락을 충만하게 할 수 있는 가능성이 최대 가시성의 원칙으로부터의 벗어남에 있지만, 코흐에게는 (유토피아로서의) 남근지향적인 주류 포르노의 이미지 정치 내에서 여성에게 적합한 시선이 가능하다. 퀴어 페미니스트적 접근 방식은 헤게모니적 윤리 성향 저편에서 공개적인 섹슈얼리티를 위한 자유 공간을 안정화시킬 수 있는 더 나아간 대안을 개시한다. 이 자유 공간 덕분에 최대 가시성의 원칙을 흡수하든 아니면 이 원칙에 대항미학으로 응대하든 1980년대부터 포르노그래피 표현 관행이 다양하게 전유되었다. 로얄레의 팜므 프로덕션과 같은 시기에 레즈비언 제작사 페이털 미디어(Fatale Media)의 영화와 앤니 슈프링클(Annie Sprinkle)의 공연 등은 여성* 오르가즘의 비가시성이라는 전제에 대립하여 흥분한 외음부, 떨리는 몸, 여성의 사정 등을 의도적으로 노출시키는 미학을 발전시켰다. 잉그리드 뤼베르(Ingrid Ryberg)가 페미니스트적, 레즈비언적 포르노그래피의 시각적 전략에 대한 자신의 연구에서 적절하게 지적했듯이, 1980년대 이후로 비록 이 단초들이 "성적 욕망과 쾌락은 가시적 신체 기능을 통해 조명되고 드러날 수 있다"(Ryberg 2009: 121)고 하는 여성의 쾌락의 가시화라는 포르노그래피의 전제들에 여전히 묶여 있기는 하지만, 이런 영화들에서 여성*은 더 이상 "문제가 되는 차이의 대상"이 아니었다. 박동하는 외음부, 경련하는 몸, 여성의 사정 덕분에 이제 여성의 쾌락이 의심의 여지 없이 가시화된다.[14]

14 린다 윌리엄스도 2008년 여성 오르가즘의 비가시성이라는 자신의 주장을 수정했으나 이런 주장이 주로 아마추어 포르노에서 여전히 실현되고 있음을 보았다. "프로페셔널 포

영화 미학적이고 이론적인 이 세 가지 입장들을 의미론적으로 비교해보면 포르노그래피가 여성*의 (비)도덕적 자기정위에서 중요한 역할을 한다는 것이 드러난다. 이러한 자기정위가 유지되는지, 전유되는지, 전복되는지, 재구성되는지, 혹은 거부되는지 등의 문제는 공개적인 취급 과정의 일부이다. 현대 포르노그래피 및 이 포르노그래피의 공적, 사적, 사업적, 예술적 처리 방식은 동시대 사회 형성의 (비)도덕적 담론의 거울이자 이러한 담론이 취급되는 "전쟁터"(Kendrick)의 일부이다. "결혼인가 혼음인가?" 이 물음은 모방, 비교 및 방향설정의 시도이자 도발이고 증상이다. 이렇게 얻어진 관점과 함께 우리가 다루는 영화로 돌아가자.

진실성 장치 및 쾌락의 고백

"무엇이 더 은밀합니까? 몸을 드러내는 것 아니면 영혼을 드러내는 것?"이라는 질문이 *Ask Me Bang* 시리즈의 첫 번째 영화의 부제로 달려 있다. 이 부제는 동시대 포르노를 구성하는 진실성 수행의 핵심을 찌른다. 지적한 바와 같이, 포르노영화는 우리가 "여성의 쾌락의 자의적 실행의 목격자가 아니라 비자의적 고백의 목격자"(Williams 1995: 84)가 될 수 있을 가능성을 제시한다. 1980년대 비디오 기술의 출현과 더불

르노가 촬영되고 비디오로 녹화되는 시대에 눈에 보이지 않게 갑자기, 그리고 아주 극적으로, 비록 작은 화면의 방식이지만 아마추어의 몸에서 볼 수 있게 되었다. (…) 내가 한때 프로이트를 과도하게 밀착하여 따라가면서 부재, "볼 수 없는 것"이라고 주장했던 쾌락의 비자발적 고백이, 오늘날 인터넷을 보기만 해도, 종종 자위에 의해 유발되는 비자발적 경련으로 꽤 볼 수 있게 되었음을 충분히 확인할 수 있다."(Williams 2008: 320) 나는 나의 학위논문에서 여성 건강 운동의 과정에서 나타나는 (대항)다큐멘터리적(cf. Canpalat et al. 2020) 관행으로서의 여성의 사정에 한 장 전체를 할애했다(Zilch 2021b 참조).

어, 그리고 문턱이 낮은 포르노물의 제작으로 인해 미학적 관습도 바뀌었다. 또한 휴대용 카메라, 인터뷰 및 장면들 배후의 것들을 사용한 곤조 포르노(Gonzo-Pornografie)[15]의 성행위 구도설정, 실시간의 유희 그리고 아마추어 포르노의 출현 등, 이러한 것들은 섹스에 대한 진실을 표현할 수 있다는 환상을 더욱 강화한다. 영화의 다큐멘터리 효과는 일부 학자들이 "실재와 재현 사이의 명확한 구분이 무너지거나 뒤집어졌다"(Hardy 2009: 3)는 점을 이해하는 데 도움이 되었지만, 연기자의 성적 연기가 더 큰 신뢰를 얻는 데로 나아가지는 못했다. 오히려 상황은 그 반대이다. 즉 여성* 연기자들은 섹스장면들과 이어지는 인터뷰에서 이중으로 쾌락을 고백해야 했다.[16] 동시에 여기서 언급된 진실성 패러다임의 이중적 지향이 드러난다. 즉 영화 밖의 현실에 대한 동영상의 색인형식의 참조(영상은 제시된 섹스가 이런 형태로 일어났다는 것과 인터뷰한 여성이 섹스장면들의 그 여성이라는 것을 증명해준다)가 하나이고, 인터뷰에서 언급된 것과 섹스장면들에서 오르가즘이 "진실한"지를 판단하는 인간의 태도에 대한 평가(Assmann 2012: 28)가 다른 하나이다. 후자는 시청자에게 이것이 사실이었음을 믿게 만드는 일종의 매체적 장면에 다름이

15 곤조(Gonzo) 포르노는 섹스장면들의 내러티브 프레이밍을 대부분 완전히 배제하고, 그 서두에 카메라맨을 성행위 장면에 노출시켜 잘 알려진 시점 샷(POV-Shots)으로 가져간 후, 40분 영화의 길이에 단 5컷만 사용하는 롱샷을 선택한다. 이로써 곤조 포르노는 최대 가시성의 미학을 극단으로까지 밀고 간다. 이러한 결정은 제작비와 관련하여 생산단가를 아주 낮추며, 표현의 측면에서는 10분에서 15분간 지속되는 긴 장면을 통해 아주 강한 인상을 심어주게 되는 강력한 성행위(목구멍 섹스, 이중 삽입, 윤간 등)를 제시할 수 있게 된다. 곤조 스타일의 역사적 발전에 대해, 이와 더불어 1980년대 후반부터 나타나는 표현 방식의 변화와 이와 관련해서 등장하는 다큐멘터리 효과 및 퀴어 포르노와 페미니스트 포르노의 진보적 잠재력 등에 대해서는 칠히(Zilch 2021b)를 참조하라.

16 헤더 버그(Berg 2014, 2017)를 참조하여 나는 이 주장을 더 자세히 발전시켰고(Zilch 2021a 참조), 진실한 공연의 약속이 어떻게 "쾌락 증명 부담"(Koch 1989: 120)을 강화하는지를 보여주었다.

아니라는 것을 의미한다. *Ask Me Bang* 식으로 말하자면 이제부터 여성* 출연자는 자신의* 몸뿐 아니라 자신의* 영혼도 모두 노출해야 한다는 요구를 받는다.

이러한 배경에서 "고백은 오늘날까지도 성에 대한 진정한 담론의 생산을 지배하는 일반적인 매트릭스"(Foucault 2012: 66)라는 푸코의 진단은 여전히 적절해 보인다. 뿐만 아니라 성적인 고백의 저런 계율에 수반되는 폭력에 대한(같은 책: 70), 그리고 "진리 생산 기술"(같은 책: 62)이라는 공식으로 설명하고자 하는 그의 단호한 언급도 여전히 적절해 보인다. 현대 포르노영화의 고백은 한편으로 여성* 욕망의 자유로운 표현과 다른 한편으로 포르노 업계에서 일하는 여성들*이 다음과 같이 보고하듯이, 계속해서 반박되어야 하는 혐오의 혐의 사이의 긴장에서 움직인다.

> 인터뷰에서 꼭 내게 가장 먼저 묻는 질문은 내가 어떻게 포르노에 빠지게 되었는지 입니다. 나는 종종 그들이 나에게 정말로 물어보고 싶어 하는 것이 '너 같은 착한 여자가 어떻게…?'라는 말이 아닌가 합니다. 마약을 사기에 충분한 돈을 긁어모으는 차가운 거리의 부랑아의 이미지가 여전히 남아 있습니다. (…) 우리 사회는 여전히 상대적으로 제정신인 젊은 여성이 절망이 아닌 다른 이유로 성 노동을 선택한다는 것을 상상할 수 없습니다. (Royalle 2013: 58)[17]

도입부에서 설명한 것처럼 *Ask Me Bang* 시리즈의 모든 영화는 아마

17 벨린다 스메일(Smaill 2009)에 따르면 여성* 포르노스타에 대한 이러한 "앎에의 의지"가 여타의 수많은 포르노 영역들에 매혹되는 것에서도 나타난다.

추어 배우들이 좋아하는 색, 동물 및 음식에 대한, 그리고 사생활, 성적 취향 및 욕구 등에 대한 정보를 제공하는 인터뷰로 시작한다. 비록 곤조 스타일에 나타나는 최대 가시성의 미학과 자기정위가 처음에는 여성의 쾌락을 "확인"하는 잘 알려진 연기로 끝나지만, 이 시리즈는 미학적 수준 및 내러티브 수준에서 두 가지 방식으로 이러한 영화적 관습을 깨뜨린다. 즉 한편으로 이 시리즈는 인터뷰와 섹스장면들 사이의 명확한 구분을 무시하며, 다른 한편으로 (반복을 포함하여) 영상물의 시간적 순서(반복 포함)를 무시한다. 인터뷰 과정은 전주곡이 그러하듯 고립되어 있는 것이 아니라 플래시포워드[18]와 플래시백[19]의 형태로 (시청자의 시선에 따라) 혼음의 과정과 대비 또는 병렬 배치된다. 이런 식으로 쥴리는 여기에서 전체 시간 동안 쾌락을 중시하는 사람으로 존재하며, 시청자들은 눈에 띄지 않고 수줍은 많은 "정상적인" 옆집 여성이 섹스장면들에서는 항상 주저함이 없고 자유로운 자로 그려지는 〈옆집 소녀〉(*Girl Next Door*)[20]의 일반적인 논리를 거부한다. 또한 플래시포워드는 때때로 나중에 보여줄 내용을 미리 보여주거나 특히 성공적인 성행위를 반복한다. 어떤 때는 쥴리가 인터뷰에서 자신의 성적인 강인함이라고 제시한, 특히 그녀에게 아주 쾌락을 주는 것이라고 말한 구강성교에 초점이 맞춰지기도 한다. 남자들은 쥴리의 얼굴과 몸에 사정한다. 사정 장면은 여러 번 등장하며 다시 한 번 반복된다. 남성의 오르가즘을 겨냥한

18 [옮긴이 주] 이야기 도중 미래의 한 장면을 삽입하는 표현기법.

19 [옮긴이 주] 이야기 도중 과거의 장면(회상)을 삽입하는 표현기법.

20 [옮긴이 주] *Girl Next Door*는 2004년 루크 그린필드(Luke Greenfield)가 감독한 로맨틱한 코미디영화이다. 한 남자 고등학생이 옆집 소녀에게 처음으로 사랑에 빠졌는데, 나중에 그녀가 전직 포르노 영화배우였음을 알고서 일어나는 복잡한 이야기를 우스꽝스럽게 그리고 있다. 당시에는 평단의 평가가 혼재되었고 관객 동원에도 실패했지만, 이후 컬트 영화로 자리 잡는다.

연출 장면은 등장하지 않으며, 비선형 편집을 통해 장면의 실제 순서에 대해 거의 아무런 진술도 하지 않는다. 25분 섹스장면들 중에서 8번, 즉 평균 3분마다 우리는 쥴리가 옷을 완전히 차려입고 침대 앞에 앉아 "결혼이냐 혼음이냐?"라는 질문에 "혼음"이라고 답하는 것을 다시 본다. 그녀는 우리가 보는 모든 것이 자신의 욕망과 일치한다는 사실을 상기시킨다. 이러한 과정은 매우 파격적이며 몰입 방지 효과가 있다. 이로 인해 최소한 두 명의 사용자는 다음과 같이 짜증과 함께 유쾌하고 비판적인 댓글을 단다.

> 와우, 대박 장면! 처음에 GGG 스타일과 매우 비슷하더니 훨씬 더 낫네! 2~3개의 또 다른 진짜 괴물자지를 찾아 더 뜨겁게 달궈 주세요. 곧 나올 영화(곧 많이 나오길!)들이 같은 스타일이었으면! 그리고 부분들로 자르지 말고, 마지막에 소녀의 얼굴을 엄청난 양의 정액으로 묻어 그녀를 거의 알아볼 수 없게 되기를! 이 영화에서 그 소녀는 완벽하다! 당신의 바로 옆집 그 소녀, HOT. (jacksonville58, 21. November 2020)[21]

> 정말 핫한 영상이다. 쥴리는 에너지가 넘치고 진정으로 즐거운 시간을 보내는 것처럼 보인다. 매우 인간적이고 축축하고 섹시하다. 제작의 가치는 훌륭하고 영화는 놀랍다. 내가 별 다섯 개가 아닌 별 네 개를 준 유일한 이유는 섹스장면이 고르지 않게 느껴질 수 있는 비선형 방식으로 잘려나갔기 때문이다. 나는 제작사 HardWerk가 그들만의

21 https://www.manyvids.com/Video/2328189/Gangbang-HardWerk-ASK-ME-BANG-JULY.

공식을 개선하고 점점 더 좋아질 것이라는 데 전혀 의심하지 않는다.
(RossRossington, 13. November 2020)

이 지점에서 포르노가 (비)도덕적 자기정위의 공간이 될 수 있는 잠재력이 극명하게 드러난다. 왜냐하면 그녀의 (비)도덕적 자기정위가 우리의 것과 일치하는지와 상관없이, 그리고 그 답이 "결혼"이든 "혼음"이든 상관없이 이 공간은 누구에게나 열려 있기 때문이다.

번역_정대성

참고문헌

Assmann, Aleida 2012: Authentizität. Signatur des abendländischen Sonderwegs?, in: Michael Rössner und Heidemarie Uhl (Hg.): Renaissance der Authentizität? Über die neue Sehnsucht nach dem Ursprünglichen. Bielefeld: transcript, 27–42.

Berg, Heather 2014: Labouring Porn Studies, in: Porn Studies 1. 1–2, 75–79.

Berg, Heather 2017: Porn Work, Feminist Critique, and the Market for Authenticity, in: Signs. Journal of Women in Culture and Society 42. 3, 669–692.

Canpalat, Esra, Maren Haffke, Sarah Horn, Felix Hüttemann und Matthias Preuss (Hg.) 2020: Gegen/Dokumentation. Das Andere des Dokumentarischen. Bielefeld: transcript.

Foucault, Michel 2012 [1977]: Der Wille zum Wissen. Sexualität und Wahrheit I. Übers. von Ulrich Raulff und Walter Seitter. Frankfurt a. M.: Suhrkamp.

Freud, Sigmund 1969 [1917]: Die Übertragung, in: Vorlesungen zur Einführung in die Psychoanalyse. Gesammelte Werke. Band 11. Frankfurt a. M.: S. Fischer, 447–466.

Hardy, Simon 2009: The New Pornographies. Representation or Reality?, in: Feona Attwood (Hg.): Mainstreaming Sex. The Sexualization of Western Culture. London: I. B. Tauris, 3–17.

Hester, Helen 2014: Beyond Explicit. Pornography and the Displacement of Sex. Albany: State University of New York Press.

Kendrick, Walter 1987: The Secret Museum. Pornography in Modern Culture. New York: Viking.

Koch, Gertrud 1981: Schattenreich der Körper. Zum pornographischen Kino, in: Karola Gramann, Gertrud Koch, Bernhard Pfletschinger, Heide Schlüpmann, Mona Winter und Karsten Witte (Hg.): Lust und Elend. Das erotische Kino. München: Bucher, 16–39.

Koch, Gertrud 1989: Was ich erbeute, sind Bilder. Zum Diskurs der Geschlechter im Film. Frankfurt a. M. und Basel: Stroemfeld/Roter Stern.

Laqueur, Thomas 2008: Teufelszeug. Thomas Laqueur im Interview mit Martin Spiewak, in: Die Zeit, 17. April. ‹http://www.zeit.de/2008/17/Interview-Laqueur›.

Mulvey, Laura 2016 [1975]: Visuelle Lust und narratives Kino, in: Kathrin Peters und Andrea Seier (Hg.): Gender & Medien-Reader. Zürich und Berlin: diaphanes, 45–60.

Royalle, Candida 2013: »What's a Nice Girl Like You…«, in: Tristan Taormino, Celine Parrenas Shimizu, Constanze Penley und Mireille Miller-Young (Hg.): The Feminist Porn Book. The Politics of Producing Pleasure. New York: The Feminist Press,

58–70.

Ryberg, Ingrid 2009: Maximierte Sichtbarkeit. Visuelle Strategien in Feministischer und Lesbischer Pornografie, in: Montage AV 18. 2, 119–136.

Schumacher, Nina 2017: Pornografisches. Eine Begriffsethnografie. Sulzbach i. Ts.: Ulrike Helmer.

Smaill, Belinda 2009: Documentary Investigations and the Female Porn Star, in: Jump Cut. A Review of Contemporary Media 51. ‹www.ejumpcut.org/archive/jc51.2009/femalePornstars/index.html›.

Stanitzek, Georg 1999: Brutale Lektüre, »um 1800« (heute), in: Joseph Vogl (Hg.): Poetologien des Wissens um 1800. München: Fink, 249–265.

Williams, Linda 1995 [1989]: Hard Core. Macht, Lust und die Traditionen des pornographischen Films. Übers. von Beate Thill. Frankfurt a. M. und Basel: Stroemfeld/Nexus.

Williams, Linda 2008: Screening Sex. Linda Williams. Durham: Duke University Press.

Zilch, Leonie 2020: Pandemic Porn. Understanding Pornography as a Thick Concept, in: Philipp D. Keidl, Laliv Melamed, Vinzenz Hediger und Antonio Somaini (Hg.): Pandemic Media. Preliminary Notes Toward an Inventory. Lüneburg: meson press, 250–259. ‹https://pandemicmedia.meson.press/wp-content/uploads/2021/02/9783957960092_PM_25-Zilch.pdf›.

Zilch, Leonie 2021a: Die Last des Lustbeweises. Authentifizierungspraktiken in zeitgenössischer Pornografie, in: Frauen und Film 69, 104–115.

Zilch, Leonie 2021b: Erregende Dokumente. Pornografie und dokumentarische Autorität. Bielefeld: transcript (im Erscheinen).

포르노그래피, 에로티시즘, 욕망, 상실, 글쓰기에 관한 대화

제니퍼 도일, 제니퍼 내시

제니퍼 도일 저는 학자로서 연구할 때는 포르노와 가까이 있는 글, 포르노와 한 공간에 있는 글을 다루었습니다. 예를 들면 게이 포르노 잡지에 기고했거나 게이 포르노 잡지에 소개된 예술가, 게이 포르노 하우스에서 영화를 전시한 예술가, 안젤라 카터(Angela Carter)가 '포르노의 이데올로기'라고 묘사한 것과 연관된 페미니스트들을 연구했습니다. 큐레이터나 프로그래머로 일할 때는 매우 노골적인 작품과 작업해 왔는데요. 가장 관심이 간 것은 포르노 공간에서 일하는데도 작가의 작품이 포르노라고 단정할 수 없는 작가들입니다. 제가 글을 썼던 예술가 중에는 외설물이나 포르노물 작가로 낙인찍힌 사람도 있습니다. 그런 작품들에 대해서 글을 쓸 때는 이 작품이 포르노인가라는 논란에 대해 다루기도 하지만, 대부분은 포르노라는 낙인 자체에 대해서 이야기합니다. 포르노라는 낙인은 성을 중심으로 한 작품의 가치를 부정하는 것입니다. 어쩌면 작품이 '단지' 포르노물로만 해석되지 않을 때 특히 그렇겠죠. 그래서 포르노는 제가 표방하는 것으로서 제 학문에 영향을 미친다고 생각합니다. 첫 저서 『성의 대상』(*Sex Objects*)에서 포르노와 외설물은 중요한 용어였는데, 시간이 흐르다보니 이 주제는 멀어져 버렸네요.

1990년대에 저는 대학원에 재학 중이었습니다. 그때 저는 포르노에 관한 페미니즘 연구와 논쟁, 그리고 성을 중심으로 한 LGBTQ와 페미니스트 예술 실천을 만나게 되었고, 그런 만남이 형성되던 시기였습니다. 추억에 젖으려는 것은 아니지만 대학원생으로서 성과 함께, 성을 통해, 성의 관점으로 생각해보려 했다니 정말 놀라운 시간이었습니다. 연구할 거리가 아주 많았고 정말 도전적인 연구 거리들이었어요. 돌이켜보니 『성의 대상』이 지적인 프로젝트인데도 쾌락을 진짜 소중히 여겼다는 것을 알겠네요. 쾌락은 이 책에서도 그렇지만 제가 쓴 많은 글에서 출발의 지점입니다. 그러나 지난 10년간 쾌락이라는 주제는 제 연구에서 정말 멀어졌습니다. 그동안 슬픔, 상실감, 성희롱의 역학 관계에 대해 써왔거든요.

1990년대의 포르노그래피, 페미니즘 이론, 퀴어 이론, 또 제가 했던 연구에 대해 생각해보자고 하시니 어떤 상실감을 느낍니다. 이브 세지윅(Eve Sedgwick)과 호세 무뇨즈(José Muñoz) 같은 이 연구의 대화상대를 떠나보냈다는 상실감도 있지만, 직장과의 관계를 잃었다는 상실감도 있습니다. 저는 일하던 대학에서 끔찍한 경험을 했습니다. 한 학생이 제가 하는 성 중심 연구를 직권남용의 명백한 증거로 들먹였고, 그 주장은 실제로 매우 진지하게 받아들여졌기 때문입니다. 결국 이 사태가 해결되긴 했지만, 저는 그 사태와 관련해 사과를 받은 적이 없고, 제 연구를 음란하다고 여긴 교수들이 책임을 지기는커녕 사태를 제대로 본다는 확신도 들지 않았습니다.

운 좋게도 연구 초반기에 지도 교수님들을 신뢰했고, 또 동료들을 신뢰했습니다. 만일 지금 있는 대학에서의 관계와 같은 상황이었다면 『성의 대상』은 쓰지 못했을 것이라고 생각합니다. 그래서 줄리앤(Juliane)과 커스틴(Kerstin)이 퀴어와 외설이 겹쳐진다고 설명했을 때는 실제 퀴어인 사람이 일상에서 걸어 다니는 음란물로 체감된다는 의미가 있었고, 그게 신경에 거슬렸습니다.

제니퍼 내시 그간의 연구 이력을 말씀해주셔서 감사합니다. 저도 『황홀한 검은 몸』(*Black Body in Ecstasy*)이 다룬 연구가 사실 성과 쾌락과 관련된 포르노나 페미니즘 논쟁을 중심으로 사유한 책이 아니라서 저의 첫 책을 다시 논의한다는 것이 어떤 면에서는 이상하다는 생각도 듭니다. 어쩌면 최소한 저는 쾌락에 관한 다른 페미니즘 논쟁, 즉 교차성을 상세히 다루는 흑인 페미니즘 논쟁을 생각했거든요.

저의 첫 프로젝트에 관한 이야기는 하버드 대학에서 여성학을 전공하던 학부 시절에 시작됩니다. 2001년에 졸업은 했지만, 제가 다니던 당시의 학부 커리큘럼에서 성 전쟁(sex war)은 아주 활발히 논의되고 있었습니다. 우리는 캐서린 맥키넌(Catherine MacKinnon)과 안드레아 드워킨(Andrea Dwokin)의 책을 여러 번 읽고 또 읽었으며, 맥키넌과 드워킨이 초안 작성을 도왔던 포르노 방지법에 대해서도 이야기했습니다. 3학년 때 현재 코네티컷 대학에 재직 중인 다니엘 이건(Danielle Egan)을 만났고, 조앤 네슬레(Joan Nestle), 질 네이글(Jill Nagle), 시오반 브룩스(Siobhan Brooks) 등의 책을 읽게 되었습니다. 제가 딛고 있던 정치적 기반도 변하기 시작했습니다.

저는 로스쿨에 가서도 포르노 방지법 관련된 논쟁을 벌였는데, 거긴

대학과 대학원 교육과정 사이에 잠시 들린 낯선 타향 같은 곳이기도 했습니다. 아프리카계 미국학으로 박사 과정을 밟기까지, 어떤 흑인 페미니즘 이론이 성 전쟁의 이후 논의에 기여할지 생각하는 데 꾸준히 관심을 기울였습니다, 꾸준하긴 해도 억제된 관심이었는데, 법학 공부에서는 억제를 중요하게 여기거든요. 섹슈얼리티나 쾌락에 대해 글을 썼던 학자와 활동가 집단이 어떻게 반-포르노 정치를 종종 밀고 나가는지도 생각해보고 싶었습니다. 이 대목에서 로드(Audre Lorde)의 「에로틱의 활용」에 나오는 '포르노물' 비판에 관한 논쟁이 떠오르네요. 정교한 안무 연구가들이 로드를 반-포르노 정치와의 연관성에서 구하려고 계속 작품을 만드는 것도 생각나고요. 또 어째서 포르노, 은유가 아닌 시각적 대상으로서의 포르노에 대해 흑인 페미니스트들이 논쟁을 벌이지 않는지도 생각해보고 싶었습니다. 포르노트롭(pornotrope)[1]에 대한 주장, 사르지에 바트만(Saartjie Baartman)[2]을 포르노물로 만든 것, 또 포르노적 시각 영역이 여성 혐오적인 반-흑인성 경향으로 가득한 것 말고도 논쟁거리가 많은데 말입니다.

물론, 『황홀한 검은 몸』이 출간된 이후로 제 전공인 분야에서 학문적 대화는 아주 빠르게 변해갔습니다. 흑인 에로틱을 연구하는 규모가 크고, 활기차고, 이질적인 학문 공동체가 생기고, 미레유 밀러 영(Mireille Miller Young), 아리안 크루즈(Ariane Cruz), 다리엑 스콧(Darieck Scott), 라

1 [옮긴이 주] 사람을 폭력 충동, 성 충동을 만족시키는 신체적 몸으로 전형화한 구현물이나 구현 결과를 말하며 대체로 폭력과 성적 충동의 노예처럼 표현된다.

2 [옮긴이 주] 19세기 인종차별, 여성학대, 식민통치 폭력의 희생자이다. 백인의 공격 중 목숨은 건졌으나 유럽에 돈벌이 수단으로 팔려가 평생 젖가슴과 엉덩이를 강조하는 나체 인간 전시물로 살았던 남아공 여성이다. 사키 바트먼 또는 세라 바트먼으로 불리기도 했고, '호텐토트족 비너스'라고 불리기도 했다.

몬다 호턴 스톨링스(LaMonda Horton Stallings), 앰버 무서(Amber Musser) 등을 포함한 여러 학자들이 함께 모였습니다. 이들은 흑인 에로틱 분야가 흑인 연구만 하는 것이 아니라 젠더 연구와 섹슈얼리티 연구도 논쟁해야 **하는** 분야로 만들었습니다. 리날도 월콧(Rinaldo Walcott)에게는 인식론적 품위를 특징으로 했던 흑인 연구 분야가, 제가 노스웨스턴 대학에서 아프리카계 미국학을 가르치고 있던 시절에는 호턴 스톨링스에게는 펑키한 쾌락으로 보일 것으로 가득한 학자들 덕분에 새롭게 만들어지고 쓰이고 있다는 게 제 눈에 너무나 뚜렷하게 보였습니다. 물론 그것은 지금도 여러 면에서 뚜렷하게 나타나는 사실입니다. 이 모든 게 십년 동안에 일어난 일이라는 걸 생각하면 현기증도 나고 짜릿하기도 합니다.

제니퍼 도일　　오드리 로드의 「에로틱의 활용」에서 그 대목을 말해주시니 반갑네요. 로드의 에세이는 성차별주의야말로 매우 강력한 사회적 모순을 다루고 있고, 우리가 성을 통해 누가 되고 무엇이 되는지와 관련된 공포와 증오에 집중하는 유독한 체제라고 생각하게 만들어주었어요. 로드의 말로 하면 "우리는 우리 안의 긍정을 두려워하도록, 우리의 가장 깊은 열망을 두려워하도록 자라왔습니다." 그래서 성을 중심으로 하는 여러 페미니즘과 퀴어의 글은 인생을 사는 데도 도움이 됩니다!

오드리 로드가 말한, 포르노는 "에로틱의 힘에 대한 직접 부정"이라서 포르노를 거부한다는 두 문장이 웅웅거리듯 마음에 와 닿았습니다. 그 문장이 싫긴 했지만, 그것 때문에 오드리 로드에게 바란 게 무엇이었는지 생각해보게 되었죠. 나의 성적 욕망과 내가 택한 대상을 인정받고 싶었던 것인가? 로드가 내게 해줬으면 했던 게 그것이었나? '포르노'라는 용어가 주관적인 명칭이기는 하지만 그것은 '에로틱'과 유의미하게 다릅니다. 어릴 때 제가 생각한 가치에 대해 방어적 태도를 보일 때와 달리, 지금은 미학적 근거에서 포르노와 에로틱을 구분해서 다행입니다. 로드가 에로틱의 의미로 쓴 관능적이고 놀라운 예시들을 읽어보면 「에로틱의 활용」에 긴장이 있다고 보기는 어려워요. 식용 색소의 중심부를 잘 만져서 마가린으로 만드는 과정에 대한 묘사가 예시가 되겠네요. "그걸 조심스럽게 손가락 사이에 넣고, 색소가 퍼질 때까지 부드럽게 앞뒤로 자꾸자꾸 계속 주무를 거예요."(57) 이 에세이 자체의 에로틱함을 생각하며 자세히 읽다보니 매우 중요한 것이 떠올랐어요. 형식의 정치성을 떠안지 않고는 재현 속에 나타나는 성이 무엇인지 말할 수 없다는 것입니다. 매듭이 있고, 쾌락을 위한 형식의 맺음이 있고, 보이고 들리고 느껴지는 것이 글마다 다를 뿐 아니라, 때로 문장마다 다르고, 독자나 관객마다 다르게 나타납니다. 그것이 바로 우리가 주체성의 살결을 느끼는 영역입니다.

제니퍼 내시 로드의 에세이를 에로틱에 대한 퍼포먼스로 읽는 것이 마음에 듭니다. 로드의 글에는 놀라운 아름다움이 있고, 너무나 관능적인 것이 있어서, 우리 각각의 내부에 있는 '밀봉된 봉지'가 떠오릅니다. 그 봉지가 열릴 수 있고, 구멍이 날 수도 있고, 밀봉이 풀려 에로틱함이 '나의 삶 여기저기를 떠다니며 색깔을 입히는 것입니다.' 로드는 에로틱한 글을 어떻게 쓰는지를 보여주면서 에로틱이 무엇인지를 가르쳐줍니다. 완전히 다른 글도 생각나는데, 자넷 할리(Janet Halley)는 캐서린 맥키넌의 글에 어떻게 반응하는지를 보는 것만으로도 우리의 '정치적 리비도'에서 중요한 것을 알 수 있다고 했어요. 오드리 로드는 말합니다. "'남자가 여자와 섹스한다. 주어 보어 서술어.' 이런 문장은 내 생각에 관능적이지 않다. 하지만 문장의 무뚝뚝한 힘이 페미니즘 이론과 연결해서 봐왔던 어떤 여섯 단어짜리 문장보다도 어쩌면 더 강하게 정치적 욕구를 자극한다." 그러니 선생님 말씀의 요점은 우리가 쾌락을 생각하면서 쾌락의 형식에 대해 생각하지 않을 수 없다는 데 있다고 생각합니다. 그게 에세이 형식이건 포르노 영화의 형식이건 말입니다. 또 우리의 리비도가 정치적이건 아니건 대단히 사회적으로 구성되며, 동시에 매우 개별적이라는 사실에 대해 논쟁을 해야 합니다. 이 모두가 우리의 몸에 대해 연구한 텍스트죠. 이 대목에서 선생님이 명저 『나와 반대로』(*Hold it Against Me*)에서 연구하신 것과 리치(Adrienne Rich)의 「위치의 정치에 관한 노트」가 생각납니다. 우리가 할 일은 추상적 개념을 거부하는 것이라고 했지요. '몸'이 아니라 '나의 몸'에 대해 이야기하자고 리치는 말했습니다.

제니퍼 도일 저는 맥키넌에게 큰 자극을 받았습니다. 포르노그래피에 반대하는 맥키넌의 주장에 강하게 휘둘려, 금지를 중심으로 만들어진 페미니즘의 형식에 실존적 공포로 압도되었습니다. 그러나 글을 쓰면서, 교실에서, 큐레이팅에 있어서 성적으로 노골적인 소재를 가지고 진지한 작업을 하려면 포르노에 반대하는 입장을 이해해야 합니다. "그저 재현물일 뿐"이라고 주장할 수는 없어요. 그렇게 주장하면 예술지지에 반대하는 모든 주장을 다 인정하는 것이니까요.

이런 깨달음에서 제 연구가 시작되었습니다. 이미지는 세상에서 작동하고 세계는 이미지를 통해서 작동합니다. 『성의 대상』은 성에 대한 예술이 무엇을 **하는지**에 대해 생각하는 프로젝트에 기여합니다. 『나와 반대로』는 여러 면에서 비평적 실천입니다. 포르노나 선전물 측면을 검열하자는 주장(예컨대 게이와 흑인 페미니즘 예술작품에 제기된 혐의)에 대해 작품을 옹호하는 일을 멈추고, 대신 포르노나 선전물의 측면을 검토할 때, 그것도 아주 진지하게 검토할 때 일어날 일에 대한 비평적 실천 말입니다. 가령 이 작품이 음란하다거나 정치적 책임을 묻는다고 확인될 때 일어날 일 말이죠. 음란물이 무엇인지를 정의하는 데는 관심조차 없습니다만, 예술가가 왜 작품에 예컨대 성적인 위반의 시나리오를 동원하는지, 그리고 그런 동원을 둘러싸고 벌어지는 일에는 관심이 있습니다. '남자가 여자와 섹스한다. 주어 보어 서술어.' 이 문장은 문법의 정치에 대한 엄청난 주장입니다. 비평 활동을 하면서 저는 제가 애착이 가는 퀴어와 페미니즘 작품의 문법적 형식을 찾으려고 노력합니다.

형식에 대한 섹스/젠더의 정치부터 포르노그래피 같은 용어의 한계에 이르기까지 이런 것들에 대해 제가 생각하는 방식은 에이즈 위기와 이에 대한 예술가들의 반응으로 깊은 영향을 받았습니다. 재현의 정치와 포르노의 낙인찍기에 대해 생각하는 것, 작품을 통해서 반인종주의, 페미니즘, 반동성애 혐오 형태의 상식을 발전시키는 것, 이것이 당시 제 선생님들 모두에게 긴급한 과제였습니다. 이브 세지윅(Eve Sedgwick), 마이클 문(Michael Moon), 맨디 머크(Mandy Merck)는 제게 더글라스 크림프(Douglas Crimp), 리처드 펑(Richard Fung), 코베나 머서(Kobena Mercer), 사이먼 와트니(Simon Watney) 같은 작가들의 섹스 중심의 실천, 에이즈 활동가의 비판적 실천을 차례로 소개해 주었어요. 1990년대 초반 퀴어 이론과 관련된 이런 경험은 1970년대 페미니즘 연구자들의 경험과 매우 유사했을 겁니다. 선생님도 자신의 몸에 대한 연구, 몸을 둘러싼 연구를 하면서 내부에서 인식의 전환이 일어나는 것을 느끼셨을 겁니다. 이브 세지윅의 작업 중 제가 가장 좋아하던 대목이 바로 그 에너지를 지면에 끌어오도록 만들었어요. 세지윅은 우리 자신의 글쓰기 속에서 수행적 잠재력을 발굴하도록 독려했고, 그것은 당시 비평을 중심으로 한 강의에서 일어났습니다. 어떤 사람의 입장에서 글을 쓴다는 것과 어떤 사람의 몸으로 글을 쓴다는 것은 여러 다른 사람들에게 매우 다른 것을 의미합니다. 자신의 위치가 중심이 되더라도, 물론 사람의 비평적 실천은 시간이 지남에 따라 때로는 정말 극적으로 바뀌게 됩니다.

제니퍼 내시 적어도 대학원 수준에서 본다면, 제가 지적인 성인이 된 것은 2000년 초반 흑인 연구를 할 때고, 리날도 월콧이 신랄하게 지적했듯, 당시의 흑인 연구는 인식론적이고도 성적인 품위로 형성되어 있었어요. 흑인 연구는 섹스, 섹슈얼리티, 성적 쾌락을 포함하기 꺼리는 분야였는데, 월콧도 주장하듯이 흑인 연구 분야는 제도적으로 불안정성이 뚜렷했고, 그런 불안정성에 성적인 품위로 대응했기 때문입니다. 물론, 어떤 분야든 그 분야를 이해한다는 것은 우리가 처한 제도적 위치에 의해서 형성되는데요. 저는 하버드 대학교에 다니고 있었고 그때 그곳은 병인학, 질병, 죽음을 생각하는 것 이상으로 섹스에 대해 연구하는 것을 환영하지 않았습니다. 그때 책 한 권, 논문 하나, 때로는 문장 하나하나를 발견하던 느낌이 기억납니다. 『창녀와 다른 페미니스트』에서 시오반 브룩스의 논문을 제가 처음 접했을 때, 아니면 『흑인 퀴어 연구』를 처음 읽고 있을 때, 그리고 어떤 분야가 형성되고 어떤 대화가 시작되고 있다는 것을 처음 느낀 때, 어쩌면 그러길 바란 때 말입니다.

때때로 세상은 변합니다. 그게 아마 첫 책 『황홀한 검은 몸』을 다시 논의하는 게 꺼려지는 이유일 수도 있겠습니다. 이 책이 쓰인 시기는 흑인 페미니즘 이론과 이론가들이 '섹스에 대해 생각하는' 것, 포르노에 대해 생각하는 것을 견딜 수 없어 하던 때였어요. 이 책의 활력은 피부로 느끼고는 있지만 이론으로 나타나지 않았던 그 모든 것을 다 생각해 보고 싶다는 욕망에서 왔습니다. 그 밑바탕에는 인종차별적인 성별 고정관념과 똑같은 언어로 표명된 포르노적 상상, 열망, 욕망, 욕구를 부정하기보다는, 함께 나눌 수 있는 다른 종류의 흑인 페미니즘의 이론 아카이브를 상상하자는 충동이 있었습니다. 첫 책이 출간된 지 7년 만에 새로운 분야가 탄생했고, 이제는 많은 학자들이 급진적 에로틱, 인종 형성과 식민주의의 에로틱, 그리고 제국의 성적인 기획에 대해서 연구하고 있습니다.

제니퍼 도일 선생님께서 인용하신 학자들이 이러한 무질서하게 엉킨 연구, 다시 말해 뒤죽박죽인 텍스트, 중첩된 장소, 열악한 자료실을 중심으로 한 연구를 더 밀고나갈 수 있게 했습니다. 특히 미국의 젊은 학자들은 이런 연구를 제대로 평가하기 어려울 것입니다. 지금의 퀴어 이론이 무엇인지를 정의하는 책이 당시 우리 대다수가 대학원생일 때는 존재하지 않았기 때문입니다. 유색인종 비판에 관한 이런 퀴어 운동이, 적어도 일부 학문 분야에서 이 분야의 정의는 무엇이고 이 분야에 무엇이 필요한지로 나아가려 한다는 것은 중요한 변화의 형태를 나타냅니다. 즉 우리가 하는 연구의 제도적 차원을 고려하도록 자극하고, 급진적 형태의 비평이 학문적 담론으로 전유되거나 동화되는 것과, 우리의 제도를 재구성하고 변형하는 것의 차이를 고려하도록 자극합니다. 이런 제도를 정의하는 경계에는 논쟁이 많고, 이런 논쟁의 현장에

인종과 성별이 들어 있습니다.

디지털 문화로 시작된 변화를 포함해서, 섹스와 권력에 가장 필요한 많은 생각이 인쇄 문화, 뉴스레터, 또 매우 특정한 독자를 대상으로 하는 잡지에서 이루어졌습니다. 라몬다 호턴 스톨링스는 시인 완다 콜먼의 소프트코어 포르노 잡지 『플레이어즈』의 편집 일에 관한 글을 쓰면서 이 문제를 다룹니다. 실험적인 작가, 페티시 추종자, 트랜스, 드랙 퍼포먼스를 하는 사람, 포스트 펑크 뮤지션의 세계는 '팬덤 잡지'(zine), 독립 신문, 잡지, 포르노 잡지에 실리기도 하고, 극장, 비디오 대여점에서 공연되었어요. 론 아테이(Ron Athey)는 『LA 위클리』의 편집장 조수로 수년간 일했어요. 버자이널 데이비스(Vaginal Davis)는 일주일에 하루씩 애시의 근무를 대신 했습니다. 둘 다 다양한 대안적이고 반문화적 플랫폼에 많은 글을 출판했습니다. 그 일로 돈을 받았고 콜먼 같은 작가와 함께 일했습니다. 독립 출판 및 유통의 구조가 무너지자, 이런 담론은 학계를 비롯한 다른 공간으로 흘러갔지만, 그 주제로 학위논문을 쓴다고 해서 집세를 낼 수는 없었습니다. 말하자면, 섹스 중심의 퀴어 주제와 긴밀히 협력하며 배운 한 가지는, 삶이 음란하다고 낙인찍힌 사람들을 위한 공간이 존재하며, 그런 공간에서 그들만의 지식 생산 실천이 생겨나고, 민속사학자 및 의례의 수호자가 생긴다는 사실입니다. 그리고 이런 공간은 변하고, 사라졌다가 재창조됩니다.

제니퍼 내시 학생들에게 세상이 변했다는 생각을 어떻게 가르칠까 종종 고민합니다. 분야들이 변했습니다. 10년 전 박사논문을 마칠 때만 해도 쓸 수 없던 글을 쓰고 할 수 없던 질문을 이제는 할 수가 있습니다. 진보 서사의 함정에 빠지지 않으면서 이것을 어찌 표현할지 궁금합니다. 대신 저는 에로틱, 섹슈얼리티, 쾌락에 관한 대화를 변하게 만든 학자 집단에 대해 깊은 감사와 고마움을 느낍니다. 흥미롭게도, 또 처음에 말씀드린 대로 (그게 발전이라고 할 수 있다면) 제 학문적 이력이 '발전'하면서 제 연구는 이제 에로틱 관련된 분야에서 멀어졌어요. 이런 변화가 일어난 것은 에로틱 연구에 관한 여러 질문에 대한 답을 이미 놀랍고도 뛰어난 학자들이 대단히 상상력이 넘치는 방식으로 해주었다고 제가 느끼기 때문이고, 10년 전이라면 꿈도 꿀 수 없던 대화가 지금 일어나고 있다고 느끼기 때문입니다.

제니퍼 도일 일하는 대부분의 시간을 저는 경험의 느낌을 공유할 수 있는 글쓰기 형식을 발견하려고 애썼습니다. 오랜 시간 동안 개인적인 느낌을 주는 글쓰기 형식을 택했습니다. 그러나 시간이 흐르면서 그런 실천에서 멀어졌고, 어쩌면 저에게 개인적인 것을 구성하는 게 달라졌다는 말에 더 가깝겠네요. 최근 몇 년간 저는 슬픔에 대해 글을 쓸 때만, 호세 무뇨즈와 이브 세지윅처럼 가까운 사람의 죽음에 대한 슬픔을 글로 쓸 때만 그런 목소리 톤을 사용했어요. 캠퍼스보안과 성희롱의 역학, 즉 제가 직접 겪은 충격적인 경험을 통해 접한 주제에 관해 글을 쓸 때는 매우 다른 목소리를 사용했고 즉 1인칭을 전혀 사용하지 않았습니다. 사실 보통 제 발자국을 지우려고 애쓰다보니 글은 하드보일드 문체가 됩니다. 다시 말해, 제 글쓰기는 단호하고 깔끔한 미학을 목표로 합니다.

초기 작업에서, 제 글의 개인적인 특징은 적어도 부분적으로는 학문적 글쓰기의 탈에로틱 효과를 방해하기 위한 것이었습니다. 앤디 워홀(Andy Warhol)의 〈블루 무비〉에 관한 제 글이 그 영화의 우스꽝스러운 관능미를 갖지는 못해도, 제가 그 영화에 비평적 관심을 기울였기 때문에 영화에서 기쁨을 빼앗아갔다고 비난받을 수는 없어요. 저는 이런 종류의 텍스트가 주는 즐거움을 나누고, 그 경험을 사색의 공간으로 만드는 걸 좋아합니다. 그러나 성희롱 피해자로서 글을 쓸 때는 글을 쓰는 과정이 매우 다릅니다. 초고에서는 저 자신을 까다로운 조사를 하고 있는 불만 가득한 독불장군으로 그립니다. 그 페이지가 어떤 장소가 되어 저는 저만의 장애물을 만들고 제 사건을 변론합니다. 한두 시간 자기 독선의 파도를 타다보면 어느새 해변에 와 있습니다. 불만감은 실제로 한 잘못 때문에 촉발되기도 하지만, 특권의식으로 인해 지속되기도 합니다. 그런 목소리로 저는 배신의 장면을 재구성하고, 약속 받았지만 거부당한 세상을 한탄합니다. 저의 말하기 모드가 꺼져 있어서, 내 말을 듣지 않고, 내 사건을 포기하고, 내게 등을 돌린 사람을 위해서 글을 쓰고 있는 것입니다. 그러니 그런 모드로는 사실 독자에게 말하고 있는 것이 아니지요. 그건 보기에 좋지 않고 그런 글은 정말 싫습니다.

제 글에서 저는 '나'의 해석을 제거하려고 노력합니다. 즉 하드보일체가 의미하는 게 바로 이건데요. 가능하면 그 이야기에서 저의 해석을 없애버립니다. 제 자신을 작가 기능으로 줄이려고 하고 더 나은 목적을 발견하려 애를 씁니다. 저한테 더 나은 목적이라면 괴롭힘을 역동적인 것으로 이해하게 만들고, 피해자에 대한 이야기를 단속과 처벌에서 피해 줄이기 쪽으로 바꾸는 것이 있습니다. 또한 그런 비참한 글을 서술하는 것에도 가치가 있다고 생각합니다. 다시 말해 학계에서 괴롭힘과 차별은 한 사람의 연구에 아주 끔찍한 피해를 줍니다. 제가 피해자가 되었을 때는 제 연구에서 기쁨 자체가 다 사라졌습니다. 그건 제게 깊은 상실이었고 아직도 슬픔의 근원으로 남아 있어요. 저는 이런 상실을 지도 교수의 학대를 견딘 후 목소리를 되찾기 위해 애쓰는 학생들에게서 목격했습니다. 설명하기는 어렵지만 이런 일을 다 겪다보면 하는 일 모두가 다 외설적으로 느껴집니다. 아마 그것이 오드리 로드의 그 문장이 내게 되돌아오는 이유일 텐데요. 즉 오늘날 그 문장은 재현 장르로서 포르노그래피에 대한 관찰이라기보다는 착취, 추출, 포획에 관한 관찰로 다가옵니다.

이 경험을 통해 저는 글쓰기에서 우리가 취약해질 수 있는 다양한 방식들에 더 민감해졌습니다. 또한 비평에서 특권과 불만의 관계를 직시하는 데도 교훈을 얻었습니다. 몸이 아닌 자신의 몸에 대해 글을 쓰라는 에이드리언 리치의 요청으로 되돌아간다는 것은, 서로 다른 사람마다 완전히 다른 의미로 다가옵니다. 때로는 여러분이 글 쓰는 작업에 몸을 맡기기 위해 비인격적인 목소리를 사용해야 할 필요도 있을 것입니다. 이렇게 하는 이유가 몇 가지 있습니다. 여러분과 또 여러분의 몸이 폭행을 당했을 때, 여러분은 성차별, 트랜스혐오, 인종차별의 구조적 차원을, 여러분의 몸을 그 안에 가두고, 여러분이 그 몸과 분리된 관계로 가도록 몰아넣는 권력과 박탈의 담론이라는 구조적 차원을 실제로 느끼게 됩니다. '몸'이라는 말은 종종 저자가 무슨 의미로 쓴 것인지 모르는 맥락에서 쓰이기도 하지만, 때로 우리는 학대, 성희롱, 차별의 장면에서 '나의 몸'이 그저 '몸'이 되는 방식에 대해서도 말해야 합니다. 성희롱에 관한 글을 쓰는 문법에는 또 다른 윤리적 차원이 있습니다. 즉 1인칭 대명사를 사용할 때마다 의미가 실려 무겁게 느껴진다는 것을 알게 됐어요. 피해자 중심의 글을 쓰려면 작가의 존재에 놓인 무게를 줄여야 합니다. 그래서 이런 주제로 글을 쓸 때는 제 글이 비인격화됩니다. 래리 나사르(Larry Nassar)가 미국 체조협회와 미시간 주립대학

(MSU)에서 일하면서 수백 명의 선수를 성추행했습니다. 제가 글을 쓰게 된 것은 나사르에게 소송을 제기했지만 고용주(MSU)가 기각한 이 사건의 피해자를 위해서였습니다. 그들은 이 여성 피해자를 히스테리 환자라고 묘사했습니다. 이런 일을 저지른 대학은 이에 대한 책임을 진 적이 없었습니다. 분명히 저도 그 시나리오와 관련이 있으니까 그것에 애착을 가졌습니다. 어떤 면에서 저는 저에게 해야 할 일을 그 여성에게 해준 셈이지요. 그런 사실은 각주로만 알렸습니다. 비평가로서 저는 그런 동일시를 지면 밖으로 끄집어내야 했습니다. 즉 이 에세이는 가차 없을 정도로 그 여성의 사례 자료에만 초점을 맞춥니다. 목표는 공동체 전체가 어떻게 자신의 진실을 거부하기로 할 수 있는지 이해하기 위해 고군분투하는 피해자에게 도움이 될 글을 제공하자는 것이었습니다. 소송 문건을 읽다가, 여성의 고소를 조사하는 중에 문제가 된 것이 어째서 여성이 말한 내용("래리 나사르가 나를 성폭행했습니다")이 아니라, 성폭행 당했다는 것을 여성도 **알고 있었다**는 사실인지를 깨닫게 되면서 깜짝 놀랐습니다. 피해자의 성적인 지식, 인식, 자신감, 신체 구조에 대한 이해, 즉 피해자의 솔직함이 오히려 대학의 보고서에서는 여성의 말을 믿을 수 없다는 증거로 사용되었습니다. 성희롱의 경우에는 '합리적'이라는 개념이 매우 중요합니다. 예컨대 '합리적인' 사람이라면 이런 행동을 성희롱이라고 생각할지를 묻는 것입니다. 이 여성의 사례에서는, 한 성인에게서 기대할 수 있는 직설적이고 솔직한 언어로(예를 들면 "그가 내 질 입구에 손가락을 넣을 뻔했어요", "그의 성기가 발기했다는 것을 알 수 있었습니다") 고소를 했다는 점이 그 여성의 비합리성을 나타내는 증거로 간주되었습니다. 조사관은 그녀의 솔직함을 증상이라고 읽었고, 어떤 일이 벌어진 것은 틀림없지만 여성은 벌어진 일이 무엇인지 알지 못한

다고 추론했습니다. 이 시나리오는 페미니즘 연구에서 실제로 겪는 문제입니다. 대학에서 대다수 교수진은 성적인 지식에 대해 말하길 꺼려하고, 실은 섹스와 섹슈얼리티에 대한 연구를 심히 불편해합니다. 이는 (우리가 대학에 기여한 바가 저평가되므로) 페미니즘 연구뿐 아니라 성적인 지식에 대한 존중이 섹스와 관련해 성희롱과 차별을 겪는 사례에 맞서 문제를 해결할 수 있는 핵심적 조건이기도 해서, 제도에도 영향을 미칩니다. 이 모든 게 외설과 포르노가 여전히 제 글에서 우려되는 부분이며, 아마도 제 사건을 처리할 수조차 없게 만드는 제 연구 분야의 특성을 말해주는 용어들일 것이라 말하려는 것입니다.

제니퍼 내시 저자의 목소리, 글에서 나의 위치와 '나'에 대해서 말해본다면, 저는 법학 교육을 먼저 받은 사람으로서 대학원에 왔습니다. 법학 교육은 사람이 말하는 방식을 바꾸려는 욕망을 뚜렷하게 합니다. 저는 '변호사처럼 생각하기'를 배웠습니다(로스쿨 1학년 내내 이 문구는 끊임없이 반복됩니다). 그리고 변호사처럼 글을 쓰는 법도 배웠습니다. 각주와 증거를 신처럼 떠받들었어요. 범주와 범주의 비평적 한계에 관심이 갔습니다. 그렇게 흑인 페미니즘 이론 아카이브의 한계를 알아보자는 욕망으로 첫 번째 책을 만났습니다. 저는 그 책에 전혀 드러나지 않는데 최소한 어느 정도는 제가 공부하는 포르노 아카이브에 저 자신이나 제 몸, 혹은 제 쾌락을 두고 싶지 않았기 때문입니다. 어떤 순간에, 저는 포르노에 관한 학술 텍스트에 이미지를 넣을 것인지를 관한 오랜 논쟁에 관해 서술했고, 포르노는 우리의 몸에 관한 연구이고 전 제 독자들이 제 분석을 읽을 때 이미지가 어떻게 독자의 몸에 작용하는지를 독자가 알기 바랐기 때문에 제가 이미지를 포함시켰다고 표시했습니다. 두 번째 책은 경험에서 온 것이었습니다. 저는 잠시 동안 여성학 프로그램의 학과장을 맡았고, 교차성이라는 언어를 통해 제가 어떻게 우리 기관의 프로젝트의 차별성과 긴급성을 말하게 되었는지에 매우 관심이 갔습니다. 또한 저는 학술 잡지 지면과 소셜 미디어에 일어나고 있던 교차성에 대한 일련의 논쟁에 대해 알고 싶었습니다. 저 역시 그 논쟁의 외부에 있지 않았고, 그 논쟁을 명명할 유일한 방법은 이 교차성 전쟁에서 제 이름이 어떻게 회자되었는지를 명확히 밝히는 것이라고 느꼈습니다. 세 번째 책은 출산의 경험에서 탄생했습니다. 그렇게 이름은 지었지만 제 자신에 대해 이야기하는 것은 거절합니다. 실제로 제가 그 책에 대해 이야기할 때는 종종 저의 '출산 이야기'를 말해달라는 요청을 받습니다만 보통은 거부합니다.

하지만 우리가 대화를 나누는 지금은 현대 흑인 페미니즘 이론의 미학에 관한 책을 집필 중입니다. 글쓰기에 대해 쓰고 있는데요. 어떤 면에서 지금까지 쓴 책 중 가장 이론적인 책이지만 또한 가장 개인적인 책이기도 합니다. 저는 흑인 페미니즘 이론이 상실에 몰두하고 있다는 것을 입증하려고 합니다. 이 책은 학자들과 문화 생산자가 다방면에서 함께 있는 집단과 더불어 생각하며, 그 집단에는 크리스티나 샤프(Christina Sharpe), 이마니 페리(Imani Perry), 사이디야 하트먼(Saidiya Hartman), 니콜 플릿우드(Nichole Fleetwood), 카밀 던지(Camille Dungy), 키마맨다 아디치(Chimamanda Adichie)가 포함됩니다. 또 이 책은 글을 아름답게 써서 상실에 가까이 다가가는 데 몰두하는 이들의 공통된 집착에 대해 묻고 있습니다. 여기서 아름답다는 것은 가치 평가의 형태로 아름답다는 것이 아니라, 폭로와 위험에 특권을 부여하고, 그것을 읽는 독자를 감동시키길 열망하는 글쓰기 형태를 의미하는 것입니다(이 부분은 선생님이 쓰신 『나와 반대로』의 도움을 받았습니다). 감동을 주는 것과 감동을 받는 것에 대해 새롭게 생각하도록 도와주는 글쓰기, 그 형식을 논쟁거리로 만드는 새로운 형식의 실험적 산문을 위해서 학술적 글쓰기의 논리를 거부하는 글쓰기 말입니다.

제니퍼 도일 이제 선생님이 법학을 통해 걸어오신 길에 대해 조금 알게 되었으니, 특히 교차성에 관한 선생님의 글쓰기를 형성해준 그 탐구적 호기심에 끌리는 듯합니다. 문체의 규제도 분명 그런 글쓰기의 일부겠지요. 이것은 여러 가지가 매우 중첩된 영역입니다.

선생님의 저서에 나타난 이런 변화에 대해 좀 더 듣고 싶은데요. 저서 전체에 관해 말씀하신 내용은 매우 사실입니다. 선생님이 언급하신 글 중 몇몇은 매우 구체적이면서 동시에 구조적인 상실의 주변에서 피어납니다.

제니퍼 내시 저는 어머니를 서서히 잃어가는 이야기를 통해서 이 프로젝트에 참여하게 되었습니다. 어머니는 66세 생신 일주일 전에 초기 알츠하이머라는 진단을 받으셨는데 하루하루가 지날수록 어머니의 존재가 제 손가락 사이로 빠져나가는 것을 느낍니다. 어머니가 퇴행하는 모습을 지켜보며 그런 어머니의 퇴행에 인내심을 가지려 애쓰고, 또 어머니가 약해지는 모습을 바라보며 은혜를 실천하려고 애쓰며, 또한 제 자신의 슬픔의 물결에 맞서려고 노력합니다. 어머니에 대해 쓰지 않고는 상실에 대해 쓸 수가 없으며, 상실에 대한 저의 이해(이 책에서는 '천천히 잃어가는 것'이라고 불렀는데요)는 어머니를 잃어가는 매일의 과정, 어머니가 기억을 잃는 것을 지켜보는 매일의 과정을 통해 굴절됩니다.

이것은 제게 새로운 종류의 글쓰기이며 두렵습니다. 제 불안의 일부는 어머니가 책의 중심 소재가 되길 원치 않으실 것이고, 어머니의 기억에 관한 책도 물론 원치 않으실 거라는 사실에서 옵니다. 그래서 이 책을 쓰는 게 제가 지금 처한 순간을 이해하기 위해 꼭 필요한 작업이라는 것을 알면서도 위험, 공개, 사생활 보호에 대한 문제와 씨름하려고 노력합니다.

제니퍼 도일 어쩌면 여기서 우리는 우리 모두에게 있어 가장 강력하지만 말하지 못한 한계, 즉 한계 독자에게 다가가고 있는 것입니다. 우리가 원하고 필요로 하면서 동시에 두려워하는 독자 말입니다. 또한 저는 어머니가 이런 공간으로, 공간의 규모로 미끄러져 가는 것을 지켜보는 사람으로서 말하는데, 글로 쓸 수 없는 것들에 대한 감각이 우리에게는 있습니다. 이런 공개는 우리 삶의 실제 독자들에게 해선 안 되기 때문이거나, 그저 한 등장인물로 축소되지 않도록 글감에서 제외해야 할 사람과 경험도 있기 때문입니다. 제 생각에 이러한 억제는 대체로 예를 들면 어머니에 대해 가지는 환상이라고 생각합니다만 그것은 우리의 기원과 결말에 대한 환상이기도 합니다.

번역_조현준

참고문헌

Brooks, Siobhan 1997: Dancing Towards Freedom, in: Jill Nagle (Hg.): Whores and Other Feminists. London: Routledge, 252–256.

Brooks, Siobhan 2010: Unequal Desires. Race and Erotic Capital in the Stripping Industry. New York: Suny Press.

Carter, Angela 1978: The Sadeian Woman and the Ideology of Pornography. New York: Pantheon Books.

Cruz, Ariane 2016: The Color of Kink. Black Women, BDSM, and Pornography. New York: New York University Press.

Doyle, Jennifer 2006: Sex Objects. Art and the Dialectics of Desire. Minneapolis: University of Minnesota Press.

Doyle, Jennifer 2013: Hold It Against Me. Difficulty and Emotion in Contemporary Art. Durham und London: Duke University Press.

Dworkin, Andrea 1987 [1981]: Pornographie. Männer beherrschen Frauen. Übers. von Erica Fischer und mit einem Vorwort von Alice Schwarzer. Köln: EMMA-Frauenverlag.

Halley, Janet 2006: Split Decisions. How and Why to Take a Break from Feminism. Princeton und Oxford: Princeton University Press.

Horton-Stallings, LaMonda 2015: Funk the Erotic. Transaesthetics and Black Sexual Culture. Chicago: University of Illinois Press.

Johnson, E. Patrick und Mae G. Henderson (Hg.) 2005: Black Queer Studies. A Critical Anthology. Durham und London: Duke University Press.

Lorde, Audre 1991 [1978]: Vom Nutzen der Erotik. Erotik als Macht, in: dies. und Adrienne Rich: Macht und Sinnlichkeit. Ausgewählte Texte. Hg. von Dagmar Schultz. Übers. von Renate Stendhal. Berlin: Orlanda Frauenverlag, 187–194.

MacKinnon, Catharine A. 1989 [1982]: Feminismus, Marxismus, Methode und der Staat. Ein Theorieprogramm, in: Elisabeth List und Herlinde Studer (Hg.): Denkverhältnisse. Feminismus und Kritik. Frankfurt a. M.: Suhrkamp, 86–132.

MacKinnon, Catharine A. 1994 [1993]: Nur Worte. Übers. von Susanne Baer. Frankfurt a. M.: S. Fischer.

MacKinnon, Catharine A. und Andrea Dworkin 1988: Pornography and Civil Rights. A New Day for Women's Equality. Minneapolis: Organizing Against Pornography.

Miller-Young, Mireille 2014: A Taste for Brown Sugar. Black Women in Pornography. Durnham und London: Duke University Press.

Musser, Amber Jamilla 2014: Sensational Flesh. Race, Power, and Masochism. New

York: New York University Press.
Musser, Amber Jamilla 2018: Sensual Excess. Queer Femininity and Brown Jouissance. New York: New York University Press.
Nagle, Jill (Hg.) 1997: Whores and Other Feminists. London: Routledge.
Nash, Jennifer C. 2014: The Black Body in Ecstasy. Reading Race, Reading Pornography. Durham und London: Duke University Press.
Nash, Jennifer C. 2018: Black Feminism Reimagined. After Intersectionality. Durham und London: Duke University Press.
Nash, Jennifer C. 2021: Birthing Black Mothers. Durham und London: Duke University Press.
Nestle, Joan 1987: A Restricted Country. Ithaca: Firebrand Books.
Nestle, Joan 1998: A Fragile Union. New and Selected Writings. San Francisco: Cleis Press.
Rich, Adrienne 1990 [1984]: Notizen unterwegs zu einer Standortbestimmung, in: dies.: Um die Freiheit schreiben. Beiträge zur Frauenbewegung. Hg. und übers. von Barbara von Bechtolsheim. Frankfurt a. M.: Suhrkamp, 103–122.
Scott, Darieck 2010: Extravagant Abjection. Blackness, Power, and Sexuality in the African American Literary Imagination. New York: New York University Press.
Spillers, Hortense J. 1987: Mama's Baby, Papa's Maybe. An American Grammar Book, in: Diacritics 17. 2, 64–81.
Walcott, Rinaldo 2005: Outside in Black Studies. Reading From a Queer Place in the Diaspora, in: E. Patrick Johnson und Mae G. Henderson (Hg.): Black Queer Studies. A Critical Anthology. Durham und London: Duke University Press, 90–105.

자웅동체적 에로스
부르주아 시민사회 및 시민미학에서의 포르노그래피
하나의 인용모음 (편집 및 도입문: 케르슈틴 슈타케마이어)

페터 고르젠

1960년대 말부터 페터 고르젠은 프랑크푸르트에서 성애미학(Sexualsthetik)이라는 주제를 발전시키기 시작했다. 그는 이 기획을 20년은 지나서야 빈에서 완성하게 된다. 그 전에 그는 테오도어 아도르노를 지도교수로 삼아 『의식흐름의 현상학을 위하여』(Gorsen 1966a)라는 박사논문을 썼다. 이 작업은 하나의 생철학적 심성사였다. 아도르노를 따라 고르젠은 미학의 물음들을 자기파괴에 매몰된 이성을 감성적으로 구조하기 위한 지렛대로 규정했다. 그러나 아도르노와 달리 고르젠에게 이 구조작업은 예술 내부에 국한되지 않는다. 오히려 그는 미학의 구조하는 힘을 미학이 윤리적으로 실패하는 여러 곳에서 보았다. 즉 심미적인 것이 포르노가 되고 윤리를 이탈하는 곳, 예술적인 것이 예술을 벗어나는 곳에서. 고르젠에게 예술적인 것은 윤리를 벗어날 때 진정으로 정치적인 것이 되고, 다음과 같은 불법적 지성을 실천하는 도구로서 활용된다.

이 지성은 행복의 타락한 형태, 사회성을 상실한 행복마저도 저버리지 않고 그 사회적 무용성을 견뎌낸다. 또한 윤리를 벗어난 예술은 기존 사회에서 기능하는, 소비 향유의 여러 형태에 효과적으로 영향을 미치는 도구로서 활용된다. (같은 책: 15)

그의 반려자인 하넬 쾨크와 공동으로 고르젠은 1950년대 후반부터 필연적으로 단절을 일으키고 마는, 풍속에 반하는 이 생활양식이 통용될 수 있는 공간을 추구했다. 이러한 생활은 스스로의 탈사회화, 인격적이고 법적인 것은 물론이고 공동체적이고 사회적인 탈사회화를 감수하는 것이었다. 이러한 탈사회화 작업을 하면서 두 사람은 예술가인 피에르 몰리니에와 밀접한 관계를 형성했다. 쾨크는 보르도에 있는 그를 몇 번이고 방문하여 그와 함께 피사체가 되거나 그가 찍는 사진의 피사체가 되어 주었다. 고르젠은 그에 대한 책을 썼고, 몰리니에 또한 둘에게 작은 작품들을 만들어 주었다. 가령, 1969년에 그는 하넬을 위해 머리가 둘 달린 고데미셰(Godemiché-à-deux)[1]를 만들어 주었다. 1972년에는 『피에르 몰리니에 그 자신: 초현실주의적 자웅동체인에 대한 에세이』(Gorsen und Molinier 1972)가 검은색 비단스타킹 안에 넣어진 형태로 출간되었다. 고르젠이 쓴 텍스트는 몰리니에가 그 자신과 쾨크, 그들의 물건들 및 생활공간에 대해 찍은 흑백사진들과 함께 배치되었다. 이들 간의 관계 및 헤르만 니치와 오토 뮐 같은 비엔나 행동주의자들의 테두리 내에서 이루어진 쾨크의 작업(Gorsen 1972: 166 이하), 그리고 고르젠 자

1 [옮긴이 주] 고데미셰는 딜도를 가리킨다. 따라서 '머리가 둘 달린 고데미셰'는 음경이 두 개 달린 딜도를 의미한다.

신의 한스 기제[2]와의 관계, 마지막으로 기제가 설립한 함부르크 성연구소는 평생 추구되었던, 비윤리적 이성의 이론적 실천을 위한 출발점을 형성했다. 고르젠은 2017년 빈에서 죽었고, 쾨크는 여전히 빈에서 살고 있다.

이미 1963년에 고르젠은 아르만트 메르겐의 『성연구: 주요개념과 도판』에 들어갈 여러 항목들을 작성했다. 이 책은 1938년 빈의 성연구소에 의해 간행되었던 『에로틱 도판 사전(*Bilder-Lexikons der Erotik*)』을 당대에 맞게 되살려낸 판본이다. 기제 역시 이 작업에 참여했다. 고르젠은 50페이지는 족히 되는 긴 항목인 예술(근대, 조형)을 썼고, 이는 같은 해 별도로 출판되었다(Gorsen 1963). 여기서 그는, 근대 예술 속에서 실행되었던 욕망형식들 중 매너리즘적인[3] 특이사례들을 파악하는 미학의

2 [옮긴이 주] 한스 기제(Hans Giese)에 대해서는 따로 주석을 달 가치가 있다. 그는 법학자 프리드리히 기제의 아들로 프라이부르크 대학에서 의학, 철학, 독문학을 공부했고 『괴테의 시에서 극성의 원리』를 제출하여 박사학위를 받았다. 1942년 국가사회주의독일노동자당('나치')에 가입하고 마르틴 하이데거의 강의를 들었다. 그는 하이데거의 사상에서 영향을 받아, 1944년 동성애자들의 해방을 위한 이정표와도 같은 문건으로 간주되는 "만남의 본질에 관한 연구(Untersuchungen zum Wesen der Begegnung)"로 강연을 했다. 2차 세계대전 이후 그는 『남성동성애의 형태들: 130개 사례 연구』로 의학박사학위를 취득했고, 1949년 성연구소(Institut fur Sexualforschung)를 창립했다. 그는 프랑크푸르트 대학에서 교수자격취득논문을 청구했지만, 대학은 그의 커밍아웃을 문제 삼아 이를 거부했다. 그는 1957년에는 나치 치하에서 반유대주의를 선동하는 영화를 만들었던 파이트 하를란(Veit Harlan)의 영화 〈제3의 성(das dritte Geschlecht)〉을 위한 학문적 조언자가 되기도 하였다. 그의 모토는 "동성애자들은 다르지만, 범죄자들이 아니다"였고, 독일제국 이래로 동성애자 처벌의 근거가 되었던 법조항에 대한 논쟁을 불러일으키고자 하였다. 1958년 함부르크에서 교수자격을 취득했고 1965년 교수가 되었다. 1968년부터 그는 로볼트 출판사(Rowohlt-Verlag)에서 소책자 시리즈인 로로로 섹슈얼리티(rororo Sexualitat)를 책임편집했다. 한 연구자에 따르면, 그는 "아데나워 시대 가장 영향력 있는 성 연구자"였다.

3 [옮긴이 주] 매너리즘은 레오나르도 다 빈치, 미켈란젤로, 라파엘로 등이 르네상스 고전주의를 완성한 후 더 이상 예술의 발전을 도모할 활력을 찾지 못했던 다음 세대의 예술가들이 추구한 양식을 가리킨다. 그들은 기형적인 구도 및 과장되고 불균형한 포즈, 자극적 색감, 주목을 끌 만한 주제 등으로 전 세대의 고전주의를 모방하면서도 변형시켰다. 서양 예

초안을 잡는다. 고르젠이 이 논문에서 그린 것은 위대한 예술의 적법한 계보가 아니라, 심미적 현상형태들의 통제되지 않은 집단이다. 이들은 오직 그들 각자의 쾌락주의와 불법적 지성에 대한 명료화 작업을 거쳐야만 가시화된다. 고르젠은 이를 통해 일종의 비윤리적 미학의 정향점들을 그린다.

1969년 고르젠은 이러한 점들을 보다 체계화한 두 책을 출간한다. 『피그말리온의 형상: 예술사회학적 에세이들』(1969a)에서 그는 자웅동체적 에로스라는 현대적 삶의 방식을 쾌락주의적 계몽의 지평으로 개시한다. 이 책은 성의 향략적 해방을 위한 반(反)영웅적 선언문이다. 성은 부르주아 시민사회의 이원성으로부터 벗어날 수는 없지만, 이 이원성의 특징들 모두를 잉여로서 자기에게서 통합한다. [남성과 여성 중] 양자택일할 수밖에 없는 나쁜 선택지의 유토피아 대신 이 선택지들의 쾌락적 퇴락형태들이 등장한다. 『외설의 원칙: 예술, 포르노그래피, 사회』(1969b)—기제가 책임편집하는 로로로 성학 시리즈(rororo Sexologie-Reihe)로 출간된—는 부르주아 시민사회에서 부도덕한 것이라는 낙인이 찍힌 것으로서 포르노그래피적인 것이 떠맡는 역할을 탐구한다. 고르젠이 보기에, 극단적 소비추구 경향 속에서 부르주아 사회의 성들을 이성애중심적으로 이용하는 형태들은 포르노그래피 속에 불가피하게 되돌아온다. 그런데, 이런 형태들 주변에는 전형적으로 포르노그래피적이지 않은 실천형태들, 즉 오직 지배적인 이성애재생산적 규범을 이탈하는 것으로서만 부르주아 시민사회에 의해서 포르노그래피화되는 것들이 있다. 고르젠이 말하는 자웅동체적 에로스는 이런 것으로서 포르

술사에서 르네상스가 정점에 달한 1520년대부터 바로크가 시작된 1600년대까지가 매너리즘 시기에 해당한다.

노그래피를 탈자본주의화한다. 자웅동체적 에로스는 쾌락주의적 계몽을 이끌며 포르노그래피를 양성애적 노동형식으로부터 공동체적 범성애가 가능한, 하지만 [고착되지 않고] 단지 잠정적인 생활방식으로 변화시킨다.

이후로 수많은 짧은 논문들 외에도 여러 가지의 책, 카탈로그, 이론적 논문들을 출간하여, 고르젠은 그가 "성애미학"이라고 명명한 것을 제안한다. 그에 따르면 성애미학은 포르노그래피와 예술을 결합해야 할 정치적 긴박성의 산물이다. 성애미학으로 고르젠이 목표하는 것은 하나의 대안적인 미학-정치적인 공간이다. 이 공간에 접근하기 위해서 필요한 것은 자신의 윤리적 귀책능력을 공적으로 입증할 수 있는 능력이 아니라, 정반대로 자신의 부도덕성을 실천하고 실현하는 것이다. 1972년에는 『성애미학: 외설성과 포르노그래피의 부르주아 시민사회적 수용에 대하여』가, 15년 후에는 로볼트 백과전서(Rowohlt Enzyklopädie)에서 500여 페이지에 달하는 개괄적 저작 『성애미학: 20세기 감성의 한계형식들』(1987)이 출간된다. 이 책과 더불어 그리고 피에르 몰리니에에 대한 두 번째 책과 더불어 고르젠은 1980년대 말에 성애미학에 대한 그의 궁구(窮究)를 마친다.

아래에는 이 출간물들 가운데 몇몇 구절들을 뽑아 모아 놓았다. 이는 다만 오늘날까지도 비윤리적-쾌락주의적 계몽의 중심인물이면서도 너무나 적은 주목을 받았던 이 저자를 소개하기 위한 것이다. 포르노그래피는 부르주아 시민사회에서 은밀하게 해방된 남자들과 여자들의 동경이 실현되는 어떤 장소가 아니다. 고르젠은 근대적 성의 노동영역인 포르노그래피를 비판적 의도를 가지고 영웅시하지 않는다. 그는 다만 포르노그래피의 탈경계를 체계적으로 추구한다. 성애미학은 포르노그래피적인 것이 가지는 사회적 부도덕성을 포르노그래피와 관련된 주제 중에서도 (여전히) 겁박당하는 주제인 자웅동체적 에로스의 실행영역으로서 활용한다. 이렇게 고르젠에게 포르노그래피는 "증상들의 사실주의"(Gorsen 1966b)를 실현하는, 급진적으로 탈물신화된 장소가 되고, 미학적 삶의 실천을 위한 장소가 된다. 포르노그래피는 부르주아 시민적인 자본주의 사회가 그 사회의 성들과 이들로부터 이탈한 주변적 형태들을 소비사회의 유지를 위해 활용하는 장소이면서도, 동시에 바로 이들의 활용으로부터 그리고 바로 이들의 조작 속에서 성들을 탈자본주의화하고 탈윤리화하며 점진적으로 자웅동체화하기 위한 심미적-정치적 실천양태들이 형식을 얻는다. 30년 동안 쓰인 고르젠의 텍스트들에서 뽑은 아래의 구절들은 문제제기를 위한 참조점들을 제공한다. 이 점들을 현실화하는 과제는 아직 우리의 현재를 위해 광범위한 것으로 남아 있다. 몇몇 곳에서 보다 나은 이해를 위해 짧은 해설을 덧붙였다. 맨 마지막에 중심적인 개념들 중 몇몇에 대한 고르젠 자신의 사전적 소개를 붙였다.

> 포르노그래픽한 것의 원형태는 존재하지 않는다. 다만 이제까지 각 사회가 각 시대에, 정치경제적으로 기꺼이 수용되지 않는 섹슈얼리티의 수행방식들을 포르노그래픽한 것으로 간주하여 그것들을 더 잘 억압하려는 관심이 있었을 뿐이다. 이는 자웅동체와 복장도착의 거세된 남성성을 다루는 포르노 미학에도 해당된다. 자웅동체와 복장도착은 에로스의 자기성애적 표현 및 이성애적이지 않은 다른 모든 표현들과 더불어 자본주의에 따라 구조화된 성과사회의 역량윤리와 거동윤리와 가장 많이 충돌한다. 반면, 자웅동체와 복장도착의 포르노 미학

은 가령 사회적으로 달리 구조화되어 있었던 르네상스 사회에서는 문화인의, 나아가 특권층 남자의 지배적인 성적 유형에 속한 것이었다. (…) 명백히 외설적이고 포르노그래피적인 것의 내용들은 변하지만, 외설적인 것을 상상 속에서 감성적 퇴폐나 삶의 쇠약 또는 가장 넓은 의미에서의 질병과, 그러니까 주로 심리병리학적으로 결합시켜야 한다는 사회적 선입견은 유지된다. 이로써 외설적인 것은 그 자명성[자명한 무고함]을 상실했고 인간의 경험 속에 성적 금기의 위반으로 자리 잡았다. 이로써 대중들은 잘못 이해된 자유주의적 태도 속에서 저질포르노를 전문적으로 취급하는 유통기업들을 통한 값어치 없는 착취에 노출되고, 그리고 인간의 성적 자기결정에는 전혀 기여하지 못하는 일종의 성인 잡지에 내맡겨진다. (Gorsen 1969b: 73)

포르노그래피의 개념은 인간의 흥분된 혹은 흥분시킬 수 있는 성감과의 "인간학적" 연관을 표시한다. 즉 포르노그래피는 인간학적 기반을 갖는다. 음란성의 개념은 인간의 훼손된 혹은 훼손 가능한 수치감이나 윤리감과의 도덕적 연관을 갖는다. 즉 음란성은 윤리적 기반을 갖는다. 보다 넓은 음란성의 개념인 음란한 포르노그래피는 도덕적이고도 인간학적인 기반을 갖는다. 그것은 인간의 흥분시킬 수 있는 성감과 훼손 가능한 윤리감과 연관된다. (Gorsen 1972: 33)

이 인용문에서 고르젠이 인용부호 안에 넣은 근대 인간학은 인간을 그의 노동(무)능력으로부터 인간화하거나 탈인간화하기 때문에, 그가 여기서 포르노그래피를 인간학의 영역에 넣은 것은 결코 잠정적이거나 일시적인 것이 아니다. 포르노그래피에서는 [인간의] 성들이 [불가피하게] 작동한다. 포르노그래피는 시민사회의 [이미 고착된] 성들을 가지고 하는 놀이가 아니라, 차라리 이 성들을 재생산하는 하나의 형식이다. 즉 부르주아 시민사회에서 포르노그래피를 배치하는 특유의 방식들은 이성애적 규범의 과잉을 실현한다. 고르젠은 외설성 개념을 이와 분리하여 [부르주아 시민사회의] 이분법적인 노동과잉으로부터 이탈할 수 있는 가능적 형태들을 가시화하고자 한다. 포르노그래피는 단지 부르주아 시민사회 윤리의 극단적 사례 혹은 그것이 첨단화된 양태에 불과한 것이 아니다. 포르노그래피 안에는 이 시민윤리에 대한 사보타주를 실행하기 때문에 포르노그래피화된 것들 역시 떠밀려와 있다. 이러한 맥락에서 고르젠에게는 외설의 원리가 중요하다. 즉 [고르젠이 보기에] 외설적인 포르노그래피는 하나의 미감적이고도 윤리적인 실천에 이름을 부여한다. 이는 부르주아 시민사회 윤리에 대한 감성 차원의 공격적 실천이며, 이 윤리에 고유한 재생산가능성과 단절하려는 시도이다.

> 인류학자들과 문학연구자들은 오늘날 포르노그래피의 재현방식이 지니는 "거리상실"에 대해 의견이 합치한다. 무슨 말이냐 하면, 요즘의 포르노는 희극, 풍자극, 캐리커처 속의 유머, 반어, 풍자, 위트가 지니는 [의미의] 흔들림이 산출하는 것과 같은 거리두기 없이 "오로지 자기 자신에 대한 무조건적 몰입 속에서"(Giese 1965: 27) 지속된다는 것이다. 달리 말해, "포르노의 내용은 오로지 그 자신을 위해, 즉 아무런 반성 작용 없이 재현"(Emrich 1968: 246)되고, "육체의 성적 과정들이 (…) 아무런 거리두기나, 단계적 고조, 파트너들의 아주 다양한 의식 내용과 감정적 내용의 대조 없이 주어진다." 파트너들의 의식은 포르노의 관점에서 "똑같이 잘려 내어진다. 마치 자동기계가 순수 육체적

과정을 재현하는 것처럼"(같은 책: 218). (Gorsen 1972: 68 이하)

이런 탈미학화의 "에너지 중심적(energetisch)" 시각에서 볼 때 포르노그래피는, 다시 말해 순수한 포르노그래피의 전혀 미학적이지 않은 외설성은, 특히 아직도 가장 비전통적인 형식으로 남아 있는 사진 특유의 비미학적인 "인간학적" 효과[4] 덕에 다시 쓸모 있게 된 것으로 보인다. 카일, 회케, 몰리니에의 포토몽타주나 스탠 브래키지, 브루스 코너, 쿠르트 크렌, 앤디 워홀의 언더그라운드 필름, 혹은 헤르만 니치가 그의 탈아-신비 극장[5]에 사용한 그리고 오토 뮐이 자신의 "실물 액션"[6]에 대해 만든 포토몽타주에서 이런 효과를 노린 형상화 작업을 볼 수 있다. 이 작업들은 소비의 방향으로 미학화의 경계를 아주 심각하게 넘어선다. 이와 더불어 이들은 오늘날 다른 상품들과 경쟁하면서 개방된 공간에서 자신을 현시하는 것을 원하도록 강요받는 모든 성이 감

4 [옮긴이 주] 원문에는 사진이 갖는 이 "비미학적 효과"를 수식하는 "der auch als Ausloser bezeichnet wurde"라는 관계절이 삽입되어 있다. "또한 방아쇠로도 지칭되었던"이라고 축자적으로 번역될 수 있으나, 고르젠의 텍스트가 드문드문 인용되고 있어서 정확히 무엇을 가리키는지는 알기 어려워 번역에서는 생략했다.

5 [옮긴이 주] O(rgien)-M(ysterien)-Theater. 오스트리아 전위예술가 헤르만 니치는 1950~60년대에 언어 대신 외침, 음악 대신 외마디나 잡음, 회화 대신 흩뿌려진 물감 등으로 더 이상 무언가를 재현하지 않는 극장을 기획하고 실현했다. 우유, 식초, 와인, 피, 살 등 냄새, 촉감, 맛과 같은 감각적 자극을 불러일으키는 실물을 사용했고, 나아가 동물 사체의 가죽을 벗기거나 사람의 몸을 결박하고, 작품에 동물 피와 진흙, 소변을 사용하는 등 강렬한 표상을 불러일으키는 작업을 했다. 삶과 예술 간의 경계를 뛰어넘는 작업을 해나가는 가운데 그의 1960년대 작업의 두 주요 모티브는 자기를 희생한 예수와 갈가리 찢긴 디오니소스였다. 2015년 이탈리아에서 열린 전시회에서 십자가에 죽은 동물을 매달아 동물 보호 단체의 비판을 받기도 했다.

6 [옮긴이 주] Materialaktionen. '행위 분석 그룹(Aktionsnalytische Organisation; AAO)'을 이끌었던 오토 뮐이 주도한 일종의 행위예술. 기름과 같은 미끌거리는 물질, 피, 내장 등을 활용. 그가 창립한 공동체인 AAO는 성의 자유와 재산공유를 기치로 내걸었다.

수해야 하는 무해화(無害化)의 과정[7]을 오히려 일시적으로나마 이탈할 수 있게 된다. 이렇게 이해될 때, 포르노그래피라는 낙인과 방종의 낙인은 칭찬을 의미한다. 왜냐하면 바로 그러한 낙인은 예술가들에게, 그들이 만들어낸 자극기제들이 옛 스타일의 예술작품 되기에 저항했다는 확인이기 때문이다.

해프닝 예술가가 선보이는, 선동하려는 의도를 가진 용기 있는 포르노그래피적 예술작품 또는 행위는 그것들의 미학화를 종국적으로는 결코 벗어나지 못할 것이다. 그들은 그들을 수용하는, 소비에 익숙한 오늘날의 감상자에 종국적으로 의존해 있다. 이 소비하는 감상자는 항상 새로운 방식으로 자극받고 긴장을 풀고 다시금 자극받고자 한다. 이 속에서 포르노그래피적인 작품들은 점점 소진될 것이고 결국 과잉자극된 감각에 더 이상 어떠한 자극적 재료도 제공하지 못할 것이다. 그럼에도 불구하고 정치적 스타일의 포르노그래피적 예술작품이 겨냥하는 선동적 효과에서 중요한 것은 예술작품의 미학화가 은밀한 소비에 의해 일어나는지, 즉 포르노그래피적인 것의 미학화가 본래적으로는 금지되어 있는지 혹은 그 작품이 처음부터 모든 상품의 소비 속으로 통합되어 그것이 가진 외설적 선동이 향유의 대상으로 전락했는지의 차이이다. 향유의 대상이 된 선동은 그것이 지녔던 가시를, 그것의 외설적 효과를 상실한다. 이는 사드의 고전적인 정식에 충실한 것이다. 즉 금기가 깨지는 정도만큼만 외설적인 것이 있다. (Gorsen 1969b: 110 이하)

7 [옮긴이 주] Porzedur der Entgiftung. 축자적으로 읽으면 '해독의 과정'이다.

오늘날 포르노그래피와 외설적 예술 간의 미학적 경계에 대해 자신이 판단을 내릴 수 있다고 생각하는 사람은, 그가 오늘날에도 살아남은 예술개념의 이름으로 그런 판단을 내리는 것이 아님을, 다만 규범적 타당성을 잃어버린 예술개념에 입각하여 그런 판단을 내리는 것일 뿐임에 유의해야 한다. 오늘날 어떤 예술 이론 혹은 어떤 예술 이해에 확고하게 근거하여 포르노그래피와 외설적 예술의 미학적 차이가 구성되는가? 결국, 이 질문에 대해서는 하나의 비판적 대답이 가능하다. 이제까지 주장되었던 예술과 실제 사이의 미학적 차이를 논박하는 대답 말이다. 어떤 것이 포르노그래피적 예술인가 아니면 실제로 포르노그래피인가라는, 또 다른 형태의 질문을 던진다고 하더라도 이는 현재 진행되고 있는 미학적 논의의 복잡다단한 결들을 무시하는 유도질문에 불과하다. 거의 모든 최근의 예술비평 및 문예비평적 연구가 보이는 결함은, 포르노그래피 문제를 해결하기 위해 전제된 예술 개념을 문제 삼지도, 미학적 전위의 논의 수준을 참조하지도 않은 채 이 문제를 해결하고자 한다는 점이다. 현대에 진정으로 예술과 포르노그래피를 구분하려면, 반(反)예술적 미학과 현대적 매너리즘을 통한 고전주의적이고 관념론적인 예술 관념의 재구성이 먼저 논의되어야 한다. 충분한 해명과 정의를 통해 포르노그래피와 외설적 예술을 분리하는 일이 비록 환상은 아닐지언정 오늘날 매우 어려운 일인 이유는 현대에 행해지는 미학적 시도의 수준에서 현재 생성 중인 실험적인 예술을 고려하는 것이 필요하다는 데 있다. 오늘날의 실험적 예술은 칸트나 헤겔, 피히테, 셸링, 실러, 슐레겔 혹은 슐라이어마허 같은 이들이 삶과 예술을 존재론적으로 구별한 가운데 획득한 규범적 예술 모델을 따르지 않는다. 예술 생산 및 수용의 사회적이고 미학적인 변화 양태가 예

> 술과 삶 간의 본질적 구분을 더 이상 지탱하지 못한다는 것이 드러나게 되면서, 저 존재론적 차이와 논리적-사태적으로 연관되어 있는 포르노그래피 및 외설 예술에 대한 모든 정의 또한 어쩔 수 없이 불확실해진다. (Gorsen 1972: 58)

고르젠은 이러한 그리고 또 다른 방식들로 포르노그래피적인 것의 경계적 성격을 항상 다시금 강조한다. 포르노그래피적인 것은 그것이 가진 미학적 특질 때문에 예술적으로 호출 가능한 형상이 된다. 즉 포르노그래피적인 것은 한편으로 그저 향유 가능한 대상일 뿐인 것과의 관계에서 분명한 경계가 있음을 보여주지만 다른 한편으로 예술작품으로서는 퇴화되는 과정을 거치는 가운데 소비 가능한 것이 되어 버리기도 한다. 포르노그래피적인 것을 하나의 예술로서 미학적으로 포용하는 것은 비윤리적인 것이 아니다. 오히려, 포르노그래피적인 것을 포르노그래피적인 것으로서 미학화하는 것, 즉 포르노그래피적인 것의 특성을 미학적으로 고정시켜 버리는 것이 비윤리적이다. 포르노그래피적인 것은 이러한 시간적 측면을 가진다. 미학적인 것이 [남성과 여성 간의 성역할을 고정하는 형식 이외의] 대안적인 형식들로 우리의 시민사회적 삶의 방식들 내에서 나타나는 모습들은 고르젠에게는 단지 일면적으로 한때 낯설었던 것의 순치가 결코 아니다. 그것들은 과거를 회고하는 우리의 시선 아래에서도 또한 역동성을 지닌 것으로 남아 있고, [우리의 질서 안에] 새롭게 불현듯 나타날 수 있다. 포르노그래피화된 것의 역사적 형상들은 현재 포르노그래피적인 것 안에서 새롭게 경계적인(liminal) 것이 될 수 있다. (매너리즘 양식의) 르네상스 시대의 자웅동체자는 현대의 쾌락주의자가 된다. 이러한 동학의 관점에서 볼 때 예술 역시 미학적인 것의 현대적 (상품)형식으로서, 이 형식의 영향권 아래 있다. 포르노그래피적인 것에 대하여 예술적 작업이 착수될 때 이것이 단지 보장된 자극과 선동 이상이 된다면, 예술 또한 포르노그래피적인 것에 의해 변화될 수밖에 없다. 즉 예술작품의 경계들은 매너리즘적이 되고 유연해져서 외설성 및 형식의 비윤리성에 호의적인 것이 된다.

> 다음과 같은 이유 때문에 자웅동체적 성애는 관념론적 예술미학의 시각에선 결정적인 위반이고 자웅동체적 성애의 표현은 지극한 포르노그래피이다. 즉 자웅동체적 성애는 성애적 애매성의 상을 통해 [전통적인 성애의 목적으로 간주되는] 출산의 이념을 모욕하고, 그것이 가진 부자연스럽고 터무니없는(absurd) 아름다움—이것이 부정적 아름다움(das Negativschöne)이다—을 토속종교들에서나 보이는 미학적 야만성이나 고대 후기의 미학적 퇴폐에 유보되어야 하는 저 신적인 자립성으로 드높인다. (Gorsen 1969b: 66 이하)

미학적인 것과 윤리적인 것을 뒤섞는다는 것이 이미 디드로 이래의 부르주아 시대에 에로틱이 얻은 오명이다. 이 시대는 감각적인 것에 대하여 항상 두 가지 방식으로 대처한다. 감각적인 것을 내면화하거나, 억압하거나. 이는 예술에서 성적인 것에 대한 부르주아 시민의 부자연스러운, 검열하는 관계를 설명해준다. 포르노그래피적인 것의 순수한 향유적 요소, 감각적인 것의 쾌락주의적 특질은 대체로 비이성적이고, 자연의 날것의 사실로서 그리고 최종적으로 미학화될 수 없는 것으로 배제된다. 그러나 이성이 자연을 더 이상 지배하는 것이 아니라 억압하는 것과 동일한 만큼, 자연에서 해방된 원리로부터 자연을 상실한 원리로 소외를 겪는 것과 동일한 만큼, 포르노그래피적인 것 또한 계몽주의자들과 예술가들에게 새로운 빛 아래 나타나는 것도 당연하다. 즉 포르노그래피는 더 이상 감각적인 것 너머의 목적이나 의도와 기능적인 것으로서 필연적인 관계를 맺는 것이 아니라, 억압되고 고립된 감성 자체의 외설적 변호인으로 등장하는 것이다. 포르노그래피적인 것은 이성적이지 못한, 길을 잃은 이성의 맞은편에서 감성을 위한 해방적 기능을 충족할 수 있을 것이다. (Gorsen 1972: 14)

로젠크란츠와는 반대로, 바타유는 추를 통해 미를 더럽히는 외설적 행위를 더 이상 일반적인 것으로 체험되지 않는 윤리적 감각의 독단성을 뒤흔드는 기능을 한다는 식으로 도덕적으로 정당화해야 할 필요를 발견하지 못했다. 바타유는 외설적 행위를 그 자체로 세속화하는 것으로서 그리고 전혀 수치스럽지 않은 것으로서 단순히 확인할 뿐이다. 그의 외설성 개념은, 우리가 부정적으로 윤리화된 추 개념을 수용한다면, 전(前)기독교적인 의미에서 종교적인 것이긴 하지만 도덕적인 것과는 전혀 다른 차원에 놓인다. 부르주아 시민사회의 계몽에서 성립된, 외설성과 공리주의적 도덕 간의 밀접한 연관은 이제 해체된다. 이를 통해 모든 매너리즘적 예술에서 보이는 것과 같은, 외설적인 감각적 방탕의 계기가 뚜렷이 드러난다. 그러나 이 계기는 나중에 순전한 포르노그래피에서 단지 생리적인 자극이 되어 천박하게 될 뿐이다. 다소간 억압된 디오니소스적인 감각적 방탕은 순전한 포르노그래피, 즉 소비 대상으로서의 포르노그래피에서는 어떠한 흔적도 남기지 않았다. 그러나 상처 입은 수치심에 대한 도덕적 죄책감, 즉 부르주아 시민사회가 외설적인 것을 정당화하는 원칙 또한 포르노그래피에서는 삭제된다. 미처 용서받지도 않은 채로[정당화나 변호 없이], 포르노그래피에는 수치심이 부재한다. 미학적이고 양식적 근거에 기초하여 모든 것이 허용되었던 외설적 예술도 그렇지는 않았다. 포르노그래피를 그저 모사하지 않은 채로 포르노그래피처럼 그렇게도 천박하게 자유로워도 된다는 것, 이것은 부르주아적 계몽의 성애도덕적 억압 연관 안에 통합되는 것으로부터 에로틱을 해방한다는 것을 의미할 것이다. (같은 책: 25)

고르젠은 부르주아 사회에서의 성적 기능과 재생산적 기능의 밀착 상태로부터 포르노그래피적인 것을 보다 더 떼어놓는 과업에 착수하고자 조르주 바타유의 후기 작품인 『에로스의 눈물』(1965)을 참조한다. 바타유는 다음과 같이 쓴다. "노동을 통해 특정 목적에 자신의 행위를 종속시키는 법을 배운 인간은 (…) 순수하게 충동적인 행태로부터 자신을 멀리했다. 이것이 가능했던 것은 그가 이 행태가 갖는 형태들을 조망하기 시작하면서부터이다."(Bataille 1965: 38) 바타유에게서 에로틱한 것과 고르젠에게서 사회적으로 포르노그래피적인 것으로서 낙인찍힌 것은 노동의 이성 속에서 그 자체로 노동형식이 되고, 재생산의 규범이 되며, 바타유의 이해에 따르면, 영속적인 매춘이 된다. 이렇게, 노동하지 않는 섹슈얼리티의 유희형태들은 역사적으로 계급적 특권으로, 귀족적 퇴폐로 전개되었다. 그리고 그것들은 이러한 역사 속에서 최종적으로 고르젠이 쾌락주의적 계몽 속에서 새롭게, 현대적으로, 자웅동체적 에로스의 포르노그래피적 실천으로서, 제한된 특권으로부터 대중적 현상으로 확장하고자 하는 반(反)사회적인 요소로 전개된다.

혁명기 프랑스의 짧은 시기, "사회비판으로서의 외설성"이 바리케이드 캐리커처(Barrikaden-Karikatur)라는 처음엔 익명적이었던 미디어에서 아직 부르주아 시민지성의 문화비판적인 표현방식이 아니었고 단지 프롤레타리아 대중운동에 의하여 표출되었던 이 시기를 제외한다면, 외설적인 혹은 포르노그래피적인 선동은 부르주아 시민의 철학적이고 예술적인 계몽의 특권으로 머물렀음에 유의해야 한다. (Gorsen 1972: 28)

포르노그래피의 향유는 결코 총체적으로 그리고 모든 사회계급에게 똑같이 금기시된 적이 없다. 오히려 포르노그래피의 향유는 예술적 향유라는 가능한 정당화의 우회로를 거쳐 미학적 해방의 광휘와 존엄을 획득한다. 이로부터 부르주아 시민의 도야에 대해서도 다음과 같은 윤리적 정당화가 성립된다. 즉 에로틱의 비도덕적인 내용들조차도 "성숙한 인간"의 문화적 자기실현의 교육적 요소일 수 있는 것이다. (같은 책: 30)

삶과 예술 사이에 놓여 있던 미학적 격차가 평평해지면서 에로틱한 예술과 "비예술적인" 포르노그래피를 분리하는 문제설정 역시 타당성을 잃을 수밖에 없게 될 것이다. 그 결과 포르노그래피와 포르노그래피의 향유에 대한 근본적으로 다른, 오직 대중의 소비행태에 의해서만 윤곽을 얻는 태도가 앞으로 등장할 전망이다. (같은 책: 56)

포르노 작가의 왜곡된 욕구구조, 즉 명백한 향유에 익숙해진 특수한 욕구구조는 산업자본주의에서 소비의 보편적이고 규범적인 욕구구조의 한 구성요소가 되었다. 포르노그래피의 특성, 즉 그것이 갖는 대체재의 성격은 성적 형식의 옷을 입고 시장을 위한 가상을 조달하는 모든 상품의 특성이 된다. 성적 형식을 입은 상품을 보다 유혹적인 것으로 만들고자 포르노그래피적인 자극을 추가하면 할수록, 특수하게 포르노그래피적인 경험은 사회적인 것이 된다. 물신주의적이고 나르시스적이며 관음증적인 관점은 소비자들에게 더욱 친숙한 것이 될 것이고, 가장 일관된 희생자[이런 관점을 극단까지 유지하는 소비자]들에겐 결국 그것이 가진 경악의 성격을 완전히 상실하게 될 것이다. (Gorsen 1987: 82 이하)

고르젠이 쓴 근대의 역사에 따르면, 귀족적 자웅동체주의라는 마니에리슴적 섹슈얼리티에서 보였던 자기소비의 전근대적 특권은, 자신을 처분하는 대신에 자신의 재생산하는 형식들의 미학화를 규정하는 소비의 근대적 특권을 통해 해소된다. 부르주아적 시민의 해방 서사로부터 윤리적으로 단일한 의미규정 및 소비주의적 사용의 서사가 생겨난다. 고르젠에겐 [부르주아적 계몽에서 가정하는 것과 같은] 성숙한 인간이란 존재하지 않는다. 실현된 주체성의 모든 서사는 오히려 하나의 재생산적 규범으로서, 보다 명백해진 자신의 교환가능성으로서 나타난다. 이러한 지평에서는 눈에 띄는 비윤리성을 보여주는 포르노그래피적 영웅주의조차도 자신의 쾌락주의적 특징들을 상실하고 상품으로서 소비된다. 자웅동체적 쾌락주의자의 형상 속에서도 (자기)소비주의는 사라지지 않는다. 그러나 이 소비주의는 부분적으로 포르노그래피일지라도, 항상 비윤리적으로 전도된다. 즉 상품의 일반화된 성애화에 대해 상품들의 자기성애적인 극단화에 대한 비윤리적인 욕망이 마주 세워진다.

몰리니에가 만든 머리가 둘 달린 딜도는 감각적으로 재생산적이지 않은 포르노그래피의 상징이 된다.

> 반(反)포르노그래피적 전선과 친포르노그래피적 전선, 분개한 속물과 열광적 색정광 모두는 동일한 사회적 부자유의 신경증적 모상이다. 포르노그래피 안에서 성적 해방의 본래의 적 또는 본연의 주연을 보는 자는 결과를 원인과 혼동하는 것이다. (같은 책: 84)

양자택일적 성애. 양측을 "잠재적으로 포함하는(vollpotent)"(Blüher) 양성애적인 섹슈얼리티가 서로를 배제하는 동성애적 추구와 이성애적 추구로 분열된 상태.

탈미학화. 미학적인 것을 이해하고/이해하거나 생산하는 모든 미학 외적인 (인간학적인, 정치적인, 사회학적인 등등) 관점들의 이론적 혹은 실천적 재획득.

고데미셰. 발기한 남성의 부위를 본뜬 조형물. 예술미학적으로 유의미할 때도 있다. a) 여성의 자기만족을 위한 것이거나 발기되지 않은 혹은 발기능력이 없는 부위의 대체물로 쓰인다. b) 의상도착증(Transvestitismus)[8]의 경우 남성의 자기만족을 위한 것이거나 이상적 섹스파트너가 여성의상도착증자인 경우의 대체물. 고데미셰를 대체물로 투입하다가 고데미셰 자체가 페티시즘의 대상이 되는 경우도 있다(페티시-고데미셰).

8 [옮긴이 주] 이성의 옷을 입는 일.

쾌락주의. 향유와 기쁨에 대한 철학적 혹은 미학적 고수. 승화나 탈승화의 억압적 형식들을 위해 감성을 조작하는 모든 방식에 적대적임. 반(反)금욕적이지만, 동시에 소비의 가상적 충족에 대해서도 비판적인 태도를 취함.

미학적 자웅동체성애. 하나의 동일한 개인에게서 나타나는 성적인 이중성, 성적인 무차별성이 아님. 남성적인 것과 여성적인 것 각각의 성적 일차원성이 예술 안에서 감각적이고 정신적으로 화해함.

철학적 자웅동체성애. 성적 적대의 극복. 개방적이고 사물화되지 않은 성적 감각의 양성애적 구조의 회복. 이러한 성적 감각이란 아직 이성애적 추구나 동성애적 추구로 분리('양자택일적 성애' 항목 참조)된 것으로서 생각될 수 없고, 이성애적 경험과 동성애적 경험에 대해 동등하게 자유로울 것이다.

개방적 성애. 이성애적 성애감각 및 동성애적 성애감각 모두에 대한 경향('미학적, 철학적 자웅동체성애' 항목 참조).

성애미학. 성적 기관들의 미학, 여성의 성과 남성의 성, 그리고 그들의 중단단계의 시각적 현상방식('미학적 자웅동체성애' 항목 참조). (Gorsen 1969b: 163 이하)

번역_정대훈

참고문헌

Bataille, Georges 1965 [1961]: Die Tränen des Eros, in: Giuseppe Lo Duca: Die Erotik in der Kunst. Welt des Eros. Übers. von Karin Reese. München, Wien und Basel: Kurt Desch.

Blüher, Hans 1924: Die Rolle der Erotik in der männlichen Gesellschaft. Eine Theorie der menschlichen Staatsbildung nach Wesen und Wert. Band I. Jena: Diederichs.

Emrich, Wilhelm 1968: Polemik. Frankfurt a. M. und Bonn: Athenäum.

Fischer, Gerhard und Peter Gorsen 1989: Pierre Molinier. Die Fetische der Travestie. Fotografische Arbeiten 1965–1975. Wien: daedalus.

Giese, Hans 1965: Das obszöne Buch. Stuttgart: Enke.

Gorsen, Peter 1963: Sexualität im Spiegel der modernen bildenden Kunst. Sonderdruck aus: Armand Mergen: Sexualforschung. Stichwort und Bild. Hamburg: Verlag für Kulturforschung.

Gorsen, Peter 1966a: Zur Phänomenologie des Bewußtseinsstroms. Bonn: Bouvier.

Gorsen Peter 1966b: Subjektlose Kunst, in: Realismus der Symptome. Leverkusen: Städtisches Museum Schloß Morsbroich.

Gorsen, Peter 1969a: Das Bild Pygmalions. Kunstsoziologische Essays. Reinbek b. Hamburg: Rowohlt.

Gorsen, Peter 1969b: Das Prinzip Obszön. Kunst, Pornographie und Gesellschaft. Reinbek b. Hamburg: Rowohlt.

Gorsen, Peter 1972: Sexualästhetik. Zur bürgerlichen Rezeption von Obszönität und Pornographie. Reinbeck b. Hamburg: Rowohlt.

Gorsen, Peter 1975 [1972]: Intersexualismus und Subkultur. Zum Abbau der Geschlechterspannung, in: Anita Albus, Frank Böckelmann, Bazon Brock, Peter Gorsen, Hazel E. Hazel und Rita Mühlbauer: Maskulin – Feminin. Die Sexualität ist das Unnatürlichste von der Welt. München: Rogner & Bernhard, 91–136.

Gorsen, Peter 1987: Sexualästhetik. Grenzformen der Sinnlichkeit im 20. Jahrhundert. Reinbeck b. Hamburg: Rowohlt.

Gorsen, Peter und Pierre Molinier 1972: Pierre Molinier, lui-même. Essay über den surrealistischen Hermaphroditen. München: Rogner & Bernhard.

Levy, William 1973: Wet Dreams. Films & Adventures. Amsterdam: Joy Publications.

Mercié, Jean-Luc 2010: Pierre Molinier. Paris: les presses du reel, kamel mennour.

2부

This Korean special edition is independently edited by Korean editorial staff irrespectively of German edition.

'한국판 특집'은 독일판 베스트텐트와 별도로 한국 편집진이 독립적으로 편집하였습니다.

2부 한국판 특집 / 청년 의제에 대한 청년의 목소리

청년 의제에 대한 청년의 목소리를 듣고 답하다

2018년 이후 대한민국 청년세대의 대표적인 정치적 의제로 등극한 '젠더 갈등'에 대해서, 청년들 스스로의 목소리를 듣는 한국판 특집을 준비했다. 논란이 되는 '젠더 갈등' 프레임에서 유독 주연으로 대접받는 이들은 소위 '이대남'이다. 그러나 여기서 준비한 청년 목소리의 주인공들은, 그들과 특별히 다르지 않은 세대 특성을 공유하며 가까이서 그들과 자신들을 관찰해온 30대의 남녀 청년들이다. 이들은 현재 대학원에 적을 둔 젊은 연구자 위치이고, 이들의 전공은 사회학, 여성학, 철학 등 다양하다.

소위 '청년세대'가 문제가 되었던 역사는 길다. 언제 어떤 연령층의 기성세대건 간에 그들의 눈에 청년들은 항상 규범의 경계선을 아슬아슬하게 타고 노는 불안한 존재들로 보였고, 그럴 때마다 '요즘 젊은 것들'의 문화를 일탈이라고 해야 할지 아니면 '젊은 피'라고 해야 할지 갈팡질팡하는 모습이 반복되곤 했다. 그러나 현재의 20~30대 연령층에게는 과거의 '청년세대'와는 확실히 차원이 다른 새로운 '문화적 단절'

이 확인된다. 그리고 그것은 무엇보다도 디지털 매체라는 사회적 소통의 매체와 관련되어 있다.

과거에도 도덕적 금기를 무시하는 행동들은 언제나 존재했다. 그러나 그것들은 결코 주류사회의 규범을 위협할 정도는 아니었다. 예컨대 규범에 준하는 성격을 가질 만큼 반복적인 경우는 조직폭력배처럼 사회의 주류와 격리된 하위집단 내로만 제한되었다. 그렇지 않고서는 대부분 일회적인 일탈적 행위로서 비공식적 관계에서만 은밀하게 주고받는 것이었다. 즉 도덕적 금기를 무시하는 행동은 결코 정당화될 수 없었다. 그런데 디지털 매체를 통해 소위 '가상 세계'에서 문자를 사용한 익명의 사회적 소통이 일반화하면서, 여기서 '단절'이 일어났다. 과거에는 일회적이고 비공식적이었던 금기 파괴의 언행이 문자와 이미지로 고정되어 유통되면서 주류사회로까지 흡수되기 시작한 것이다.

한때는 '디시인사이드' 디지털 게시판에서 쓰레기로 버려졌던 '막장' 문자 소통이 '일베'라는 별도의 사이트를 통해 살아나면서, 일베는 온갖 혐오문화의 본거지로 떠올랐다. 그전까지 한국에서 군국주의적이거나 파시스트적인 세력은 언제나 권력층 또는 그에 포섭된 세력이었다. '일베' 사이트는 사회 저변의 일반인들 사이에서 극우적 행태가 공공연하게 표출된 첫 번째 장소였다. 나름의 우여곡절 끝에 현재 일베 사이트는 극우 청년 남성들의 온라인 집결지로 자리 잡았다. 「일베 남성성의 변주와 구조적 한계」에서 송민정은 흔히 '루저 남성'들의 집결지로 평가되는 일베의 '남성성 문화'를 분석한다.

여기서 송민정은 '루저 남성성'이라는 간판과 달리, 실제로는 일베에 다양한 계층의 참여자들이 포진하며, '루저 남성성'은 의도적 재현에 불과하다고 분석한다. 송민정에 의하면 '루저 남성성'은 일베 사이트 참여자들이 공유하는 본질적 정체성이 아니라 수행적 전략이고, 그들은 디지털 성폭력이라는 극단적 여성혐오를 그 전략의 도구로 사용한다. 따라서 이 글에서는 2016~2020년 사이 일베에서 활발히 오간 디지털 성범죄 관련 담론들을 분석하였다.

송민정은 일베 여성혐오의 바탕에 경제적 문제가 깔려 있다고 보는데, 그것은 남성이 더 이상 단독 생계부양자가 될 수 없다는 문제이다. 이런 경제적 난관 속에서 일베가 원하는 '새로운 가부장'이 되기 위해서는 아내의 보조적 수입이 필수적이다. 그런데 성비 불균형으로 혼인시장에서 남녀 간 수급 불균형이 나타나면서 일차로 가부장적 권력이 붕괴한다. 게다가 청년 여성들이 페미니즘으로 결집하고 또 '좌파 정부'가 그에 동조하면서, 남성은 새로운 가부장이 될 가능성을 잃고 루저가 된다는 것이 일베의 관점이다.

이렇게 '루저 남성성'으로 똘똘 뭉치면서도, 일베 참여자들은 '여친 인증'이나 '마누라 인증'으로 '여성 소유자'임을 자랑하는 '남성의 능력'에도 열광한다. 이처럼 참여자의 동질성('루저')과 차이(능력주의)가 동시에 주장되는 현상을 송민정은 모순이라고 보고 그것이 가능한 이유를 '헤게모니적 남성성에 대한 공모'에서 찾는다. 말하자면 막장 언어로 도덕적 금기를 깨고 극우적 혐오문화를 확산시키는 일베의 목적이, 오히려 지금까지의 지배적 남성성 문화를 확고히 하는 데에 있다는 것이다.

한편 이어지는 논문에서 정성조는 '청년세대'라는 호명이 과연 모든 청년을 아우르는 공명정대한 것인지를 묻는다. 「'청년세대' 담론의 비판적 재구성: 젠더와 섹슈얼리티를 중심으로」에서 정성조는 '청년세대' 또는 '청년세대의 위기'라는 일상적 어휘들이 실상은 특정 청년과 특정 위기만을 선택적으로 호명하는 담론권력을 행사한다고 분석한다. '청년세대=이대남'으로, 그리고 '청년세대의 위기=경제적 위기'로 구렁이 담 넘듯 동일시하는 언어 사용이, 청년 내부의 다양성이나 차이를 무시, 주변화, 타자화한다는 것이다. 그리하여 청년세대가 경험하는 불평등이 계급, 세대, 젠더의 복잡한 맞물림 속에서 작동하며 또 청년세대의 위기가 실상은 사회적 재생산의 위기임을 감추는, 인지적 지배의 효과를 낸다는 것이다.

'청년세대' 호명에서 배제되는 기준이 무엇보다 젠더와 섹슈얼리티이기 때문에, 저자는 '젠더와 섹슈얼리티를 중심으로' 청년세대 담론을 비판한다. 즉 청년 여성은 '청년세대'에서 배제되어 '여성'이라는 젠더 범주로 밀려나고, '청년세대의 위기'는 이성애 가족의 남성 가장이라는 '정상적 남성성'에 닥친 경제적 위기로만 제한된다는 것이다. 그리하여 '청년세대'라는 호명 자체가 여성, 비이성애적 섹슈얼리티, 소위 '비정상적' 남성들을 '없는 존재'로 만들어버리는 타자화의 담론정치를 수행한다. 이러한 비판을 통해서 저자는 청년세대 내부의 불평등 및 주체됨의 이질성을 드러낼 수 있는, '청년세대 담론의 재구성' 가능성을 찾고자 한다.

청년들에게 진행되는 주체 됨의 이질성 또는 주체 되기의 다양한 과정들은 이어지는 오혜진, 최태섭, 심미섭의 논문들을 통해 엿볼 수 있다. 「20대 페미니스트 여성들의 '페미니즘'과 그 의미: 페미니스트-되기의 해방과 곤경을 중심으로」에서 오혜진은 20대 여성들의 '온전한 시민 되기' 분투 과정을 '페미니스트-되기'라는 틀을 통해 묘사한다. 2015년 이후 청년 여성들의 사회정치적 주체 되기가 '자생적 페미니스트'의 형태를 취하게 되었음은 잘 알려진 사실이다. 20대 여성 14명을 면접 조사한 결과를 분석한 이 논문을 통해, 그러한 주체 되기의 길이 결코 일률적이거나 단순한 이념적 과정이 아니라, 사회의 다양한 위치에서 각자의 자리를 찾고 만들려는 청춘의 고뇌와 분투임을 확인할 수 있다.

20대 여성들이 페미니스트로 주체화하는 다양한 과정은 순수하게 개인적이거나 평화롭기만 한 것은 아니다. 그것은 페미니즘의 '매뉴얼'을 구하고 '모범답안'을 찾으며 '진영'을 선택해야 하는 사회적 압박으로 다가오기도 하고, '진영들' 간의 날 선 대립으로 나타나기도 한다. 저자는 이러한 압박과 대립에 대해 날카로운 비판을 가하는 여러 연구를 인용하면서도, 후배뻘 여성들의 이러한 '시민 되기 진통'의 과정에 대해 따뜻한 시선을 보내고 있다. 좌충우돌, 갈팡질팡하는 청춘의 주체 되기 과정은 비판적 사회심리학자 에릭 에릭슨이 '모라토리엄'이라고 부른 것처럼, 성인 시민으로서 자신의 자리를 확보하기 위해 꼭 필요한 청년기의 실험 형태라고 할 수 있을 것이다.

청년 여성들의 이러한 지난한 과정이 청년 남성의 눈에는 어떻게 보일 수 있고 또 어떤 부담감으로 다가올 수 있는지, 그 하나의 가능성에 대해 최태섭은 자기성찰적으로 이야기한다. 「이것은 젠더의 갈등인가?: 젠더정치에 관한 소고」에서 최태섭은 한국 사회의 실존하는 성불평등과 백래시 현상에 대해 페미니스트들과 다르지 않은 태도를 보이면서도, 자신도 모르게 스스로가 여성의 적으로 범주화될 수 있는 남성이라는 사실로 인한 불안함을 내보인다. 이것은 '젠더에 대한 경직된 이해와 그것을 기반으로 한 실천들'이 청춘 여성들의 '페미니스트 주체 되기'라는 울퉁불퉁한 과정에서 없어지지 않기 때문이다.

여성들의 페미니스트 주체성이 때론 '뒤틀린 정치 주체'로 나타날 위험성을 느끼면서, 저자는 페미니즘이 가진 '힘'에 대해서도 생각해보자고 제안한다. 그리고 그런 불안과 위험성에서 벗어날 '출구전략'으로서, 구체적 불평등 상황의 복잡성에 주목하자고 제안한다. 구체적이고 복잡한 불평등의 상황에서 자신의 자리를 찾아야 하는 과제는 여성뿐만 아니라 남성에게도 존재하고, 여성들 내부의 위계 역시 존재한다. 그뿐만 아니라 성평등 달성을 위해서는 남성의 변화 역시 불가피하므로, '성차별의 적'으로 비칠 남성을 인격화해서 볼 것이 아니라 기호화하자고 제안한다. 저자는 물론 여성들의 특정 태도만이 그러한 불안의 유일한 원천이라고 보지는 않는다. 자신처럼 페미니즘의 분석에 동조하는 남성은 소위 '정상적인' 남성성의 세계에서 추방된 존재이기 때문이다.

「'청년 여성 정치'는 '페미니즘 정치'가 될 수 있을까」에서 심미섭은 마찬가지로 자기성찰적인 이야기 전개를 통해서, 기성세대가 만들어놓은 정치 및 조직문화를 비판한다. '청년 여성 정치'를 '페미니즘 정치'가 될 수 없도록 만드는 기제가 바로 기성 정치문화, 조직문화이기 때문이다. 여기서 '청년 여성 정치'는 기성정당의 필요성에 의해 청년 여성이 정당정치에 '호명되는 정치'를 말한다. 예컨대 '청소년 운동'이나 '페미니즘 정치'로 알려진 청년들이 정당에 호명될 경우, 이전의 정치적 활동이 개인의 정치적 자원으로 사유화되는 것이다. 그 결과는 역설적으로 청년의 정치적 자원이 소멸하고, 그 청년은 정당정치와 관련된 논란의 중심으로 휘말리게 되는 것이다.

이런 문제를 경험하고 저자는 페미니즘 가치관과 대의제 정치제도가 공생 가능한가에 대해 회의하게 되었으나, 여성 청년 대중들이 정당정치의 그런 얄팍한 전략에 휘둘리지 않는 선택을 하는 것을 보며 희망을 느끼기도 한다. 저자가 볼 때, 페미니스트를 자처하는 여성 청년들이 그와 같은 선택을 할 수 있는 이유는 그들이 기성세대와 달리 영웅, 스타,

선생님 등을 더 이상 찾지 않기 때문이다. 그들은 개인의 고유한 특성을 중시하고, 조직의 일원으로 함몰되는 것에 대한 거부감이 강한 주체적 모습을 갖고 있다.

필자는 소위 586세대의 한 사람으로서, 이처럼 자신의 이야기나 다른 청년에 대한 애정 어린 관찰에 기초해서, 때로는 성찰적이고 때로는 이론적으로, 본인들도 속한 청년세대의 문제에 진지하게 접근하는 젊은이들의 모습이 매우 대견하다. 청년 특유의 고뇌와 실험들로 가득 찬 그들의 주체 되기 과정을 들여다보니, 새로운 시대의 새로운 성장소설을 읽지 않았나 하는 느낌도 있다. 그에 대한 선배 연구자로서의 응답이라고나 할까? 필자는 이들이 제기한 문제들, 특히 복잡한 불평등의 문제에 대해 필자의 연구력을 총동원해 글을 써서, 이 한국판 특집을 마무리하게 되었다.

홍찬숙

베스텐트 한국판 특집 책임편집자

일베 남성성[1]의 변주와 구조적 한계*

송민정

들어가며

일베는 한국 사회가 성역화한 역사적인 사건과 인물에 대한 극단적인 혐오 발화가 이루어지는 온라인 공간으로 주목받았으며, 여성혐오는 이 커뮤니티의 주된 동력 중 하나였다. 일베의 여성혐오는 여성을 성기로 환원시키는 동시에 그 존재를 철저하게 부정하는 방식으로 이루

1 코넬(1995)에 따르면 남성성이란 고정되거나 본질적인 성질이 아니며 젠더 관계 속에서 형성되고 재구성된다. 또한 남성은 결코 단일한 집단이 아니다. 남성 집단'들'이 존재한다는 사실은 해당 집단들이 추구하는 남성성 또한 복수라는 것을 뜻한다. 코넬은 남성성들 간의 관계를 밝혀내기 위해 '헤게모니적 남성성'과 '공모' 개념을 활용한다. 헤게모니적 남성성이란 시대적 변화를 반영하여 가부장제가 정당하게 유지될 수 있도록 하는 젠더 실천의 한 형태이다. 헤게모니적 남성성은 여성 종속과 남성의 지배적 위치를 보증하는 답변을 체현하지만, 헤게모니적 남성성을 엄격하게 실천할 수 있는 남성은 흔치 않다. 따라서 남성들은 가부장제 유지에 조력하는 다양한 남성성을 수행함으로써 헤게모니적 남성성에 공모한다.

* 이 글은 이화여자대학교 대학원 2019학년도 석사학위 청구논문, 「일베 남성성의 관계적 구성과 재생산」(2020. 7. 인준)을 일부 수정, 보완하여 요약한 것이다.

어졌다. 동시에 사회적으로 암묵적인 금기 대상이었던 혈연관계의 여성들을 성애화하고, 보호 대상으로 여기던 연인 또는 부부 관계에 있는 여성들까지 성적으로 공개하여 모욕하는 행태를 보였다. 한국 사회는 이에 경악하면서도 특정 사건들이 논란에 휩싸이는 시기에만 젊은 남성들의 '왜곡된 성 인식'에 대해 우려하는 데 그쳤다. 일베의 여성혐오 사건들이 누적되면서 일베는 근본적으로 저급하고 폭력적인 집단이라는 인식이 자리 잡게 되었다.

2020년 3월, 주로 N번방 또는 박사방 사건으로 이야기되는 텔레그램 성착취 사건[2]이 한국 사회를 뒤흔들었을 때 이 사건의 '본진'으로 일베가 지목되었다. MBC 뉴스데스크에서는 박사방 운영자인 조주빈이 검거된 이후 그가 일베 사용자라는 추측을 기사화하기도 했다. 관련 수사가 진행되면서 N번방 운영자 중 상당수가 10대에서 20대 초반이라는 사실이 밝혀지자 '일베 문화'의 부정적인 영향에 대한 목소리가 다시금 커졌다. 일베가 디지털 성폭력[3]의 온상으로 지목된 것은 이번만이 아니다. '박카스남 사건'[4]과 '여친인증 불법촬영 사건'[5]이 언론에 보도될 때

2 텔레그램 성착취는 암호화된 메신저 텔레그램을 이용한 디지털 성범죄다. 피해 여성을 협박하여 성적 촬영물을 찍도록 한 뒤 불특정 다수가 참여하는 텔레그램 단체방에 공유한다. N번방·박사방 사건으로 알려졌지만 이는 일부에 불과하다. 셀 수 없을 정도로 많은 방이 만들어졌다가 폭파되기를 반복하며 운영되고 있다.

3 디지털 성폭력이란 디지털 기술을 도구로 삼아 개인의 인격권과 성적 자기결정권을 침해하는 모든 행위로서 온라인과 오프라인을 넘나들며 자행된다는 특징이 있다. 이는 해당 문제를 고발하고 공론화하기 위해 설립된 단체 DSO(Digital Sexual Crime Out)가 고안한 개념이다. 2015년 10월 28일, DSO는 국내 최대 디지털 성폭력 사이트 소라넷 폐쇄 운동을 위해 '소라넷아웃프로젝트'를 진행하며 활동을 시작했다. DSO의 노력으로 디지털 성폭력 피해가 피해로 명명되며 구체적으로 밝혀질 수 있었고, 대응 모색도 가능하게 되었다(참고: http://www.dsoonline.org/Whatisit).

4 2018년 7월, 일베에 성매매 도중 촬영한 것으로 추정되는 여성 노인의 나체사진이 게재되었다. 수사 결과 서초구청 남성 직원(46세)이 음란사이트에 게시한 것을 일베 남성 회원(27세)이 다운 받아 유포한 것으로 밝혀졌다. 진술에 따르면, 서초구청 남성 직원은 음란

도 일베 사용자들은 일베만 비난하는 것은 부당하다는 입장을 고수했다. 디지털 성폭력과 여성혐오는 일베가 등장하기 전부터 이미 만연해 있었다. 일베는 이러한 현상의 발원지가 아닌 증폭기로서 존재했다. 그러므로 디지털 성폭력 사건이 가시화될 때마다 일베에 모든 책임이 있는 것처럼 이야기하는 것은 문제적이다. 이와 같은 관점에서 일베를 다시 돌아보고자 하는 것은 일베 사용자들에게 주어져야 하는 사회적 책임을 축소하고자 하는 것이 아니다. 그보다 일베에서 일어난 사건들이 반사회적이고 패륜적인 행위라는 점에 집중하여 자극적으로 보도되고 금세 망각되었음을 지적하고자 하는 것이다.

일베의 여성혐오를 특수한 현상으로, 일베에서 일어나는 디지털 성폭력을 특수한 사건으로 보는 것은 일베라는 공간을 특수하게 집단화하는 인식에서 비롯한다. 이로써 일베는 사회적인 루저가 모여 폭력성을 분출하는 곳으로 상정되고, 일베의 극단적인 여성혐오나 디지털 성폭력 또한 이성애 관계를 이루는 데 실패하고 좌절된 루저 남성성의 결과물로서 해석된다. 그러나 이처럼 현상 자체에만 집중하여 원론적인 해석을 시도할 때, 일베 사용자들이 다양한 사회적 계층에 포진하고 있음은 충분히 고려되지 않는다. 또한 루저 남성성의 추구가 곧 루저 상

사이트의 회원 등급을 올려 같은 사이트에 게시된 다른 회원들의 음란물을 보기 위해 사진을 게시했고, 일베 남성 회원은 일베의 다른 회원들의 관심을 끌고 싶어서 해당 사진을 유포했다. 이 사건은 노인을 대상으로 했다는 점에서 특히 사회적인 공분을 샀다. 또한 디지털 성폭력이 젊은 여성만을 대상으로 하는 것이 아님을 드러냈다.

5 2018년 11월, 일베 사용자들이 자신의 여자친구를 인증하겠다며 여자친구 또는 전 여자친구의 특정 신체 부위를 찍은 사진을 게재했다. 경찰에서 수사에 들어가자 일베 사용자들은 자신의 여자친구가 동의한 사진만 올렸으니 문제가 없다고 주장했지만, 실제로는 불법적으로 촬영되거나 유포된 게시물이 섞여 있었다. 일베 사용자들은 여친 인증과 같은 맥락에서 여동생, 사촌, 마누라 인증 등 주변의 여성 지인들을 커뮤니티 내부에 지속적으로 노출하여 다른 회원들의 관심과 추천을 얻었다.

태에 매몰되어 있겠다는 의지의 표명은 아니라는 점을 놓치게 된다.

한국 사회에서 일베를 곧 루저로 인식하게 된 것은 일베 사용자들이 일베 내부에서 스스로 '병신'이라 자처한다는 데서 비롯하기도 했다. 일베 사용자들의 여성혐오 또한 루저 남성의 관점에서 구성되었다. 그러나 일베에 다양한 계층의 사용자가 유동적으로 드나든다는 사실은 일베 사용자들이 사용자들 간의 차이를 덮어두고 일베에서만큼은 같은 루저인 것처럼 재현하는 까닭이 있음을 시사한다. 따라서 일베 사용자들이 단일한 사회적 조건에 놓여 있지 않음에도 함께 루저 남성성을 구현하게 된 과정을 먼저 살펴보아야 할 것이다. 또한 루저 남성성이 채택된 것이라면, 루저 아닌 자들에게는 루저 남성성이 미끄러지며 불합치되는 순간이 발생할 수밖에 없다. 따라서 일베 사용자들이 이러한 위기를 타개하기 위해 어떤 전략을 취하는지도 파악할 필요가 있다.

일베의 여성혐오와 디지털 성폭력은 루저 남성성 수행의 결과물인가? 아니라면 이는 일베가 남성성 수행을 함에 있어 어떤 수단으로 작용하는가? 일베 남성성은 어떤 과정을 거쳐 루저 남성성인 것처럼 재현되었는가? 루저 남성성이 일베 남성성의 전부인가? 아니라면 어떤 남성성들이 일베에서 수행되고 어떤 과정을 거쳐 구성되는가? 이는 어떤 한계를 보이고 있는가? 본 연구에서는 이러한 질문들에 답하기 위해 래윈 코넬(1995)의 남성성 개념을 활용하여 일베 남성성을 해석하고자 한다. 일베 사용자들이 추구하는 남성성의 성향은 단일하지 않으며, 적대시하는 여타 남성 집단들과 대결하는 과정을 통해 다른 양태로 추구된다. 이러한 과정에서 남성성들은 일종의 관념적인 위계 구도를 형성한다.

본 연구에서는 아이리스 영(2011)의 '공유된 책임' 개념 또한 활용할 것이다. 이는 두 가지 측면에서 정치적 책임을 논하기 위함이다. 일베 사용자들은 내부의 여성혐오와 디지털 성폭력이 문제시되면 책임을 회피했다. 한편, 한국 남성에게 있어서도 일베는 방패막이였다. 남성들은 일베를 무시하고 혐오함으로써 자신들과 일베 사용자들을 분리하기만 해도 '정상적인' 남성이 될 수 있었다. 일베는 정상적인 주류 남성과 주류 남성 집단에 속하지 못하는 남성을 가르는 기준점이 되었다. 일베가 여성혐오 사건으로 논란의 중심이 되고 이로 인해 여성들이 공포나 분노를 토로하면, '모든 남자가 그런 것은 아니다(not all man)'라고 주장하며 억울해하거나 분노했다. 그 결과 초점은 번번이 피해 사실에서 성대결 구도로 이동했다.

따라서 본 연구에서는 일베를 괴물화하거나 개별화하지 않는다. 일베가 남성중심적인 성 문화의 일부이며 남성연대에 복무하고 있음을 밝혀내기 위해서는 먼저 일베가 불특정 다수의 사용자가 유동적으로 드나드는 공간이라고 가정해야 할 것이다. 이로써 일베 내부에서 발견되는 사용자들 간의 차이에 집중하고, 일베가 외부 집단들과 맺는 관계들을 구조화해 보고자 한다. 이는 일베 사용자들이 지난 십여 년 동안 여성혐오와 디지털 성폭력으로 점철된 일베 문화를 존속하며 확산시킨 과정에 대한 추적이기도 하다.

본 연구는 일베 사용자들의 남성성 수행 관련 게시물들의 텍스트를 분석한 내용을 바탕으로 한다. 또한 '일베'를 불특정 다수의 사용자가 자유롭게 드나드는 개방된 공간으로 상정하되, 필요에 따라 사용자들이 소속감을 부여하는 집단이기도 하다는 점을 염두에 두고 일베 내부의 남성성 수행 담론을 분석하고자 한다. 일베는 극단적인 여성혐오를 통해 남성성을 수행하는데, 이때 디지털 성폭력을 구체적인 실천 방법으로 활용한다. 디지털 성폭력은 현실의 다양한 젠더 관계를 말소하고 남성의 여성 지배를 단발적으로나마 실현할 수 있는 주요한 방법이다. 이 때문에 일베 사용자들이 디지털 성폭력 사건에 대해 논쟁하고 담론을 형성하는 과정에서 젠더 관계에 대한 일베 사용자들의 인식, 이를 둘러싼 외부 집단들과의 갈등, 일베 사용자들이 추구하는 남성성의 방향성이 드러나게 된다.

따라서 일베의 정치적 성향과 외부 집단과 맺고 있는 관계에 대해 살펴보아야 할 필요가 있다. 일베는 우파 성향의 남초 커뮤니티로서 그 전신인 디시인사이드로부터 여성을 배제하는 남성성 구축 체계를 학습했다. 일베 사용자들은 좌파 정부와 페미니즘 진영이 연합하여 남성들을 억압하고 있다고 믿는다. 이는 일베 사용자들이 자신들의 여성혐오를 정당화하는 이유이기도 하다. 586세대 운동권 좌파 남성은 젊은 세대가 성 대결을 하게 만들어 놓은 '원흉'으로, 일베에게 이들은 가부장적 수혜를 모두 누리고도 기득권을 유지하기 위해 젊은 여성들의 편을 듦으로써 젊은 남성들을 희생시키는 존재다. 일베는 이에 항의하는 한편 소라넷과 같은 음란사이트에 축적된 남성중심적인 성 문화의 문법을 습득한다.

2015년 페미니즘 리부트 이후에 일어난 디지털 성폭력 사건들에 주목한 것은 일베 사용자들이 상정하는 일베와 외부 집단들 및 한국 사회와의 역학 관계가 더 선명하게 드러난다고 판단되기 때문이다. 그러므로 2016년부터 2020년 사이에 일베 내부에서 일어났거나 일베 외부에서 일어났으나 사회적으로 이슈가 되어 일베에서도 관련 논의가 활발하게 생성된 디지털 성폭력 사건 관련 담론들을 중점적으로 분석한다.

일베 내부에서 일어나 사회적인 비난을 받은 사건으로는 박카스남 사건과 여친인증 불법촬영 사건이 있다. 또 외부에서 일어났으나 언론에서 비중 있게 보도되며 일베에서도 관련 논의가 이루어진 사건으로는 김성준 불법촬영 사건, 버닝썬 게이트, 정준영 단톡방 사건, 최종범 성적 촬영물 비동의 유포 협박 사건, N번방 사건이 있다. 박카스남 사건이나 여친인증 불법촬영 사건 같은 경우에는 사회적인 논란이 되면서 삭제한 글들이 존재한다. 그러나 이보다는 사회적인 논란이 된 이후의 텍스트가 일베 내부의 남성성 작동 원리와 논리를 더욱 잘 보여줄 것으로 판단된다.

다만, 웹하드 카르텔의 경우 일베가 정치적인 부분에만 집중하여 남성성 수행과 젠더 관계에 대한 부분은 잘 드러나지 않고, 아동 성착취물을 판매한 손정우의 웰컴투 비디오 적발 사건은 일베에서 활발하게 논의되지 않아 분석 대상 사건으로 삼지 않았다. 일베 사용자들이 비슷한 영역의 사건들을 같은 관점에서 다루지는 않으며 때로 어떤 부분에 대해서는 침묵한다는 점이 시사하는 바가 있을 것이나, 본 연구에서는 그 부분까지 주목하지는 않았다.

분석 대상 자료의 게시일은 2012년 12월부터 2020년 6월까지 걸쳐 있다. 디지털 성폭력 사건의 경우 대부분 사건이 일어난 시점을 중심으로 텍스트를 채집하였으나, 텔레그램 성착취에 해당하는 N번방 사건의 경우 박사방 운영자 조주빈이 검거된 2020년 3월부터 관련 논의가 급증하여 이 시점부터 텍스트를 수집했다. 수집된 텍스트 중에서 분석 사례를 선정한 기준은 추천 수와 댓글 수이다. 추천 수가 많을수록 일베 사용자들에게 높은 반향을 일으켰고, 댓글 수가 많을수록 논쟁이 활발하게 오가며 담론이 입체적으로 형성되었기 때문이다. 따라서 추천 수를 기준으로 정렬했을 때 상위에 있으면서, 댓글 수를 기준으로 했을 때 상위에 있는 텍스트를 키워드마다 1~3건씩 선별했다. 이를 정리한 것이 아래의 〈표 1〉이다.

〈표 1〉 분석 사례 게시물 목록

구분	키워드	제목	작성일	일베로(추천)	댓글 수
2-1	일베	요새 일베가 개씹노잼인 이유.manhwa	2014.01.20	6016	1545
2-2	일베	일베를 역사학 모델로 분석: 일베는 멸망할 수 있는가?	2016.09.02	3137	540
2-3	야갤	야버지 통베에게 충격고백..jpg	2014.08.16	2991	504
2-4	여가부	(주갤펌) 한국이 살기 힘든 이유 (특히 젊은 남자)	2014.11.20	1953	774
2-5	좌파 정부	(스압) 20대는 왜 불행할 수밖에 없는가? 에코붐 세대에 대해 알아보자.araboja	2019.01.09	626	347
2-6	페미	한국 여자들이 지난 10년간 잃어버린 것	2019.09.24	916	99
2-7	좌파 정부	스시녀랑 결혼한(할) 현직치과의사다. 여성부와 국제결혼에 대해 글을 좀 끄적여 봤다.	2012.11.04	1510	1105
2-8	여친인증	여친인증대란 제일 충격먹은 애들	2017.12.18	526	58
2-9	여친인증	일베 개좆됨 ㅆㅂ	2018.11.19	1123	224
3-10	좌파 정부	한국에서 가장 이해 안되는 사회 계층 甲.jpg	2019.12.24	856	112
3-11	야동 규제	유일하게 성인이 성인물 못보게 규제하는 나라	2018.10.18	1118	155
3-12	박카스남	일베 박카스 성매매 오해와 진실 FACT	2018.08.31	1372	172
3-13	김성준	대깨문들의 삼국지 세계관ㅋㅋㅋㅋㅋ (Feat.김성준).jpg	2019.07.08	446	89
3-14	586세대 남성	공갤펌) 586세대 남자 인생 요약.txt	2019.12.24	1052	140
3-15	586세대 남성	극혐) 90년대 결혼식 뒷풀이..gif	2020.05.23	1672	407
3-16	소라넷	커뮤니티에 관한 여러가지 놀라운 사실들	2015.01.24	1992	329
3-17	소라넷	(전쟁) 소라넷 섹스충들이 일베충 까고있다ㅜㅜ.SEX	2013.09.24	537	377
4-18	단톡방 성희롱	현 시각 고려대학교 대자보	2016.06.13	507	468
4-19	버닝썬	버닝썬 관련 방송 모자이크 전부 공개	2019.03.25	977	141
4-20	정준영 단톡방	정준영 카톡 추가 공개...jpg	2019.03.12	604	223
4-21	정준영 단톡방	정준영이 한국남성들한테 지지못받는 궁극적 이유	2019.12.06	1171	82
4-22	리벤지 포르노	리벤지 포르노의 역사.jpg	2018.10.04	492	221
4-23	N번방	n번방 나만 별생각 안드냐?	2020.03.25	304	102
4-24	N번방	뮤지컬 아역 김×× "n번방 내가봤냐, 창녀들아".gisa	2020.03.25	1808	208
4-25	N번방	n번방 들어가 봤냐"고 묻는 여친한테 "넌 호주 유학 때 몸 팔아봤냐" 되물은 남자친구	2020.03.22	414	85

또, 추천 수를 기준으로 주 사례보다 상위에 있지는 않았으나 댓글 수를 기준으로 하였을 때 상위에 있었던 게시물 가운데, 관련 논쟁이 활발하게 이루어져 유의미하다고 판단되는 경우는 보조 사례로 삼아 분석했다. 이를 정리한 것이 〈표 2〉이다. 보조 사례는 분석 대상 집단 및 사건에 따라 추가적인 파악이 필요하다고 판단된 경우에만 활용하였다.

〈표 2〉 보조 사례 게시물 목록

구분	키워드	제목	작성일	일베로 (추천)	댓글 수
2-1	여가부	여가부의 탄생으로 망가진 남자들의 삶에 대한 고찰	2015.04.29	309	156
2-2	여친인증	여친아니고 마누라인증한다. 잡혀가냐	2018.11.19	412	276
2-3	사촌인증	사촌누나인증이다	2016.09.15	755	276
3-4	문재인 정부	문재인 정부가 20대 남성 지지율 포기한 이유.EU	2019.02.22	1049	142
3-5	야동규제	일본아 보지 보여줘서 고마워	2019.08.14	1590	181
3-6	김성준	몰카범의 적은 몰카범ㄷㄷㄷㄷ	2019.07.08	330	40
4-7	버닝썬	버닝썬 임직원들 이름바꾼 클럽 재개장.jpg	2019.05.29	839	90
4-8	N번방	n번방 기록 삭제해주는 해커근황	2020.03.22	455	79
4-9	N번방	N번방 여자애들은 왜 신상공개안하냐?	2020.03.24	467	81
4-10	조주빈	요즘 중고딩들 사이에서 비밀리 유행하는 알바.jpg	2020.03.26	1078	166

루저 남성성의 채택과 결집

일베 개설 초기에는 사용자들 간에 거침없는 평가와 의견 제시를 하는 것이 일반적인 대화 방식이었다. 일베 사용자들은 자신과 상대를 비하하고 욕하는 것이야말로 솔직하고 재미있는 표현이라고 여겼다. 일베의 재미는 이처럼 모든 사용자가 '공평하게' 불쾌할 만한 상황에 놓여 있고, 서로를 불쾌하게 만들지도 모른다는 걱정 없이 발화할 수 있다는 전제를 기반으로 성립한다. 일베 사용자들이 '쓰레기' 내지는 '병신'임을 자처하며 이루는 일베 문화는 '루저 문화'의 스펙트럼에서도 가장 극단에 존재한다.

안상욱(2011)에 따르면 루저 문화는 내부적으로 넓은 스펙트럼을 이루고 있다. 루저 문화에는 여러 가지 특징이 있는데, 이 가운데 일부는 일베의 루저 문화에서도 동일하게 발견된다. 일베의 루저 역시 패배주의와 박탈감을 저변에 가지고 있으며 자조 또는 자학하는 방식의 유머 코드를 통해 공감대를 형성한다. 이는 일베 사용자 개인이 실제로 루저인가 하는 것과는 별개다.[6] 그럼에도 일베가 여성혐오를 하는 근거로 흔히 루저 남성성이 지목된다. 일베의 루저 남성들이 좌절감과 분노를 해소하기 위해 여성을 비하하고 멸시한다는 것이다. 그러나 일베 사용자 모두가 실제 루저로 등치되지 않는다는 점을 다시 상기해 본다면 일베의 여성혐오가 곧 실패한 남성성의 결과라는 해석은 원론적이라고 할 수 있다.

일베 사용자들의 여성혐오를 들여다보면 그 중심에는 경제적인 이해관계가 있다. 이는 남성이 홀로 근대적인 핵가족의 생계를 부양하는 것이 불가능해진 시대적 변화에 기인하는데, 일베 사용자들이 보기에 한

6 일베 사용자가 현실에서도 루저 인생을 살고 있으리라는 예측과 달리, 2012년부터 지속된 인증대란에서 밝혀졌듯 일베 사용자들 가운데는 고학력, 고소득 전문직들과 같이 경쟁 사회의 승리자로 일컬어지는 이들 또한 있었다. 물론 인증대란에 합류한 사용자는 전체 사용자의 일부이나 인증대란 이후로 일베를 두고 경쟁에서 도태된 이들이 자신의 열패감을 약자에게 투사해서 혐오하는 것이라고만 분석할 수는 없게 되었다.

국 여성은 이러한 변화를 적극적으로 수용하여 함께 가계를 책임지려고 하지 않는다. [사례 4]〈(주갤펌) 한국이 살기 힘든 이유 (특히 젊은 남자)〉[7]에는 남성의 경제력에 기대어 살아가고자 하는 여성에 대한 상상이 잘 드러나 있다. "이 시대의 남자는 같이 손잡고 인생을 걸어갈 동반자로서의 여자를 찾는데 여자는 자신을 업고 대신 걸어줄 사람을 찾고 있다"는 것이다. 따라서 결혼을 염두에 둔 한국 남성에게는 염치없이 자신에게 업혀 가려는 여성을 걸러내는 것은 무엇보다 중요한 일이 된다.

[보조사례 1]은 "장인어른(기성세대 남성)은 너의 적"이라고 상기시킨다. 그는 실상을 다 알면서도 침묵함으로써 젊은 남성을 희생양으로 만든다. 이로써 젊은 남성은 '잠재적인 피해자'로 상정된다. 또한 결혼은 필수가 아닌 선택인 시대가 되었으니, 장인이라는 가부장에게서 여성을 떠맡아 새로운 가부장이 되어줄 필요가 없다. 이는 가부장의 지위를 포기함을 의미하지는 않는다. 일베 사용자들은 오히려 시대적 변화를 반영하여 새로운 가부장이 되고자 한다. 또한 홀로 가정을 책임지기 어렵기 때문에 이에 협조하는 여성을 원한다. 그러나 한국 여성은 그들에게 협조하지 않는다.

일베 사용자들은 한국 여성이 비협조적인 것은 그들이 남성보다 상위에 있기 때문이라고 믿는다. 그 근거로는 인구학적인 요인이 제시된다. [사례 5]〈20대는 왜 불행할 수밖에 없는가? 에코붐 세대에 대해 알아보자.araboja〉[8]의 분석에 따르면 2030대 한국 여성은 출생 성비에 있

7 "(주갤펌) 한국이 살기 힘든 이유 (특히 젊은 남자)", 2014.11.20., 일베로(추천) 1953개, 민주화(비추천) 320개, 댓글 774개, http://www.ilbe.com/view/4711080476.

8 해당 글은 20대 남성의 독특한 위치성에 대해 인식하고 있으며, 그중에서도 2019년을 기

어 압도적으로 유리하다. 1980년대부터 1990년대에 이루어진 여아 낙태[9]로 인해 '성비 불균형'이 발생하였는데, 그 때문에 남성은 여성과의 권력 싸움에서 필패할 수밖에 없다는 것이다. 최근 1인 가구가 늘어난 것, 혼인율은 줄어들고 이혼율은 상승한 것, 연애 시장에서 여자가 갑일 수밖에 없고 여성에게 절절매는 '보빨남'이 많은 것은 모두 이 때문이다.

'남성이 많이 공급된 한편 여성은 적게 공급되었기 때문에, 여성이 희귀성을 가지게 되며 남성이 여성에 비해 경쟁력이 떨어질 수밖에 없다.' 이러한 경제 논리 아래에는 남성이 반드시 여성과 짝을 이뤄야 한다는 '의무적 이성애(obligatory heterosexuality)' 관념도 작동하고 있다. 게일 루빈(1975)에 따르면 남성 지배를 지속하기 위해 이성애가 의무화되었고, 남성이 여성의 섹슈얼리티를 이용할 수 있게 만들기 위해 여자들에게 문화적, 사회적 압력이 부과된다. 그런데 이는 여자들뿐 아니라

준으로 막 대학을 졸업하고 취업전선에 뛰어드는 에코붐 세대에 초점을 맞추고 있다. 에코붐 세대는 2차 베이비붐 세대의 자녀들로 일자리 대비 인구수가 많아 취업이 어려운데, 문재인 정부가 이에 대비하는 대신 세금으로 버티는 방향을 택했기에 일자리를 찾기 어려울 것이라는 인구학적 전망이 해당 글의 기본 골자이다. "(스압) 20대는 왜 불행할 수밖에 없는가? 에코붐 세대에 대해 알아보자.araboja", 2019.1.9., 일베로(추천) 626개, 민주화(비추천) 22개, 댓글 347개, http://www.ilbe.com/view/10950244542.

9 여아 낙태는 그 대상이 여성이라는 이유만으로—동시에 남성이 아니라는 이유만으로—이루어졌다는 점에서 여성혐오 살해인 페미사이드(Femiside)의 일종이라고 할 수 있다. 페미사이드가 개념화되기 이전에는 여성혐오로 일어날 수 있는 가장 극단적인 범죄는 강간이라고 여겨졌다. 페미사이드 개념은 여성혐오의 종착지가 여성 살해임을 밝혀내었다(다이애나 러셀 외, 1992). 이는 전 세계적으로 보이는 현상이기도 하다. Fengqing Chao, Patrick Gerland, Alex R. Cook, Leontine Alkema(2019)는 1950년부터 2017년까지 전 세계 모든 나라의 출생성비를 조사하여 대륙별로 자연 성비를 추정하고, 성비 불균형을 보이는 국가를 포착했다. 이 조사연구에 따르면, 1970년부터 2017년 사이에 성비 불균형 현상을 보인 국가는 총 12개국이며, 알바니아, 아르메니아, 아제르바이잔, 중국, 그루지야, 홍콩, 인도, 한국, 몬테네그로, 타이완, 탄자니아, 베트남이다. 태아 감별 낙태로 인해 사라진 여아의 수는 2,310만 명으로 추정된다.

"남자들에게도 강요된다."(코넬, 1995) 일반적으로 남성은 젠더 질서의 불평등에서 이득을 얻지만, 모든 남성이 동일하게 이득을 얻는 것은 아니다. 실제로 많은 남성은 상당한 대가를 치른다.[10]

남성보다 우위를 점한 여성은 페미니즘이라는 무기를 활용하며 결집하는 행동력까지 있다. 일베에서 20대 여성은 급진적인 페미니즘의 선두 주자이자 견인차로 인식되는데, 20대 여성이 페미니즘에 빠져드는 것은 페미니즘이 '좌파적'이라 좌파 정부와 손잡고 정치적인 측면에서도 남성보다 우위를 점할 수 있기 때문이라고 분석된다. 이로 인해 한국의 젊은 여성들은 '여성스러움'을 잃은 것으로 간주된다.[11]

일베 사용자들은 위기 상황을 타개하기 위해 국제결혼을 자주 거론한다. 이상적인 상대로는 일본 여성이 자주 거론된다. 일본 여성의 내조 수준, 일본 여성과 한국 여성의 비교, 일본 여성의 명언(페미니즘 비판이나 성매매 옹호 등)은 일베에서 꾸준한 인기 소재다. 일본 여성은 '손수 음식을 하는 것을 당연하게 여기고, 상냥하고, 순종적이고, 검소하고, 생활력 강하고, 남편의 체면을 절대 깎이게 하지 않고, 자식들이 아버지를 존경하도록 가정교육을 똑바로 시키는 여성'으로 끊임없이 재현되는데, 이는 일베 사용자들의 가치관에 부합하는 여성상과 상당히 겹친다(엄진, 2016).

10 래윈 코넬·리베카 피어스(2015)는 '남성'이 애초부터 결정된 상태가 아닌,'되어가는 중(becoming)'이고 적극적으로 형성 중인 상태라고 본다. 남성은 이 과정에서 용감하고 거친 모습을 보이도록 압력을 받으면서 폭력에 자주 노출되는 동시에 자신의 취약성을 드러낼 수 없게 된다.

11 국승민·김다은·김은지·정한울(2022)은 20대 여성이 '사회적 소수자 차별 금지와 다양성'을 중요한 정치적 의제로 생각하고 있다는 점을 포착한다. 그들이 민주·진보 계열 정당을 좀 더 선호하는 건 이 때문이다. 그러나 기성 정당에 효능감을 느끼지는 못하는 것으로 드러났고, 외교, 안보, 경제 이슈에서는 전통적인 진보 성향을 보이지는 않았다.

일베 사용자들이 한국 여성을 '보이콧'하고 일본 여성과의 '국제결혼'을 추진할 때, 관념적인 영역에서 루저 남성성을 수행한다. 그것은'이곳(일베)에서는 모두가 평등한 루저'라는 일베의 전제에 부합한다. 그러나 일베 사용자들이 처해 있는 '현실'[12]이 다단한 만큼, 이러한 현실의 차이는 일베에서 종종 가시적으로 드러나며 일베 사용자들을 한데 묶는 루저 남성성에 균열을 낸다. 이는 일베 사용자들이 자신의 자원을 인증하는 순간 두드러지는데, 그중에서도 특히 '여친인증'은 일베 사용자들 간에 모순적인 감정을 불러일으킨다.

'여친인증'이란 일베 사용자들이 여자친구의 사진을 올려 자신에게 여자친구가 있음을 증명하는 것이다. 이는 일베 사용자들이 이성애적 관계를 맺는 여성이 없어서 그 좌절감으로 인해 여성혐오를 한다는 해석을 뒤집는 것으로, '여친인증'의 수가 많을수록 일베 사용자를 루저로 등치시키기 어려워진다. 이때 일베 사용자들은 자신들을 루저라고 여기는 이들에게 '현실'은 그렇지 않음을 입증함으로써 통쾌함을 느낀다. 일베 사용자들은 자신들을 '도태남'(현실의 이성애적 관계에서 탈락한 남성)으로 여기던 여초 커뮤니티 메갈리아(이하 메갈)나 여성시대(이하 여시)의 사용자들이야말로 역으로 '도태녀'라고 주장한다.

[사례 8]〈여친인증대란 제일 충격먹은 애들〉[13]에서 일베 사용자들은 여친인증이 '페미집단'인 메갈과 여시에게 미칠 충격에 대해 상상하고

12 본 연구에서는 '현실'이라는 개념을 일베에서 사용자들이 구성하는 '관념'과 구분되는 것으로 사용한다. '관념'이 사용자들이 함께 만들어 내는 공통적인 이해를 반영하여 구성된 현실 인식이라면, '현실'은 사용자들 개개인이 오프라인 세계에서 처해 있는 일련의 상황과 조건이다. 연구자는 이처럼 두 가지 개념을 구분하되 일베 사용자들의 '현실'과 '관념'이 단절되지 않고 상호 영향을 끼친다고 본다.

13 "여친인증대란 제일 충격먹은 애들", 2017.12.18., 일베로(추천) 526개, 민주화(비추천) 40개, 댓글 58개, http://www.ilbe.com/view/10213088789.

있다. 일베 사용자들은 페미니스트에 대해 흔히'남성에게 선택받을 수 없는' 외모로 인해 열등감에 휩싸인 여성으로 상정한다. 그러나 여친인증의 충격은 실상 일베 사용자들에게 일어나는 감정이다. '모두 같은 루저'가 아니었다는 사실에 배신감을 느끼는 일베 사용자들은 '루저가 아닌' 일베 사용자들에게 거리감을 느낀다. 이 둘 사이에 발생하는 간극은 일베에서 공통적으로 표방되던 루저 남성성과 이를 매개로 모이던 일베 사용자들의 공감대를 위협한다. 이러한 현실의 차이를 메우기 위해 여친인증은 일베에서 허용되는 방식으로 이루어진다.

[보조사례 2]〈여친아니고 마누라인증한다. 잡혀가냐〉[14]는 남성이 자신에게 소속된 여성을 전시했을 때, 이를 본 다른 남성들이 궁극적으로는 그 여성을 소유하고 있는 남성에 대해 이야기하게 된다는 것을 드러낸다. 이 게시글에는 얼굴 일부를 가린 배우자 사진, 자동차 키 사진, 운영하는 식당의 매출액이 나온 사진이 함께 첨부되어 있다. 일베 사용자들은 월 매출 2억의 성과를 일군 이 남성의 '능력'에 열광하며, 여성이 의대생 남친까지 버리고 자신과 결혼하게 만들 정도의 재력을 이 남성이 어떻게 갖추게 되었는지 몹시 궁금해한다. 심지어는 "마누라 인증인데 마누라 가따버리고 가게돈버는 사진이나 더 보여주라"고 요청하기까지 한다. 인증한 사용자가 "개인적으로 연락줘라. 필요하다면 얼마든지 내 노하우 전수해준다"고 허락하자 이 남성에 대한 구애가 이어진다. "나도 너한테 장가가면 안되냐? 인증사진 마구 찍어도 된다." 일베 사용자들은 함께 이상적인 남성의 첫 번째 조건을 상기한다. "여윽시 남자는 능력."

14 "여친아니고 마누라인증한다. 잡혀가냐", 2018.11.19., 일베로(추천) 412개, 민주화(비추천) 161개, 댓글 276개, http://www.ilbe.com/view/10855378236.

마경희·문희영·조서연·김리나(2017)에 따르면, 현재 한국 사회에서 경제력은 세대를 막론하고 헤게모니적 남성성의 중심 요건이다. 남성들은 생계부양자로서 여성보다 우위에 있는 경제력을 확보하기 위해 성차별을 정당화한다. 이는 데이트폭력, 가정폭력, 성매매, 직장 내 성희롱 등 다양한 양태의 젠더폭력을 통해 강화된다. 이선옥(2015)이 지적했듯이 남성이 여성혐오를 통해 이루고자 하는 궁극적인 목표는 남성동성조직의 인정과 상찬이다. 남성들은 생계부양자로서의 지위를 유지하는 방법을 공유하고 수행하며 자신의 남성성을 다른 남성들에게 인정받고자 한다. 이러한 과정이 남성연대인 호모소셜(homosocial)을 형성한다. 일베 내에서는 친목이 금지되어 있음에도, 사용자들은 여성이라는 자원을 통해 간접적으로 친밀감을 나눈다.

일베에서 진행되는 여친, 마누라, 누나와 여동생, 사촌 인증은 결국 여성을 마음대로 할 수 있는 '통제력 강한' 남성이 진정한 남성이라는 관념 하에 이루어진다. 남성성 수행을 함께해 나가는 과정에서 일베 사용자들 간에 존재하는 차이는 흐려지며 일시적으로 개입되었던 현실은 뒤로 물러난다. 루저 남성성은 이제 일베 사용자들의 공통적인 특질이 아닌, 헤게모니적 남성성에 공모하는 하나의 수단으로써 자리매김한다. 그리고 외부 남성 집단들과 갈등을 빚는 과정에서 다양한 양태로 변주된다.

외부 남성 집단들과의 갈등에 따른 남성성 변주

일베는 김대중, 노무현, 문재인 정부를 '좌파 정부'라 일컬으며 부정하는 이들이 모이는 공간이기도 하다. 일베 사용자들의 관점에서 좌파 정부는 당선과 집권을 위해서만 움직일 뿐 국가를 부강하게 만들 역량이 없다. 일베 사용자들은 좌파 정부가 이미지 정치에 골몰하는 동안 국가 경제와 민생이 파탄 났음에도 불구하고 실질적인 정치에 관심이 없는 국민을 '개돼지'라고 칭한다. 또한 민주화 시대에 학창 시절을 보낸 세대, 즉 80년대 운동권식 주사파 교육에 세뇌된 세대를 경멸한다.

[사례 10]〈한국에서 가장 이해 안되는 사회 계층 甲.jpg〉[15]은 20대 남성 문재인 정부 지지자가 '전라디언'(전라도 출신)이거나, 좌파이거나, 문재인 정부를 지지하는 여성의 '보빨러'(여성의 편에 서서 여성을 우선으로 하는 남성)임에 틀림없다고 추측한다. 그렇지 않고는 취임 직후 페미니스트에게만 유리한 정책들을 입안한 문재인 정부를 지지할 수 없기 때문이다. 일베 사용자들은 민주화 세대가 일군 '좌파' 정권이 여성들의 표를 얻어내기 위해 페미니즘과 손잡았다고 믿는다(윤보라, 2013).

일베 사용자들은 20대 남성만큼은 우파가 다수이며 이후 세대의 남성과 달리 '정신을 차린 세대'라고 주장한다. 이때 '우파'가 무엇인지에 대한 합의가 이루진 것으로 보이지는 않는다. 다만 일베 사용자들이 좌파의 핵심 요소를 '진실'과'도덕성'으로 여기고 있으며, 이에 반대되는 '팩트(fact)'와 '합리성'을 일베의 핵심 요소로 상정한다는 점은 명백하다. 일베에서는 '좌파적'인 것을 경계하며, 사실관계가 명백하지 않거나 감성적으로 선동하는 흐름이 보일 때 '좌파와 똑같다'는 말로 비난한다.

일베에서 추구하는 사실에 기반한 합리적인 '일관성'은 좌파를 비난하기 위한 기반이 된다. 이는 HTTP 차단 정책과 관련된 '야동 규제' 논란에서 두드러진다. 2018년 5월 2일, 정부는 DNS(Domain Name Service)

15 "한국에서 가장 이해 안되는 사회 계층 甲.jpg", 2019.12.24., 일베로(추천) 856개, 민주화(비추천) 57개, 댓글 112개, http://www.ilbe.com/view/11221894896.

차단 방식을 도입하여 불법 사이트에 국민들이 접속하지 못하도록 했다. 이는 사실상 성인 사이트를 모두 금지하는 것이 아니었음에도 '야동 규제' 논란으로 번진다. 이 사건은 일베 사용자들에게 있어 좌파의 허위를 밝혀주는 것이었다. 결국 똑같은 포르노를 보고 있음에도 고결한 척하는 좌파 남성들의 '도덕적인 남성성'에 대한 분노는, 문재인 정부를 지지하는 외부 커뮤니티의 반응을 일베 내부로 옮겨와 함께 보고 비웃는 행동으로 이어진다.[16]

일베 사용자들이 좌파를 무시하는 가장 큰 이유는 이성적이지 않다는 데 있다. 일베의 '이성적인 남성성'은 이처럼 정확한 사실 근거 없이 감정적으로 선동당하는 좌파를 경멸하며 조롱하는 행태를 보임으로써 구성된다. 이는 과학주의에 입각한 '기계적인 남성성'과 맞닿아 있기도 하다. 이선옥(2015)은 전후 한국 사회의 헤게모니 남성성으로 떠오른 모델로 과학주의로 무장한 기계적인 남성성을 든다. 기계적인 남성성은 '지성'과 '과학'이야말로 민족적 위기를 타개하기 위한 기반이며, 감정과 비합리성에 지배되어서는 훌륭한 사회를 건설할 수 없다고 여겼다. 일베가 같은 남성 집단인 좌파와 타자 집단인 여성을 비난할 때 '이성적인 남성'의 얼굴을 하는 것도 이성과 합리성이 부여하는 우위가 존재한다고 믿고 있기 때문이다.

일베 사용자들은 일베에 외부적인 공격이 가해지면 이를 좌파의 '정치적인 공작'으로 읽어내곤 한다. 일례로 '박카스남 사건'에 대한 담론을 들 수 있다. 이 사건은 40대 남성 공무원이 성매매한 70대 여성 노인의 나체 사진을 인터넷 음란사이트 2곳에 게재하고, 이를 20대 일베 남

16 "야동 규제 이후 좌파들 사이트 실시간 반응", 2019.2.11., 일베로(추천) 401개, 민주화(비추천) 34개, 댓글 97개, http://www.ilbe.com/view/11012234866.

성 회원이 일베에 유포하면서 발생했다.[17] 최초에 언론 보도될 당시 노인 성매매와 불법촬영, 피해 사진을 비동의 유포한 가해자가 일베 회원인 것으로 기술되었기 때문에 사회적인 비난은 일베에 집중되었다.

일베 사용자들은 최초 보도가 '팩트'와 어긋났던 이 사건의 사실 여부를 바로잡는 데 집중했다. 원본 글에 일베 회원 본인이 직접 성매매하고 촬영한 것처럼 서술한 후기가 포함되어 있었고, 이 때문에 경찰 수사가 이루어질 때까지 언론이 일베 회원에게 유포 혐의만 있다는 것을 알 수 없었음에도 일베 사용자들은 언론과 경찰이 일베를 폐쇄하기 위해 작당하고 있다는 결론에 도달한다. [사례 12]〈일베 박카스 성매매 오해와 진실 FACT〉[18]에서 일베 사용자들은 이 사건을 좌파와 연결 짓는다. 이후로 모든 가설은 좌파의 어리석음을 논하기 위해 구성됐다. 급기야 결과적으로 일베 회원이 본인 한 몸을 희생하여 '진짜' 성범죄자를 잡게 해주면서 사회정의를 구현한 것인데 좌파가 어리석어 이를 몰랐다는 주장까지 등장한다.

2019년 7월, 일베 사용자들은 좌파의 위선이 드러나는 순간을 목도하게 된다. 전SBS 아나운서 김성준이 불법촬영 혐의로 입건되었을 때, 일베 사용자들은 좌파 커뮤니티에서 김성준이 포함된 글을 퍼 와서 조롱했다. 해당 글은 진보 진영 인사들을 삼국지 등장인물에 비유한 것이다. 이 세계관에는 손석희, 김어준, 주진우, 이승환, 김제동 등 진보적인 언론인으로 분류되는 인물들이 함께 포함되어 있으며 김성준은 유비에

17 최초 유포자는 경찰 조사에서 "음란사이트의 회원 등급(전체 17등급 중 10등급)을 올려 같은 사이트에 게시된 다른 회원들의 음란물을 보려고 사진을 게시했다"고 진술했다(참고: 『경향신문』, 2018.8.31., 「노인 나체사진 촬영·유포한 서초구 직원…직위해제」).

18 "일베 박카스 성매매 오해와 진실 FACT", 2018.8.31., 일베로(추천) 1372개, 민주화(비추천) 77개, 댓글 172개, http://www.ilbe.com/view/10706771488.

비유되었다. [사례 13]〈대깨문들의 삼국지 세계관ㅋㅋㅋㅋㅋ(Feat.김성준).jpg〉[19]에서는 이 패러디를 활용해 김성준을 '몰카 찍는 유비'라고 칭한다.[20]

한편 김성준을 외면하는 좌파와 달리, 일베 사용자들은 힘패시(himpathy)[21]를 발휘하며 이해해 줄 수 있다고 주장한다. "남자가 뭐 그럴수도 있지 안그러냐? 이럴때 쉴드 쳐주는건 일베밖에 없다 너가 그렇게 고고한척 까던 일베." 그 순간 이성적인 남성성을 활용하여 좌파 남성과의 대립각을 세울 필요가 없어진다. 좌파 남성보다 우월한 위치를 점했으므로, '같은 남성'으로 돌아가도 된다.

일베 사용자들이 민주화 교육을 받은 세대를 경멸한다면, 민주화 시대를 이룩하고, 좌파 정부를 집권시키고, 전교조를 통해 미래 세대를 세뇌시킨 586세대 운동권 남성은 '극혐'(극도로 혐오)한다. 586세대는 1960년대에 태어나 80년대에 대학을 다녔으며 현재 나이가 50대에서 60대에 걸쳐 있는 세대다. 일베 사용자들의 관점에서 이들이야말로 좌파 남성의 원형이자 자신들이 겪는 모든 시대적 불행의 원인이라고 볼

19 해당 게시물에 실린 캡처의 출처가 밝혀져 있지 않아 정확히 어느 커뮤니티에 올라온 것인지는 알 수 없다. "대깨문들의 삼국지 세계관ㅋㅋㅋㅋㅋ(Feat.김성준).jpg", 2019.7.8., 일베로(추천) 446개, 민주화(비추천) 22개, 댓글 89개, http://www.ilbe.com/view/11183779554.

20 일베 사용자들이 김성준을 더욱 비웃은 것은 그가 일베에서 묘사되는 '좌파의 표상'에 완벽하게 들어맞기 때문이다. 김성준은 SBS 러브FM '김성준의 시사 전망대'의 진행을 맡고 있었고, 2018년 8월에 이 프로그램에서 불법촬영에 대해 "가해자를 잡아서 엄하게 처벌하는 것이 (몰카를 발본색원할) 한 가지 방법이 될 수 있다고 본다"며 "다른 사람들도 '잘못하면 큰일 나겠구나'라는 생각을 해 그런 데에 발을 안 담그려고 할 수 있을 것 같다"고 입장을 밝힌 바 있다(참고: 『세계신문』, 2019.7.8., 「'불법촬영 혐의' 입건 김성준, "몰카 규제하려면 가해자 엄벌해야" 발언 재조명」).

21 케이트 만(2020)은 권력이나 특권을 가진 남성이 성폭력을 저지르거나 여성혐오적 행위를 했을 때 여성 피해자보다 더 공감받는 현상을 가리켜 '힘패시(himpathy)'로 명명하였다.

수 있다.

[사례 14]〈공갤펌) 586세대 남자 인생 요약.txt〉[22]에 따르면, 586세대 남성이야말로 자신의 힘으로 노력한 것이 없다. 586세대 남성은 고도성장으로 인한 경제적인 여유, 비교적 쉬운 학력고사와 경쟁률이 낮은 대학 입시, 대학만 졸업하면 들어갈 수 있던 일자리 등 한국사에서 유례없을 정도로 '운 좋은 황금시대'의 혜택을 누렸다. 2030대 남성은 출생 인구가 너무 줄어들어 세대 계약을 신뢰할 수조차 없게 되었는데, 586세대 남성은 국민연금까지 받는 마지막 세대이기도 하다. 2030대 남성의 분노는 586세대 남성이 시대적 행운을 대가 없이 모두 누리면서도 고강도 경쟁에 시달리는 자식 세대의 남성을 핍박한다는 데 있다.

더구나 586세대 남성은 남성으로서의 기득권과 가부장제의 수혜를 모두 누렸으면서도 이제 와 페미니즘을 지지한다는 이유만으로 그 '죄'가 사해진다. 일베 사용자들의 관점에서 586세대 남성은 '딸바보'를 자처하며 2030대 '김치녀'와 페미니스트를 양산한 주범이기도 하다. 586세대 남성이 딸을 버릇없이 키워놓는 바람에 2030대 남성은 '김치녀'에게 속아 노예화되고 결혼이라는 속박에 매이게 되거나, 페미니스트에게 공격받으며 권리가 더욱 줄어들고 입지가 좁아지게 되었다는 것이다. 일베 사용자들은 586세대 남성이 현세대의 성별 갈등을 만든

22 홍찬숙(2022)에 따르면 한국사회는 단기간에 개인화가 진행되어 세대 간 규범적 충돌이 불가피하다. 기성세대의 집단주의 규범과 청년세대의 개인주의 성향이 비대칭적으로 대치할 수밖에 없기 때문이다. 한편 신진욱(2022)은 세대 갈등 또는 세대 간 불평등이 심각한 문제로 제기되면서도, 세대 간 관계와 세대 내 관계가 다면적이라는 점은 충분히 고려되지 않는 점을 지적한다. 이러한 관점에서 보면 일베 사용자들 또한 특정 계층을 일반화하여 세대를 구분 짓는 함정에 빠졌다고 할 수 있다. "공갤펌) 586세대 남자 인생 요약.txt", 2019.12.24., 일베로(추천) 1052개, 민주화(비추천) 82개, 댓글 140개, http://www.ilbe.com/view/11222061034.

것이나 마찬가지이며 그 피해를 자신들이 보고 있다고 여긴다.

[사례 15]〈극혐) 90년대 결혼식 뒷풀이..gif〉[23]는 586세대 남성에 대한 혐오를 강화하는 과정을 보여준다. 대략적인 내용은 90년대 결혼 문화에서 586세대 남성들이 일삼았다고 여겨지는 온갖 폭력적인 기행에 관한 것이다. 과하게 돈을 요구하며 패악을 부리던 함지기부터 시작해, 신랑 발바닥 때리기, 신부를 트렁크에 태운 뒤 신랑을 그와 묶어 달리게 하기, 신랑 구두에 술 따라서 신부 마시게 하기 등이 해당한다. 일베 사용자들은 이를 근거로 586세대 남성의 '야만적인 남성성'을 부정하고, 이러한 남성성의 '패륜성'과 '미개함'에 대해 비난하며, 더 나아가 586세대 남성이 자신들을 가르칠 자격이 없다고 주장한다.

일베 사용자들의 관점에서 586세대 남성의 야만적인 남성성에 비하면 2030대 남성은 훨씬 '문명화된 남성성'을 추구하고 있다. 일베 사용자들은 2030대 남성들이 전 세대 남성들에 비해 '너무 온순하다'고 평가하면서도 야만적인 집단성에 휩쓸리지 않고 냉정한 개인주의를 견지할 수 있다는 점에서 심리적인 우월감을 가진다. 이는 2010년대에 스마트폰이 보급되고 필요한 지식을 주도적으로 취사선택할 수 있게 되면서 가능해진 일로 본다. 이에 따르면 디지털 기기와 인터넷 문화에 친숙한 2030대 남성들은 문화적인 우월성을 가질 수밖에 없다. 그러나 디지털 시대의 '지성'과 '세련된 개인주의'로 이루어진 문명화된 남성성이 586세대 남성의 야만적인 남성성보다 더 높은 수준으로 발달한 남성성이라는 믿음에는 어떤 의구도 존재하지 않는다.

586세대 남성들은 노동 환경과 제도를 개선하는 대신 '룸문화'와 같

23 "극혐) 90년대 결혼식 뒷풀이..gif", 2020.5.23., 일베로(추천) 1672개, 민주화(비추천) 225개, 댓글 407개, http://www.ilbe.com/view/11260352800.

은 여성을 착취하는 성 문화의 기틀을 만들었다. 그리고 일베의 2030대 남성들은 '시대적 불운'으로 인한 사회적 조건을 개선하는 대신 여성 혐오를 강화했다. 여성을 재화로 삼아 당면한 문제를 해소하고자 한다는 점에서 두 세대는 근본적으로 다르지 않다. 그러나 일베 사용자들은 586세대 남성이 형성한 성 문화로 인한 최대 피해자도 2030대 남성이라고 본다. 586세대 남성들이 금전을 대가로 여성을 마음대로 주무르는 문화를 누린 결과 현재까지도 젊은 여성들을 대상으로 성희롱과 성추행을 일삼는데, 정부, 여가부, 페미니스트 진영은 '약자'이기에 만만한 2030대 남성을 우선적인 공격 대상으로 삼아 관련 정책을 편다는 것이다.

일베에서 기성세대 남성의 야만성을 논할 때 중심이 되는 것은 이 세대의 성 문화다. 특히 소라넷은 기성세대 남성들이 만든 성 문화의 가장 추악한 일면을 목도할 수 있는 사이트였다. 소라넷은 17년간 운영된 국내 최대의 음란물 공유 사이트로서 온라인상에서 한창 악명을 떨치던 일베에서도 한 수 접고 들어가 '소라넷 성님' 또는 '소라넷 아재'라고 호칭을 높여 부르던 '막장' 사이트다. 2015년 10월, 소라넷의 디지털 성폭력 문제를 고발하고 공론화하기 위해 DSO(Digital Sexual Crime Out)[24]가 설립되었다. DSO가 앞장서서 '소라넷아웃프로젝트'를 진행한 결과 소라넷은 2016년 6월에 완전 폐쇄가 결정되었다.[25]

24 DSO는 디지털 성폭력 피해를 개념화하고, 실제 피해를 구체적으로 밝히고, 사회적인 대응을 모색할 수 있게 하는 기반을 만들었다. 그러나 최근 인력 및 재정 부족 등으로 인해 단체 운영을 지속하는 건 어렵다고 판단하여, 2019년 12월 31일을 기점으로 모든 외부 활동을 잠정 중단하고 단체를 마무리하는 단계를 밟는 중이다. 관련 입장문은 DSO 트위터 공식 계정(@soraeliminate)에 게재되었다(참고: DSO, 2019.12.20. "DSO가 활동을 중단합니다").

25 기존의 소라넷이 폐쇄되었을 뿐, 이름만 바꾸어서 운영되고 있다는 설은 일베 사용자들

소라넷의 존재는 일베 사용자들에게 '순수성'을 확보해 준다. 두 사이트를 모두 오가는 사용자들은 "소라넷보다가 일베보면 순수한 어린이들같다"고 첨언한다. 소라넷과의 이러한 분리를 통해 일베와 소라넷을 모두 이용하는 사용자들은 증인으로만 남게 되고, 두 사이트 간의 연결성은 지워지며, 일베 사용자들은 '순수한 남성성'을 담지하는 이들로서 다시 한 번 윤리적 책임에서 빠져나간다. 일베 사용자들은 이처럼 대응하는 남성성에 따라 다른 남성성을 추구하나, 이는 임의로 설정한 남성 집단 간의 위계를 다투기 위한 것으로서 정치적 또는 시대적 변화를 추구하는 것은 아니다.

일베 남성성의 수행 원리와 한계

일베 사용자들이 다른 남성 집단보다 우위에 있고자 하는 과정에서 알 수 있는 점은, 이들이 위계에 대단히 민감하다는 사실이다. 여성의 애정 혹은 섹스는 남성들 사이에서 우월한 지위를 점하기 위한 수단이며 일종의 재화다(케이트 만, 2020). 일베 사용자들은 자신들이 좌파 정부와 기성세대 남성이 만든 불공정한 구조로 인해 '재화'를 누릴 기회를 박탈당했다고 믿는다. 적극적인 여성혐오와 디지털 성폭력을 감행한 것 역

사이에서도 돌고 있다. 소라넷과 관련된 일베 게시물에서는 변경된 이름과 링크를 공유한 것으로 보이는 대화들이 포착된다. 소라넷은 불법촬영, 비동의 유포된 성적 촬영물, 지인능욕, 성 착취물 등을 제작하고 성폭력을 모의하던 디지털 성범죄의 온상이었다. 소라넷을 공동 운영하던 이들은 수백억 원의 부당이득을 취했음에도 불법 수익금이라는 점이 명확하게 특정되지 않는다는 이유로 2심 판결에서 14억 1천만 원의 수익 추징 명령이 파기됐다. 운영자 가운데는 단 한 명만이 징역 4년형을 받았고, 공동운영자 3명은 잡히지 않았다. 소비와 유포, 제작의 경계를 넘나들던 100만여 명의 회원들에 대한 사회적인 논의와 처벌도 이루어지지 않았다(참고: 『한겨레』, 2020.3.28., 「처벌받지 않은 소라넷의 후예가 '박사들'이 됐다」).

시 이러한 맥락에서 살펴볼 수 있다. 폭력을 휘두를 수 있다는 것은 하나의 자원이다(래윈 코넬·리베카 피어스, 2021).

일베 사용자들의 남성성 수행의 장은 네 가지 원리로 지탱된다. 첫 번째 원리는 집단적 결속이다. 일베 사용자들은 남성 집단을 공고하게 유지하는 것이야말로 남성성 수행의 기본 전제임을 공유한다. 이를 위해서는 가장 먼저 여성을 배제해야 하고, 마지막으로는 내부 고발자를 퇴출해야만 한다. 내부 고발은 무엇보다 남성 집단의 결속을 깨트리는 배신행위이므로 위험하다고 여겨진다. 단톡방 성희롱[26] 고발에 관한 담론은 일베 사용자들이 내부 고발자를 철저한 경계 대상으로 삼는 것을 보여준다. 이 논의의 한계는 단톡방 성희롱 역시 알려지지만 않았다면 문제가 아니라고 귀결된다는 점이다. 이는 '내부 고발자'에 대한 강력한 비난으로 이어진다. 일베 사용자들은 이로써 같은 집단에 소속된 남성들은 이 집단을 함께 보호해야 하는 의무가 있음을 확실히 한다.

두 번째 수행 원리는 능력주의다. 여성의 성을 재화로써 이용하는 것

26 단톡방 성희롱은 여성혐오가 온라인 공간과 같은 특수한 공간에서 일탈적으로 행해지는 특수한 현상이 아닌 일상적으로 만연해 있는 현실이라는 사실을 드러냈다. 2015년 국민대를 시작으로 서강대, 서울대, 고려대, 연세대, 서울교대, 청주교대, 국군간호사관학교, 경희대 의대, 충북대 등에서 줄지어 실태 고발이 잇따랐다. 그 내용은 특정 학생에 대해 성희롱 발언을 하거나, 자취생을 성적 대화 소재로 삼거나, 성폭행을 부추기는 발언으로 이루어져 있었다. 대학 내 성희롱·성폭력 문제는 여성이 본격적으로 대학 진학을 한 이래 늘 존재해왔다. 2011년 고려대 의과대학에서 학생 간 집단 성추행 사건이 일어남에 따라 대학 내 성희롱·성폭력 문제가 사회적으로 이슈화되면서, 2012년에 국가인권위원회에서 실태조사를 진행했다. 이 조사에 따르면, 2011년 학내 상담기구에 접수된 사건 수만 해도 평균 1.2건에 해당하는데, 상담기구 설치 대학이 전국 386개 대학 중에 26%라는 점을 고려해보면 100건이 넘는다. 상담기구의 수와 예산이 부족하다는 점과 피신고인의 권리요구와 법적 분쟁으로 피해자 구제 조치가 지연된다는 점, 가해자의 악의적 소문 유포와 같은 2차 피해가 발생한다는 점 등이 문제 해결에 어려움을 일으키는 주요한 요인으로 꼽혔다(참고: 국가인권위원회, 2012.12.12., 「〈대학교 성희롱 성폭력 실태조사〉 결과 발표 관련 보도자료」).

은 일베 사용자들 간에 일종의 '능력'으로 통하기도 한다. [사례 19] 〈버닝썬 관련 방송 모자이크 전부 공개〉[27]는 일베 사용자들이 버닝썬 게이트의 중심에 있는 것으로 보이는 승리를 영웅화하는 과정을 보여준다.[28] 일베 사용자들이 판단하기에는 남다른 인맥 관리와 마약과 성접대를 제공하며 투자금을 얻어내는 사업수완이 승리의 능력이다. 정준영도 일베에서 통용되는 능력주의를 입증하는 남성이다. [사례 20]〈정준영 카톡 추가 공개...jpg〉[29]에서 일베 사용자들은 정준영의 단톡방에 여성 연예인과 성관계했음을 암시하는 대화가 포착되자 피해 촬영물이 공유되기를 원했다.

세 번째 남성성 수행 원리는 처벌주의와 피해의 자원화이다. 일베 사용자들은 성폭력 사건이 일어날 때 흔히 개별 범죄에 대한 법적 책임만을 강조하며 기계적인 처벌이면 충분하다고 주장한다. 이러한 처벌주의적 관점에서는 적합한 형을 받아 죗값을 다 치르도록 하면 해당 범죄에 대해 할 만큼 한 것이 된다. 그 이상 사회적 책임을 요구하는 것은 해당 사건을 감상적으로 이용하는 '선동'이며, 법이 판단할 영역에 정부, 시민단체, 페미니즘, 여론 등이 개입하는 것은 적절하지 않다. 애초

27 "버닝썬 관련 방송 모자이크 전부 공개", 2019.3.25., 일베로(추천) 977개, 민주화(비추천) 20개, 댓글 141개, http://www.ilbe.com/view/11084204640.

28 승리는 2015년 말에 투자 유치를 위해 국내외 재력가들과 접촉했다. 공동대표인 유인석과 함께 단톡방에서 성 접대를 지시하고 관리한 정황이 포착됨에 따라, 2019년 초에 성매매를 알선한 혐의로 재판에 넘겨졌다. 승리의 경우 2020년 3월 군에 입대하면서 사건이 군사법원으로 이송되었고, 유인석은 같은 해 6월 3일에 혐의를 모두 인정했다(참고: 『국민일보』, 2020.6.3., 「'승리 동업자' 유인석 전 대표 "성매매 알선·횡령 모두 인정"」)

29 본문과 함께 게재된 이미지는 디스패치에서 제공한 것이다. 디스패치는 해당 사건이 명백한 범죄임에도 불구하고 여성 연예인의 성관계 사실에 집중시키는 방식으로 해당 이미지를 공개했다. "정준영 카톡 추가 공개...jpg", 2019.3.12., 일베로(추천) 604개, 민주화(비추천) 33개, 댓글 223개, http://www.ilbe.com/view/11062505414.

에 법은 이러한 개입이 필요하지 않음에도 굳이 개입한다는 것은 다른 정치적인 의도가 있기 때문이라고 일베 사용자들은 믿는다. 또한 피해 촬영물을 보는 것 자체는 문제가 없다고 본다. [사례 22]〈리벤지 포르노의 역사.jpg〉[30]는 피해 촬영물을 '○○○ 영상' 또는 '리벤지 포르노'라는 이름으로 소비한 역사를 보여준다. 일베 사용자들은 이를 회상하며 목록에 추가할 수 있는 새로운 영상물이 뜨기를 바랐다. 그렇게 피해 촬영물은 간접 경험의 일종으로 섹스를 대체하는 수단이 된다.

네 번째 남성성 수행 원리는 냉소적 거리두기다. 일베 사용자들은 성범죄로 인한 피해에 사회적인 이목이 집중될 때 이를 경계한다. 피해 사실이 좌파나 페미니스트 진영에 의해 정치적으로 이용되어 남성 전반이 잠재적인 가해자로 취급받아서는 안 된다고 여기기 때문이다. 따라서 일베 사용자들은 냉소적 거리두기를 통해 기존의 젠더 관계와 남성 우위의 배치를 유지하고자 한다. 텔레그램 성착취[31] 문제도 마찬가지다. 사용자마다 입장이 분분하던 일베에서 관련 담론의 흐름이 바뀌기 시작한 것은 해당 사건에 냉소적으로 거리를 두는 사용자들이 나타

30 "리벤지 포르노의 역사.jpg", 2018.10.4., 일베로(추천) 492개, 민주화(비추천) 43개, 댓글 221개, http://www.ilbe.com/view/10769549921.

31 텔레그램 성착취는 주로 미성년자 여성과 이십대 초중반 여성을 대상으로 협박하여 성적 촬영물을 찍도록 하면서 이루어진다. 피해 촬영물은 불특정 다수가 참여하는 텔레그램 단체방에 공유된다. 암호화된 메신저라는 텔레그램의 속성상 익명이 보장된다는 확신 아래, 단체방을 관전하는 이들은 피해자가 실시간으로 고통받는 모습을 즐기고 운영자에게 적극적으로 제작 요청과 홍보를 맡아 하면서 인격 모독, 성고문, 신체 훼손까지 이루어지는 극단적인 성착취에 가담했다. 한국사이버성폭력대응센터에 따르면, 텔레그램 성착취의 핵심은 '살아 있는 피해자의 고통을 즐긴다'는 데 있다. 살아 있는 사람에게 고통을 가할 수 있다는 사실 자체가 자극적인 요소가 된다는 것이다. 이러한 폭력의 속성과 구성이 텔레그램 성착취 문제를 웹하드 카르텔이나 불법 포르노 사이트 문제와 결이 다른 것으로 만든다. 즉, '영상 속에 등장한 사람이 살아 있는 인간이며 이 피해가 그에게 고통이 된다'는 말로는 전혀 설득될 수 없는 구조라는 것이다(참고: 닷페이스, 2020.2.4., 「N번방 사건 정리 | 성범죄자 수만 명이 모여 있는 텔레그램방이 있다」).

나면서부터다. [사례 23]〈n번방 나만 별생각 안드냐?〉[32]는 텔레그램 성착취가 널리 알려지며 비롯된 사회적 공분에 대한 냉담함을 표한다. [사례 23]에서 눈에 띄는 것은 '강호순, 유영철과 같은 성범죄자'와 조주빈을 비교하는 것이다. '1980~90년대의 인신매매 및 성매매' 또는 '봉고차에 실려 지방 소도시에 끌려다니는 여자애들'의 사례만 보아도 성착취는 늘 존재했다고 본다. 이는 일베 사용자들이 N번방 사건을 자연화하고 축소하는 근거가 되었다.

N번방 사건의 대대적인 보도 이후 일베 사용자들은 다시 한 번 본질주의적인 여성혐오로 회귀했다. 여성을 곧 '창녀'로 환원한 것이다. 일베 사용자들은 여성들이 N번방 사건 피해자들의 편에 서서 연대하는 것을 두고 여성들이 '잠재적인 창녀'이기 때문이라고 주장한다. 언제든 성을 팔다가 N번방 사건 피해자와 비슷한 일을 당할 수 있으므로, 미리 '성착취'라는 고급스러운 용어를 사용하여 피해자가 될 수 있는 프레임을 만든다는 것이다. 이와 같은 믿음은 일베에서 재강화된 여성혐오의 핵심이다.

일베 사용자들은 'N번방 가담자'로 취급받아 기분이 상한 자신들처럼 여성들도 '창녀'라는 표현 자체에 분노했다고 단정 짓는다. 그러나 여성들이 분노한 것은 창녀 취급을 받아서가 아니라'여성=창녀, 남성=N번방 가담자'라는 도식 안에서는 피해자에 대한 2차 가해가 일어날 수밖에 없기 때문이었다. 일베 사용자들이 자신들의 입장을 중심으로 하여 피해자를 2차 가해했다면, 피해자에게 연대한 여성들은 피해자의 입장을 우선적으로 고려했다. 일베 사용자들은 피해자에 대한 여성들

32 "n번방 나만 별생각 안드냐?", 2020.3.25., 일베로(추천) 304개, 민주화(비추천) 30개, 댓글 102개, http://www.ilbe.com/view/11244349391.

의 이와 같은 공감을 '잠재적 창녀의 감정 이입'으로 비하한다.

일베에는 30대 후반에서 40대에 해당하는 남성의 성적 경험담이 올라오곤 하는데, 이러한 경험이 트로피처럼 과시될 때 그 시대를 경험한 바 없는 세대의 남성은 현재 상황이 불만족스러워진다. 1020대 남성이 가지는 박탈감은 남성이 성을 즐기는 데 있어 아무런 제약이 없던 시대와의 비교에서 기인한다. 이 박탈감은 같은 세대의 여성에 대한 원망으로 심화된다. 이 여성들은 전 세대 여성들보다 가진 자원은 많으면서, 원한다면 언제든 섹스할 수 있고, 심지어 그것으로 돈까지 벌 수 있는데, 법의 비호까지 받는 것처럼 보이기 때문이다. 같은 세대의 여성을 혐오하는 것은 기득권을 가진 586세대 남성이나 사회 구조에 맞서는 것보다 훨씬 손쉽다. 3040대 남성들은 이를 독려하고 연민을 표하기도 하며 새로운 세대의 남성들과 공감대를 형성한다. 이러한 과정에서 세대를 뛰어넘는 남성연대의 미래가 일시적으로 확보된다.

나가며

본 연구는 일간베스트저장소(이하 일베) 사용자들이 필요에 따라 적절한 남성성을 변주하고 재구성하였으며 남성연대 유지에 공모하는 방식으로 수행했음을 드러내고자 했다. 이를 위해서는 먼저 일베를 단일한 정체성을 가진 집단으로 상정하거나 일베 남성성을 특수하게 규정하지 않고, 일베의 여성혐오가 곧 좌절하고 실패한 남성성의 결과물이라고 보는 관점에서 벗어날 필요가 있었다. 본 연구는 일베 문화가 사회적인 영향을 미치고 일베식 여성혐오가 확산된 것은 일베가 다양한 사회적 조건을 가진 사용자들이 유동적으로 드나들며 담론을 형성하는 열린 공간이었기 때문이라는 관점에서 일베 남성성이 형성되고 재구성되며 수행되는 과정을 추적하였다.

일베 사용자들은 사회적으로 흔히 온라인상에 모여 폭력성을 분출하는 사회적인 루저로 인식되곤 했으나, 이는 일베 문화의 근간에 있는 루저 문화에만 집중함으로써 빠지게 되는 함정이다. 일베 사용자들은 '정치적 올바름'에 대한 반감을 기반으로 모여드는 불특정 다수로서 '모든 사용자는 같은 루저'라는 전제에 암묵적으로 동의하는 것뿐이다. 일베 사용자들은 사용자들 간의 평등과 극단적인 재미를 추구하기 위해 개별적으로 처한 현실이 다름에도 같은 루저라는 전제에서 혐오 발화에 임한다. 또한 여성혐오를 함에 있어서도 한국의 젊은 남성들이 '절대적인 약자'로서 루저가 될 수밖에 없다는 상황 인식을 전제로 공유하는데, 이는 한국 여성에 대한 인식을 왜곡하는 '김치녀 담론'으로 정당화된다. 이러한 현실을 타개하기 위해 일베 사용자들은 '항의하는 남성성'으로서 루저 남성성을 수행하지만 일베 사용자들이 처한 현실의 다양성이 드러날 때 루저 남성성은 균열이 일어난다. '루저가 아닌' 사용자들이 등장하며 사용자들 간의 차이가 가시화되는 것이다.

일베 사용자들이 루저와 루저 아닌 자로 나뉘는 순간 루저 남성성을 함께 추구하기는 어려워진다. 따라서 일베 사용자들은 그들 사이에 존재하는 차이를 메우기 위해 경제력과 여성에 대한 통제력을 담지하는 헤게모니적 남성성을 함께 추구한다. 일베 사용자들은 성적 물화된 여성을 일종의 자원으로 삼아 친밀감을 형성하고, 이때 폭력적으로 발화하는 여성혐오를 통해 다른 사용자들에게 '남성'으로서 인정받는다. 이로써 일베 사용자들은 다시 연결되며 일베에서 표방되던 루저 남성성은 헤게모니적 남성성을 좇는 과정에서 활용되는 남성성 가운데 하나가 된다.

남성성은 복수이며 집단 간 위계를 가진다. 일베 사용자들은 외부 집단들과 갈등을 겪을 때마다 단발적으로 집단화되는데, 일베 사용자들이 대립하는 외부 남성 집단은 크게 정치적인 성향과 세대에 따라 나뉜다. 먼저, 일베 사용자들이 정치적으로 반대 지점에 있다고 여기는 좌파 남성의 경우, 일베 사용자들은 이들이 '도덕적인 남성성'을 추구한다고 여긴다. 일베 사용자들의 관점에서 이는 감정적인 선동만 이끌어 낼 뿐, '합리성'과 '사실'을 기반으로 하는 일베의 '이성적인 남성성'에 비해 열등하다.

일베에서 586세대 남성은 좌파의 원형으로 통한다. 이들의 '야만적인 남성성'은 일베 사용자들의 격렬한 비난의 대상이 된다. 이때 중심 근거로 활용되는 것은 586세대의 '추악한 성 문화'다. 일베 사용자들은 '문명화된 남성성'을 형성함으로써 이들과 구분되고자 한다. 일베 사용자들은 이처럼 대응하는 남성 집단에 따라 다른 남성성을 추구하나, 이는 남성 집단 간의 위계를 다투기 위한 것일 뿐 근본적인 남성성 변화를 추구하는 것은 아니다. 일베 사용자들은 대립하는 남성 집단에게 젠더 관계에 관한 모든 잘못을 떠넘기며 정치적인 책임을 도외시한다.

일베 사용자들이 대립하는 남성 집단에게 젠더 관계에 관한 모든 잘못을 떠넘기며 발생하는 한계는 아이리스 영(2011)의 '공유된 책임'을 도외시한 결과이다. 공유된 책임이란 법적 책임과는 다른 종류의 정치적 책임이다. 법적 책임은 피해를 일으킨 죄가 있다거나 잘못을 저질렀다는 뜻으로 흔히 죄지은 자를 격리하는 방향으로 나아가지만, 공유된 책임은 죄를 짓지 않더라도 개인이 구체적인 행위를 통해 부정의한 결과를 만드는 과정에 기여하기 때문에 사회 부정의에 책임이 있음을 상기시킨다(영, 2011). 일베 사용자들은 여성혐오를 기반으로 여성에 대한 폭력을 성애화하는 남성중심적인 성 문화의 일부를 이루고 있다. 그럼에도 범죄로 성립되는 특정 사건의 가해자만 처벌받으면 된다는 법리주의적 관점만을 고수한다.

2015년 페미니즘 리부트 이후 성폭력의 기반이 되는 남성중심적 성 문화에 대한 사회적 반성이 요구됐지만, 일베 사용자들은 성폭력 사건들을 의도적으로 남성중심적인 시각에서 독해함으로써 남성 우위의 젠더 관계를 고착시키고자 한다. 일베 남성성은 대응 집단에 따라 변주되었지만 공통적인 수행 원리를 가진다. 일베 사용자들이 '남성'으로 집단화하고, 남성의 가해를 '능력'으로 치환하며, 정치적인 책임을 외면하는 동시에 여성의 피해를 '자원'으로 공유하고, 피해 여성에게 '반감'을 가지게 하는 것이다. 일베 사용자들의 남성성 수행은 필연적으로 성 대결로 이어지게 되는데, 이를 정당화하기 위해 본질주의적인 여성혐오가 소환된다. 이는 세대 차이를 뛰어넘는 '공감'을 이끌어 내며 이용자들이 결속을 다지게 한다.

일베에서 재현되는 젠더 관계가 문제적인 것은 현실의 다양한 젠더 관계와 배치를 모두 말소하고 남성 지배와 여성 종속을 기반으로 한 형태만을 추구하기 때문이다. 일베 남성성은 이를 적극적으로 지향하는 방식으로 수행된다. 이러한 경향으로 인해 일베에서 생성되는 남성성이 단일하지 않음에도 불구하고 결과적으로 기존의 헤게모니적 남성성에 공모하는 선에서 그치는 한계를 가진다.

지금까지 일베 남성성은 대체로 루저 남성성으로 해석되고 논의되었다. 그러나 일베가 수행하는 남성성은 한 가지 속성만으로 설명될 수 없으며, 헤게모니적 남성성의 추구와 함께 지속적으로 변주된다. 일베에서 생성되는 남성성이 가지는 역동성을 포착하고 해석해야만 일베 사용자들이 때때로 모순적이고 분열적인 의견을 펼치면서도 일베라는 공간에서 함께 남성 우위의 젠더 관계를 견지하는 과정을 이해할 수 있을 것이다. 본 연구는 이러한 이해를 기반으로 일베 남성성과 한국 사회의 남성중심적 문화가 상호 간에 어떠한 영향을 미쳤는지 탐색해 볼 것을 제안한다.

참고문헌

강지웅(2016), 「온라인 공론장의 분화와 네트워크 개인주의 공론장 형성에 관한 연구」, 연세대학교 대학원 사회학과 박사학위 청구논문.

국승민 · 김다은 · 김은지 · 정한울(2022), 『20대 여자』, 시사IN북.

권김현영 · 손희정 · 박은하 · 이민경(2017), 『대한민국 넷페미史: 우리에게도 빛과 그늘의 역사가 있다』, 서울:나무연필.

김리나(2017), 「온라인 액티비즘으로 재/구성되는 '여성' 범주와 연대:'메갈리아'와 '워마드'의 사례」, 이화여자대학교 대학원 여성학과 석사학위 청구논문.

김수아(2010), "소녀 이미지의 볼거리화와 소비 방식의 구성", 한국여성커뮤니케이션학회, 「미디어, 젠더&문화」(15), 79-119쪽.

김수아(2011), "한국 사회 사이버공간과 젠더정치", 한국언론학회, 「한국언론학회 심포지움 및 세미나」, 109-131쪽.

김수아 · 김세은 · 손병우 · 윤태일(2014), "흠집과 결함의 남성성: 무한도전이 표상하는 남성성의 사회문화적 의미", 한국언론학회, 「한국언론학보」 58(4), 42-69쪽.

김수아 · 이예슬(2017), "온라인 커뮤니티와 남성-약자 서사 구축", 한국여성학회, 「한국여성학」 Vol. 33 No.3, 67-107쪽.

김수아 · 최서영(2007), "남성 정체성(들)의 재생산과 사이버 공간", 한국여성커뮤니케이션학회, 「미디어, 젠더 & 문화」 Vol.8, 5-40쪽.

김엘리(2020), "20~30대 남성들의 하이브리드 남성성", 한국여성학회, 「한국여성학」 제36권 1호, 139-173쪽.

김학준(2014), 「인터넷 커뮤니티'일베저장소'에서 나타나는 혐오와 열광의 감정동학」, 서울대학교 대학원 사회학과 석사학위 청구논문.

김학준(2017), "웃음과 폭력", 『그런 남자는 없다: 혐오사회에서 한국 남성성 질문하기』, 도서출판 오월의봄.

마경희 · 문희영 · 조서연 · 김리나(2017), 『지배적 남성성의 균열과 변화하는 남성의 삶: 남성들 내부의 차이를 중심으로』, 서울: 한국여성정책연구원.

민가영(2018), "신자유주의 시대 10대 여성의 자기 보호와 피해", 『더 나은 논쟁을 할 권리』, 휴머니스트.

박은희 · 김수정 · 김예란(2006), 『사이버공론장의 성평등화 측정과 평가: '성평등화 저해 지표' 개발 및 활용』. 여성가족부 정책보고서.

배은경(2010), "연쇄살인 사건과 영화: 여성의 불안을 즐기는 사회", 한국사회사학회, 「사회와 역사」 Vol.0 No.88, 115-148쪽.

석승혜 · 장안식(2017), "극우주의의 프레임과 감정 정치: 언어네트워크방법론을 통한 일베커뮤니티 분석", 고려대학교 한국사회연구소, 「한국사회」 Vol.18 No.1,

3-42쪽.
손희정(2017), 『페미니즘 리부트: 혐오의 시대를 뚫고 나온 목소리들』, 서울: 나무연필.
신진욱(2022), 『그런 세대는 없다: 불평등한 시대의 세대와 정치 이야기』, 개마고원.
안상욱(2011), "한국사회에서 '루저' 문화의 등장과 남성성의 변화", 비판사회학회, 비판사회학회 학술대회 자료집, 37-62쪽.
엄기호(2017), "보편성의 정치와 한국의 남성성-루저에서 페미니스트까지-", 『한국 남성을 분석한다』, 서울:교양인.
엄진(2016), 「전략적 여성혐오와 그 모순: 인터넷 커뮤니티 '일간베스트저장소'의 게시물 분석을 중심으로」, 이화여자대학교 대학원 여성학과 석사학위 청구논문.
윤보라(2013), "일베와 여성 혐오", 진보평론, 「진보평론」 2013년 가을 제57호, 33-56쪽.
윤지영(2018), "디지털 매트릭스의 여성착취문법: 디지털 성폭력의 작동방식과 대항담론", 철학연구회, 「철학연구」 Vol.0 No.122, 85-134쪽.
윤지영(2018), "남성지배의 몸과 남근 이데올로기의 문제: 페니스 나르시시즘과 페니스 카르텔의 해체전략", 철학연구회,「철학연구」 No. 123, 137-185쪽.
이길호(2012), 『우리는 디씨』, 이매진.
이길호(2014), "'일베'를 어떻게 인지할 것인가", 참여연대 참여사회연구소, 「시민과 세계」 제25호, 244-256쪽.
이나영 · 허민숙(2014), "한국의 젠더폭력과 신자유주의 젠더질서: 담론과 실천의 재구성을 한 시론", 한국가족학회, 「가족과 문학」 제26집 4호, 58-90쪽.
이선옥(2015), "과학주의 시대-여성혐오라는 정동", 한국여성문학학회, 「여성문학연구」 제36호, 92-116쪽.
이현재(2016), "도시적 여성 혐오에 나타난 왜곡된 '인정'의 논리", 한국철학사상연구회, 「시대와 철학」 제27권 3호(통권 76호), 295-327쪽.
정성미(2005), "비정규직 여성근로자의 고용특징", 한국노동연구원, 「노동리뷰」 제12호, 45-55쪽.
정윤정(2017), "'약한 남성'의 표상과 지배적 남성성의 공모가 만드는 젠더 전략의 사회적 함의: 〈수컷의 방을 사수하라〉(XTM)를 중심으로", 한국여성커뮤니케이션학회, 「미디어, 젠더&문화(32권 1호)」, 75-123쪽.
정인경(2016), "포스트페미니즘 시대 인터넷 여성혐오", 한국여성연구소, 「페미니즘 연구」 Vol.16 No.1, 185-219쪽.
정희진(2017), "한국 남성의 식민성과 여성주의 이론", 『한국 남성을 분석한다』, 서울:교양인.
천관율 · 정한울(2019), 『20대 남자: '남성 마이너리티' 자의식의 탄생』, 시사IN북.
최태섭(2018), 『한국, 남자: 귀남이부터 군무새까지 그 곤란함의 역사』, 은행나무.

허라금(2000), "'남성성'에 관하여", 도서출판여이연,「여/성이론(2)」, 94-113쪽.

허라금(2018), "혐오 발화, 그 억압의 두 얼굴: '문화제국주의'와 '폭력'", 한국문화융합학회,「문화와 융합」 제40권 4호(통권 54집), 65-90쪽.

홍찬숙(2022),『한국 사회의 압축적 개인화와 문화변동』, 세창출판사.

황윤용 · 이기상 · 최수아(2015), SNS(social network service)활용에 대한 세대별 차이 연구, 한국산업정보학회, 한국산업정보학회논문지 20(1), 63-77쪽.

Beck, Ulrich(1986), Risikogesellschaft: auf dem Weg in eine andere Moderne, Frankfurt/M.: Suhrkamp,『위험사회 : 새로운 근대(성)을 향하여』, 홍성태 옮김, 서울: 새물결, 2006.

Chris Barker · Dariusz Galasiński(2001), Cultural Studies and Discourse Analysis, Sage Publications, Ltd,『문화연구와 담론분석』, 백선기 옮김, 서울: 커뮤니케이션북스, 2009.

Connell, R. W.(1995), Masculinities,『남성성들』, 안상욱 · 현민 옮김, 서울: 이매진, 2013.

Connell, R. W. and Messerschmidt, James W.(2005), Hegemonic Masculinity: Rethinking the Concept, Sage Publications, Inc., Gender and Society, pp. 829-859.

Connell, R. W. and Rebecca Pearse(2015), Gender: In World Perspective, 3E, Polity Press, Cambridge, UK,『젠더』, 유정미 옮김, 현실문화, 2021.

Dee L.R. Graham · Roberta K. Rigsby · Edna I. Rawlings(1994), Loving to survive : sexual terror, men's violence, and women's lives, New York Universtity Press,『여자는 인질이다』, 유혜담 옮김, 인천 : 열다북스. 2019.

Dines, Gale(2010), Pornland, Beacon Press,『포르노랜드』, 신혜빈 옮김, 열다북스, 2020.

Dworkin, Andrea.(1989), Pornography: Men Possessing Women, New York: Dutton,『포르노그래피: 여자를 소유하는 남자들』, 유혜련 옮김, 서울: 동문사, 1996.

Emcke, Carolin(2016), Gegen den Hass, S. Fischer Verlag, Frankfurt am Main,『혐오사회』, 정지인 옮김, 서울: 교보문고, 2017.

Foucault, M.(1972), The Archaeology of Knowledge, New York: Pantheon,『지식의 고고학』, 이정우 옮김, 서울: 민음사, 2020.

Fengqing Chao, Patrick Gerland, Alex R. Cook, Leontine Alkema(2019), "Systematic assessment of the sex ratio at birth for all countries and estimation of national imbalances and regional reference levels", PNAS vol.116 (no.19) pp.9303-9311.

Kate Manne(2020), How Male Privilege Hurts Women, c/o BAROR INTERNATIONAL, INC., Armonk, New York, U.S.A.,『남성 특권』, 하인혜 옮김, 오월의봄, 2021.

Kristeva, Julia(1980), Pouvois de l'horreur, Editions du Seuil, Paris,『공포의 권력』, 서

민원 옮김, 동문선, 2001.
Martha C. Nussbaum(1995), Politic Justice: The Literary Imagination and Public Life, Kungree Press Co, 『시적 정의』, 박용준 옮김, 궁리출판, 2013.
Millett, Kate(1971), Sexual politics, London: Hart-Davis, 『성 정치학』, 김전유경 옮김, 서울: 이후, 2009.
Nussbaum, M.(2004), Disgust, Shame and the Law, Princeton University Press, 『혐오와 수치심』, 조계원 옮김, 민음사, 2015.
Sunstein, Cass R(2009), Going to Extremes: How Like Minds Unite and Divide, New York:Oxford University Press.
Rubin, Gayle(1975), "The traffic in women: notes on the "political economy" of sex", in Toward an Anthropology of Women, ed. Rayna R. Reiter. New York: Basic Books.
Russell, Diana E. H. and Jill, Radfordl(1992), Femicide: The Politics of Woman Killing, Twayne Puplishers, 『페미사이드: 여성혐오 살해의 모든 것』, 전경훈 옮김, 책세상, 2018.
Young, Iris Marion(1990), Justice and the Politics of Difference, Princeton University Press, 『차이의 정치와 정의』, 김도균 · 조국 옮김, 서울:모티브북, 2017.
Young, Iris Marion(1997), "Is Male Gender Identity the Cause of Male Domination?" in Diana T. Meyer ed., Feminist Social Thought: A Reader, Routledge.
Young, Iris Marion(2011), Responsibility for Justice, Oxford University Press, 『정의를 위한 정치적 책임』, 허라금 · 김양희 · 천수정 옮김, 이화여자대학교출판문화원, 2018.
上野千鶴子(2012), 女ぎらい : [ニッポンのミソジニー], 『여성혐오를 혐오한다』, 나일등 옮김, 서울: 은행나무.

기타 자료집

경기도교육연구원(2015), 중고등학생의 맹목적 극단주의 성향에 대한 연구: 일베 현상을 중심으로
국가인권위원회(2012), 대학교 성희롱 성폭력 실태조사 결과 발표 관련 보도자료

뉴스기사

MBC 뉴스데스크. 2020.03.26. ['새끼손가락 든 사진' 인증…'일베'가 괴물 키웠나]
미디어스. 2020.03.27. [MBC '일베가 괴물 키웠나' 보도 적절했나]
한국일보. 2020.3.23. ["n번방 연관 공작 가만 두지 않겠다" 일베 게시물 욕설 논란]
주간조선. 2019.10.28. [그래도 일베가 주목받는 이유, 창간특집 집중분석 | 커버스토리: 대한민국 여론 움직이는 6대 온라인 커뮤니티]

한겨레. 2019.12.18. [일본 '미투 운동' 상징 이토 시오리 법정 승리]
허프포스트코리아. 2020.3.25. [일본 '쿠투(KuToo)' 운동이 임신해도 힐 신으라던 일본항공 규정을 바꿨다]
한겨레. 2018.12.26. [여친 불법촬영 인증 일베 13명 검거 "등급 올리고 싶어서…"]
한계레. 2018.12.17. [문 대통령 국정지지율 48.5%…20대 남성 29.4% 최저]
서울신문. 2019.2.20. [팩트 체크: 'https 차단' 정책 5대 검증]
경향신문. 2018.8.31. [노인 나체사진 촬영 · 유포한 서초구 직원…직위해제]
세계신문. 2019.7.8. ['불법촬영 혐의' 입건 김성준, "몰카 규제하려면 가해자 엄벌해야" 발언 재조명]
한겨레. 2020.3.28. [처벌받지 않은 소라넷의 후예가 '박사들'이 됐다]
국민일보. 2020.6.3. ['승리 동업자' 유인석 전 대표 "성매매 알선 · 횡령 모두 인정"]
JTBC. 2020.7.2. [최종범 2심서 징역 1년…구하라 오빠 "원통하고 억울"]
한겨레. 2020.3.25. [당신이 모르는 'n번방' 폭로의 진짜 공로자들]
국민일보. 2019.12.27. [몸캠 피싱, 남자의 적은 남자?… 피의자 '男 · 20대 · 회사원' 최다]
연합뉴스. 2020.4.4. [몸캠피싱 피해 남성 "죽을만큼 괴로웠다…성착취물 피해 여성 공감"]

영상자료

닷페이스. 2020.1.3. 〈성진국의 진실〉 ep.1 '내가 좋아서 AV 배우가 된 거라고?'
닷페이스. 2020.2.4. "N번방 사건 정리 | 성범죄자 수만명이 모여있는 텔레그램방이 있다"

웹페이지

일간베스트 저장소 www.ilbe.com/
DSO www.dsoonline.org
시밀러웹 www.similarweb.com
통계청 www.kostat.go.kr
디시위키 www.wiki.dcinside.com
PAPS www.paps.jp
에브리타임 everytime.kr

'청년 세대' 담론의 비판적 재구성
젠더와 섹슈얼리티를 중심으로*

정 성 조

1. '청년 세대' 담론의 재부상과 위기

경제 위기 이후 변화한 노동시장 하에서 한국의 청년 세대는 '88만원 세대'나 'N포 세대', '흙수저'로 쉽게 이해되어 왔다. 이른바 결혼이나 출산, 내 집 마련을 포함하여 좋은 삶 자체에 도달하지 못할 것이라고 비관하는 세대의 등장이다.[1] 그러나 1997년 외환위기 이후 불평등의 심화가 단지 청년 세대만의 문제는 아니었다는 점을 고려하면 '청년 세대' 담론을 비판적으로 바라보게 된다. 특히 '청년 세대' 담론이 청년 내부의 다양성이나 차이보다는 보편화하는 방식으로 전개된다면 그 정치적 효과는 재고될 필요가 있다. 이 글은 '청년 세대'의 위기라는 담론은

* 이 글은 2019년에 게재된 논문을 일부 수정한 것이다. 정성조. 2019. 「'청년 세대' 담론의 비판적 재구성: 젠더와 섹슈얼리티를 중심으로」. 『경제와사회』, 123: 12-39.

1 중앙일보. 2015.4.30. "2030세대 80% 5포가 아니라 7포 세대예요." https://news.joins.com/article/17708129.

어떠한 국면에서 펼쳐지며 그 구체적인 내용은 무엇인지, 그리고 그러한 담론을 요구하는 사회적·정치적 조건은 무엇인지 살피는 것을 목표로 한다. 이처럼 '청년 세대' 담론을 맥락화하는 작업은 청년의 모습이 어떻게 이해되고 있는지 밝히고 이를 가능케 하는 조건을 검토하면서 '청년 세대' 담론을 비판적으로 재구성하려는 시도이다.

우선, 이 글에서는 '청년 세대' 담론을 크게 세 가지 위기에 대한 반응으로 이해한다. 첫 번째는 물론 청년 세대가 직면하고 있는 경제적 위기다. 청년 세대에 관한 연구의 압도적 다수가 일자리와 빈곤화에 관한 연구라는 점은 그 심각성을 반영한다(김선기 외, 2016: 16). 그러나 노동시장의 변화와 그에 따른 불평등의 심화에 세대를 중심으로 접근하는 것이 적절한지는 다소 논쟁적이다. 한편에는 세대갈등 프레임이 언론과 정치권에 의해 조장되고 과장된 측면이 있기는 하지만, 실제로 세대가 불평등을 강화하는 구조적 역할을 하게 되었다는 주장이 있다(이재경, 2018; 전병유·신진욱, 2016). 반면 '88만원 세대'와 같은 담론이 '세대 간' 격차를 강조하는 것과 달리 실제로는 '세대 내' 격차가 더 크며, 따라서 세대 내 격차의 심화와 계급 불평등에 더욱 주목해야 한다는 주장도 존재한다(신광영, 2009). 이러한 논쟁을 단순히 계급이냐 혹은 세대냐 하는 이분법적인 구도로 단순화할 수는 없다. 이철승(2019)은 이른바 386세대[2]가 제도정치와 기업조직 및 노동시장 두 영역에서 전·후 세대와 비교해 압도적인 점유율을 차지해온 과정을 분석하면서, 구조적 노동시장의 불평등 하에서 발생하는 세대 간 불평등에 대한 책임을 직면

2 물론 세대 명칭과 관련하여 386세대라는 명칭은 다소 문제가 있다. 80년대에 대학진학률이 그리 높지 않다는 점을 고려하면 386세대라는 명칭은 코호트 내 특정 집단, 즉 엘리트들이 세대를 과잉대표해 왔다는 점을 잘 보여준다(고길섶, 2010).

해야 함을 주장한다.[3] 즉, 경제 위기 이후 계급과 세대가 어떻게 맞물려서 불평등을 심화시켜 왔는지 밝히는 것은 여전히 핵심적인 연구 과제로 남아 있다.

두 번째로 '청년 세대' 담론은 특정한 정치적 위기 국면에서 부각된다. 특히 정치인들은 청년 세대의 낮은 투표율과 이들의 보수화를 우려하며 정치적 각성을 촉구하거나 비난하는 등 청년 세대를 적극적으로 호명해 왔다.[4] 문재인 정부에 대한 20대 남성의 지지율 하락과 반(反)페미니즘 경향이 맞물리면서 '소외된 20대 남성'에 주목해야 한다는 담론은 이러한 흐름의 반복이다. 물론 기성세대의 정치적 필요에 의한 '청년 세대' 담론이 실제로는 청년 세대의 정치적 필요를 오롯이 반영하지 못하리라는 점은 분명하다. 예를 들어 '청년 세대'에 대한 기사의 발화 주체는 91.4%가 기성세대였고, 여기에서 청년 세대는 대개 "해석의 대상이 되는 객체로서"만 다루어지고 있다(김선기, 2016: 46). 나아가 이재경(2018)은 외환위기 이후 청년 문제가 사회적 담론으로 등장했음에도 불구하고 실제로 이루어진 정책적 방향은 오히려 세대 갈등을 조장하고 청년들에 대한 기성세대의 약탈을 허용하는 것이었다고 비판한다. 렌트를 추구하는 기성세대의 표를 잃지 않기 위해, 청년 세대를 위한 부동산·주거 정책마저 대출이나 보증금 등의 우회적 방식을 통해 기성

3 물론 이철승(2019) 스스로 인정하듯 세대 내 차이, 즉 386세대의 하층 빈곤 계급에 대한 분석이 적절하게 포함되지 못한 것은 해당 연구의 한계라고도 할 수 있다(40). 그러나 특정 세대의 정치적, 경제적 장기 점유가 아래 세대에 대한 불평등의 구조적 조건이 되어 왔다는 점을 드러냈다는 점에 있어서 그러한 한계는 결정적이라고 보기 어렵다.

4 2000년대 초의 이른바 '20대 개새끼론'은 시기별로 그 모습을 바꾸며 반복되어 왔다. 최근에는 현 정부에 대한 20대 남성의 지지율이 낮아지자 한 여당 의원이 "이분들이 이명박·박근혜 정부 시절 학교 교육을 받았는데, 그때 제대로 된 교육이 됐을까"라고 언급해 논란이 되기도 하였다. 경향신문. 2019.2.25. "'20대 청년 비하' 뭇매… 여당, 자중지란."

세대에게 이전되고 만다는 것이다(이재경, 2018: 36). 즉, 현상으로서 '청년 세대' 담론은 그 자체로 청년 세대가 정치적으로 소외되는 과정을 일정 부분 반영한다.

마지막으로 '청년 세대' 담론은 그 자체로 사회적 재생산이 위기에 처했다는 징후이기도 하다. 이때 사회적 재생산이란 노동 단위로서 핵가족의 재생산을 포함하여 "사람들의 일상적·사회적·정서적·도덕적·육체적·세대적 재생산이 요구되는 다양한 활동과 행위, 책임과 관계 등"을 포괄한다(이진옥, 2012: 76). 한국 사회에서 이러한 사회적 재생산의 비용은 국가나 사회보다는 개별 가족에 전가되어 왔으며, 이는 대체로 여성의 책임이었다. 그렇다면 경제 위기 이후 결혼과 가족 등이 불가능한 미래로 상상되는 청년 세대에게 이러한 '젠더화된' 사회적 재생산은 어떤 의미가 있는가? 특히 젠더가 최근 사회적 갈등의 원인으로 표면화되는 과정에서 청년 세대 내부의 긴장이 핵심적이었다는 점에서, 이 글은 '청년 세대' 담론을 사회적 재생산의 위기의 징후로 이해하고자 한다.

그런데 '청년 세대' 담론이 위기에 대한 반응이라고 할 때 사회적 재생산의 차원은 앞선 두 가지 차원과 다소 괴리된 채 논의되고 있다. 2018년 말, 문재인 정부에 대한 20대 남성의 지지율이 눈에 띄게 하락하면서 정치권은 이들의 정치적 필요에 주목하기 시작했다. 흥미로운 사실은 정부에 대한 지지율이 20대 내에서 성별에 따라 두 배 가까이 차이가 난다는 점이다.[5] 이에 대통령 직속 정책기획위원회는 20대 남성의 지지율 하락이 페미니즘 운동의 강화나 성평등 정책의 반작용이라며, 20대 여성이 집단이기주의 집단으로 급부상했다는 보고서를 내놓

5 한국갤럽 데일리 오피니언 제346호. 2019년 3월 3주(19~21일) 결과 참조.

아 논란을 일으키기도 했다.[6] 그러나 젠더가 '갈등'이나 '문제'로 부상하는 상황은 오히려 지금까지 경제적 불평등 문제와 정치적 보수화에만 집중했던 '청년 세대' 담론의 사각지대를 가늠케 한다. 이를테면 최근 비혼·비출산을 선언하는 청년 여성 집단의 등장은 '청년 세대' 담론에서 젠더가 왜 그리고 어떻게 문제가 되는지 적절하게 보여준다. 이러한 맥락에서 조은주(2018a)는 '저출산'이 "문제 자체 혹은 문제의 원인이 아니라 문제가 가져온 효과, 문제가 불러일으키는 증상"이라고 지적하며 이성애 정상가족을 도구로 삼는 통치성이 위기에 봉착했다고 진단한 바 있다(124). 나아가 '청년 세대' 담론이 구조적 젠더 불평등을 남녀 갈등의 차원으로 단순화하는 논의 지형에 붙들려 있다면 그 정치적 전망이란 도대체 누구를 위한 것인지 되묻게 된다.

따라서 "어떤 '청년 세대'인가?"하는 질문을 제기할 필요가 있다. 푸코(2016)의 표현대로 '청년 세대'를 둘러싼 지식-담론과 권력이 어떻게 현재의 통치를 수용 가능한 것으로 정당화하고 있는지 비판적으로 바라볼 필요가 있는 것이다. 이 글은 '청년 세대' 담론이 실제 2-30대 청년들이 겪고 있는 경제적 곤궁함을 반영하지만, 구체적으로는 특정 정치 세력의 필요에 의해 부각되며, 그 과정에서 사회적 재생산의 위기 및 젠더 불평등 문제가 충분히 통합되어 논의되지 못했다고 비판한다. 공정성의 논리를 따라 작동하는 '청년 세대' 담론은 마치 젠더 자체를 갈등 요소인 것처럼 부각시키면서 다층적인 불평등의 요소를 은폐한다. 대개 남성의 얼굴을 한 청년 세대의 경제적 위기에 주목하는 논의 속에서 청년 여성과 사회적 소수자의 목소리는 배제된다. 특히 군대는

6 한겨레. 2019.2.27. "페미니즘 무장한 20대 여성은 집단이기주의"라는 대통령 직속 정책기획위. http://www.hani.co.kr/arti/society/women/883750.html.

젠더 불평등을 공정성의 문제로 치환하면서 젠더 불평등과 규범적 남성성을 지속시키는 데 핵심이 된다. 이러한 문제의식 하에 이 글은 젠더와 섹슈얼리티를 중심으로 '청년 세대' 담론을 비판적으로 재구성할 것을 주장한다. 이는 '청년 세대' 담론에서 청년이란 누구이며, 여기에서 누가 소외되고 있는지, 그리고 이를 은폐하는 타자화 과정은 무엇이었는지 밝히는 일이다.

2. 청년 여성과 페미니즘의 대중화

1) 페미니즘의 재부상과 정치적 비/가시화

카를 만하임(2013)은 "역사적-사회적 통일성이라는 공동 운명에 대한 참여"가 세대 위치에 있는 개인들을 실제 세대로 구성한다고 보았다(64-65). 이러한 정의가 정치적-사회운동적 맥락을 지나치게 강조한다는 비판을 거꾸로 읽어보면, 최근 한국 사회에서 페미니즘을 빼놓고 '청년 세대'를 논하는 것은 이상한 일이다. 한국여성정책연구원이 2018년에 실시한 조사에 따르면 20대 여성의 48.9%는 자신이 페미니스트라고 응답했다.[7] '페미니즘 리부트', '영-영 페미니스트' 혹은 '자생적 페미니즘'이라고도 불리는 이 '메갈리아' 세대는 '강남역 사건' 이후 '검은 시위'와 '촛불 집회', '혜화역 시위' 등을 거치며 광장에서 집단적 저항을 실천해 왔다(김리나, 2017; 김보명, 2018; 김수아 · 김세은, 2016; 김홍

7 경향신문. 2019.1.15. "20대 여성 절반 '나는 페미니스트'…남녀 모두 성차별 문제 큰 관심." http://news.khan.co.kr/kh_news/khan_art_view.html?artid=201901151428001&code=940100.

미리, 2017; 나영, 2017; 손희정, 2017; 윤지영, 2015; 이나영, 2016; 정용림, 2017). 즉, 이들은 하나의 정치적 세대를 구축하고 있다. 장민지(2016)는 '디지털 네이티브 세대'가 온라인에서 일상적 여성혐오와 젠더 불평등을 목도하면서 페미니스트 주체로 이미 성장하고 있었음에 주목한다. 더불어 이나영(2016)은 일상적인 공간에서 발생한 '강남역 살인사건'이 여성들에게 일상에 잠재해 있던 위험을 환기하고, 그들이 공유하는 불안과 고통이 개인적인 것이 아니라 정치적인 것임을 인식하도록 만들었다고 주장한다. '강남역 살인사건'은 "부당한 죽음에 대한 애도를 통해 삶의 정치화를 새롭게 구축하려는 시도"로서 청년 여성들이 자신의 삶과 시대의 불화를 적극적으로 사유하면서 페미니스트 주체로 집단적인 각성을 가능하도록 만들었다는 것이다(이나영, 2016: 175).

그러나 이들 청년 여성, 새로운 페미니스트 세대의 등장은 경제적 위기를 중심으로 하는 '청년 세대' 담론에 적절하게 통합되지 못하고 있다. 오히려 최근 '청년 세대' 담론은 '지나친' 페미니즘 경향에서 '소외된' 청년 남성들의 목소리에 주목해야 한다고 주장하는 것처럼 보이기까지 한다. 이러한 간극은 '청년 세대' 담론이 응답하고자 했던 '위기'란 도대체 무엇이었는가 반문하게 한다. 즉, 2-30대 여성들의 집단적 실천과 저항은 왜 '청년 세대'라는 담론으로 포착되지 못하고 있는가? 이는 '안티 페미니즘'의 깃발을 내세워 20대 남성만을 적극적으로 호명하는 일부 극우 정치인만의 이야기는 아니다. 김선기 외(2016)는 청년 세대에 관한 연구 216건 가운데 젠더 권력 관계를 연구 질문에 담고 있거나, 분석에 있어서 젠더를 진지하게 포함하고 있거나, 그것도 아니라면 최소한 청년 세대 내부의 젠더 차이에 주목하고 있는 연구를 모두 더해도 25건(11%)에 불과하다고 분석한다(95). 대다수 연구에서 여성과 남성의 차이는 간략한 기술로 축소될 뿐만 아니라(97), 근대적 가족 질서가 무너지는 가운데 나타나는 청년 남성의 위기는 '청년'의 위기로 의미화되지만 청년 여성의 위기는 '여성'의 문제로만 의미화되고 있다는 점은 '청년 세대' 담론의 젠더 편향 방식을 보여준다(99). 더불어 김선기 외(2016)의 연구 또한 마찬가지로 '청년'만을 분석 키워드로 삼으면서 "청년 세대의 정치 및 사회운동에 관한 연구"에 청년 여성들의 페미니스트 운동에 대한 연구를 전혀 포함하지 못한 것은 그 자체로 사회과학적 지식 체계가 '청년'과 '여성'을 분리해온 방식을 반영한다고도 할 수 있다.[8]

청년에서 여성이 삭제되는 경향은 몰젠더적인 '청년 세대' 담론을 가능하게 하는 지식-권력 체계가 어떤 효과를 발생시키는지, 그리고 오늘날 청년 여성의 실천을 어떻게 재의미화할 수 있을지에 대해 질문하게 한다. '청년 세대' 담론은 페미니스트 실천을 경제적 어려움과 다소 떨어져 있는 문화적 인정의 문제로, 즉 '청년'이 아니라 '여성'의 문제로 배치한다. 그러나 김보명(2018)이 지적하듯 근래의 페미니즘 재부상은 "단지 정치적 대의"에 의한 것이나 "문화적 저항"만은 아니다(131). 오히려 새로이 등장한 페미니스트 세대에게 "페미니즘은 불평등하고 때로는 위험한 후기 자본주의 사회에서 여성으로서 살아가는 데 필요한 언어, 자원, 전략으로 접근되고 또 실천"이라고 할 수 있다(131-132). 그러

8 이는 해당 연구가 '페미니즘 리부트'와 동시기에 진행되었기 때문만은 아니다. 2000년대에 활발히 진행되었던 이른바 영페미니스트에 대한 수많은 논의 또한 청년과 사회운동이라는 범주로 적절하게 포착되지 않아 왔다. 이러한 몰젠더성 혹은 남성중심성은 단지 '청년 세대' 연구에 한정되는 문제만도 아니다. 많은 페미니스트는 이른바 '객관적 지식' 자체에도 젠더 편향이 존재할 수 있다며 인식론적 성찰을 요청한다(Haraway, 1988; Hartsock, 1983; Narayan, 2004; 하딩, 2009).

한 의미에서 여성 청년의 페미니스트 저항은 '청년 세대' 담론이 주목했던 청년 세대의 경제적 곤궁함과 삶의 위기에 조응하면서도 동시에 이를 초과한다.

청년 여성들은 자신이 노력해도 직장 내 승진에서의 불평등이나 경력단절 등의 미래가 노정되어 있음을 누구보다 잘 인식하고 있다. 더불어 외환위기 이후 신자유주의화로 인한 노동시장 개편이 청년 남성에게 더욱 불리하게 작용했다는 사실도 허구에 가깝다. 여성의 경제활동 참여가 늘어난 것은 사실이지만, 여전히 여성은 남성보다 안정적인 직장을 구하는 비중이 현저히 낮을 뿐만 아니라 더 많은 비취업 상태에 놓여 있는 등 젠더 격차는 지속하고 있다(이상직 · 김이선 · 권현지, 2018). 경력단절 이전의 청년 여성은 남성에 비해 그래도 유리한 지점에 서 있다는 일부 남성들의 반론 또한 사실이 아니다(김창환 · 오병돈, 2019). 이런 상황에서 출산과 양육, 가사의 책임을 거의 전적으로 짊어져야 하는 결혼은 결코 합리적인 선택이 될 수 없음에도 불구하고, 모순적으로 남성보다는 여성에게 결혼을 강제하는 정상성의 구조 또한 지속하고 있다(이순미, 2017).[9] 여성들이 낙태를 고려했거나 실제로 한 이유 가운데 가장 큰 비중을 차지하는 부분이 '경제적 준비가 되지 않아서'(29.7%)와 '계속 학업과 일을 해야 해서'(20.2%)였다는 점은 그리 놀랍지 않다. 낙태하지 않고 원치 않은 임신을 유지한 삶 속에서 여성들은 '하던 일을 그만두어야 했고'(36.3%), 자신의 '꿈을 포기하고'(21.6%), '결혼을 했다.'

9 일례로 'N포 세대'가 포기한 결혼은 여성과 남성 청년에게 다른 이유에서 기인한다. 남성의 경우 결혼에 대해 우려하는 가장 큰 이유는 주로 경제적 부담이었으나, 여성은 출산과 양육, 가부장적 가족관계에 대한 불안을 꼽았다. 한국일보. 2017.2.25. "비혼 선택 왜?…남 '경제적 부담' 여 '가부장제'" http://www.hankookilbo.com/News/Read/201702250469771811?NClass=SP02.

(35.7%)(한국여성정책연구원, 2018).

이때 낙태는 단지 여성의 자기 결정권과 같은 인정의 문제이기만 한가? 오히려 낙태는 '여성'으로서의 삶이 '청년'으로서 겪는 경제적 문제와 조금도 분리되지 않는다는 점을 분명하게 한다. '청년 세대' 담론이 일자리나 빈곤화와 같은 문제에 주력하면서도 청년 여성의 경험과 관점을 단지 '여성'의 문제로 주변화해 온 것과 달리, 재생산권을 둘러싼 청년 여성의 집단적 저항과 실천은 이들이 처한 삶의 위기를 생산과 재생산, 분배와 인정이라는 이분법적인 구도로 이해하려는 시도 자체가 문제가 있음을 보여준다. 조은주(2018a)는 "안정적인 고용이나 성평등, 사회 구성원 모두의 안녕과 복지"를 모두 저출산 문제 해결을 위한 수단으로 환원시키는 경향을 비판하며, 이미 망가져 버린 이성애 정상가족 모델을 부여잡고 있는 통치성의 위기와 균열을 직면해야 함을 주장했다(124-125). 이처럼 젠더와 섹슈얼리티의 부정의를 향한 청년 여성들의 투쟁은 따라서 '경제적인 것'에 대한 종전의 이해를 더욱 확장한다. 다시 말해 젠더와 섹슈얼리티가 물적 생활의 일부가 되는 까닭은, 단순히 이것이 성적 노동 분업에 복무하기 때문만이 아니라 규범적 젠더가 규범적 가족의 재생산에 복무하기 때문이다(버틀러, 2016: 83).

2) 사회적 재생산의 위기와 청년 여성 정치

직장 내 성희롱·성폭력에서부터 낙태죄 폐지에 이르는 다양한 페미니즘의 의제는 단지 성차에 따른 문화적 지위나 인정의 문제가 아니라, 여성의 사회경제적 지위 및 분배 부정의와 통합적으로 논의되어야 한다. 그러나 앞서 살펴본 것처럼 페미니즘의 의제는 대개 '여성'에 관한 것으로만 이해되면서 그것이 '청년 세대'의 문제임이 탈각되어 왔다. 청년 여성의 저항을 '여성'의 문제로만 축소하는 관점의 가장 큰 문제는 한국 사회가 당면한 위기가 사회적 재생산의 위기라는 점을 적절하게 포착하지 못하도록 만든다는 데 있다.

조은주(2018b)는 오늘날 한국 사회의 통치성이 1960년대 가족계획 사업을 중심으로 한 '정상가족' 이데올로기와 합리적 통치 모델로 거슬러 올라간다고 분석한다. 당시부터 가족은 통치의 맥락에서 '노동하는 주체'로서의 가부장과 '노동력을 재생산하는 주체'로서 가정주부라는 "이중적인 정상화 · 성별화된 주체화의 메커니즘"의 역할을 담당해 왔다는 것이다(277). 이때 이중적인 주체화 과정은 이미 많은 여성이 저임금 경제활동에 참여하고 있었다는 점에서 허구적인 규범에 기대고 있었다. 그러나 이 허구적인 규범은 여성의 섹슈얼리티에 자율성을 부여하는 낭만적 사랑과 함께 강력한 힘을 발휘했고, '정상가족' 이데올로기의 확립은 여성의 주체성을 가족과 남성, 그리고 노동 속에서 발견하도록 만드는 개인화 프로젝트로 기능했다(257). 그 결과로 구축된 이성애 핵가족 모델은 사회적 재생산의 비용을 가족, 그중에서도 여성에게 전가하면서 불평등을 지속해 왔다(이진옥, 2012).

문제는 이러한 통치성이 더는 작동하기 어려운 지경에 이르렀다는 점이다. 저성장의 지속과 함께 노동시장과 가족의 이중적인 젠더 불평등의 구조 속에서 여성들은 점점 이성애 '정상가족'에 편입되기를 거부한다. 김순남(2016)은 한국 사회에서 비혼이 삶의 양식으로서 지속 가능한지 질문하며, 정상성과 쟁투하는 비혼 여성의 삶에 주목한다. 젠더화된 '정상적' 생애 모델은 끊임없이 이들의 삶을 옥죄어 오지만, 다른 한편으로 이들은 '자발적' 비혼의 지속 가능함을 스스로 증명하며 통치의 바깥에서 대안적 삶을 구성한다. 그런 의미에서 비혼은 'N포'의 포기가 아니라, 여성의 몸을 국가의 통치의 대상으로 삼는 것을 거부하는 능동적인 실천으로 자리매김한다. 정민우와 이나영(2011)도 비슷하게 청년 세대에게 부과된 '독립'의 서사와 그 속에 노정되어 있는 규범적인 삶의 경로, 즉 '정상적인' 생애 과정과의 경합 내지 불화에 주목한다. 이는 이성애 가족을 중심으로 조직되는 "지배 원리로서의 규범적 시공간성"과 그에 따른 제도적 장치가 규범적 가족을 민족의 과거 및 미래와 연결하면서 "규범성 밖에 존재하는 이들은 '미성숙'하고 '위험한' 병리적 존재들로 배치"하는 재생산적 시간성에 대한 비판을 요청한다(정민우 · 이나영, 2011: 112). '청년 세대' 담론이 이와 같은 문제에 주목하지 않는다면 결국 특정한 삶의 방식을 특권화하고, 규범에서 벗어난 존재를 배제하는 불평등의 구조를 지속하는 데 복무하면서도, 그것이 마치 미래지향적이라고 호도할 위험에 빠지기 쉽다는 것이다.

청년 여성들의 문제 제기가 사회적 재생산의 위기를 드러낼 뿐만 아니라, 그 자체로 능동적이고 주체적인 정치적 실천이라는 점은 특히 중요하다. 여성의 몸이 구조적인 젠더 불평등이 작동하는 공간임은 성별화된 섹슈얼리티(gendered sexuality)라는 관점에서 더 극적으로 드러난다. 성폭력에 저항하는 여성들의 실천은 젠더 불평등을 재생산하는 국가와 법, 그리고 정치에 대한 문제를 본격적으로 제기한다. 반성폭력 페미니스트 실천은 여성의 일상적 삶 속에 만연해 있는 남성의 성폭력 문화를 고발하면서 동시에 여성의 몸이 갖는 '취약성'을 집단적 저항의 기반으로 재전유한다(채석진, 2018: 112). 이때 불법 촬영과 성희롱 · 성폭력 문제를 제기하는 청년 여성들이 일견 생물학적 환원주의로 돌아가는 것처럼 집합적인 '여성'을 호명하는 현상을 단지 급진 페미니즘의 때늦은 유행이라거나 본질주의적 정체성 정치의 발현으로만 볼 수는 없다. 페미니스트 범죄학자들은 스스로 중립적이라고 주장하는 법이 사실상 여성과 남성을 다르게 대우해 왔다고 비판해 왔다(Fox, 2000; 벨크넵, 2009). 특히 법이 의존하고 있는 '성별'에 따른 고정관념은 사법 과정과 무관하지 않다. 전형적인 '피해자다움'에서 벗어나는 여성은 피해를 제대로 인정받지 못하며(허민숙, 2017), 법은 구체적인 성/폭력 행위를 개별화하면서 이것이 구조적인 젠더 폭력의 문제임을 비가시화하는 역할을 해왔다(신상숙, 2018). 이는 법이 납작한 '여성' 정체성을 강요하고 있는 것임을 역으로 보여주지만, 동시에 취약한 여성의 몸에 기반한 공통의 경험을 부정의한 젠더 구조에 대한 저항으로 승화시키는 힘이 되기도 한다(추지현, 2016). '혜화역 시위'에서 '여성' 범주를 앞세운 것은 따라서 문제의 원인이 아니라 결과이자 효과로 이해될 필요가 있다. 즉, 반성폭력 저항은 단순히 개별 여성의 성적 자기 결정권의 차원을 넘어, 남성이 여성의 몸을 폭력적으로 점유하면서 여성에게서 좋은 삶의 가능성을 박탈하고, 나아가 사법체계, 즉 국가가 이를 눈감거나 조장하고 있는 구조적 불평등에 대한 집합적 저항으로 자리매김한다.

청년 여성들의 집단적 실천과 저항은 '청년 세대' 담론이 주목했던 남성-분배 중심적인 청년 세대의 경제적 위기를 훨씬 초과한다. '청년 세대' 담론이 비판적인 논의로 기능하기 위해서는 이와 같은 도전에 주목해야 한다. 청년 여성이 쟁투하고 있는 삶의 위기는 분배와 인정의 이분법을 가로지르며, 특히 이성애 정상가족을 도구로 삼는 통치성에 위기가 도래했음을 폭로하고, 젠더 편향적인 국가와 법, 그리고 정치에 대한 근본적인 도전을 제기한다. 물론 대안적인 논의가 단지 분석 대상의 하나로서 '여성'을 추가하는 것이어서는 곤란하다. '청년 세대' 담론에서 젠더에 주목한다는 의미는 단지 '여성'에 대한 분석이 아니라, 젠더가 발생시키는 구조적 불평등에 대한 분석과 비판을 요청한다. 또한, 이와 같은 비판은 기실 '청년 세대' 담론의 보수성, 즉 이성애 규범적이고 남성 중심적인 재생산적 시간성을 넘어서 대안적인 삶의 양식을 어떻게 지속 가능하게 만들 수 있을지에 대한 논의를 포함해야 한다.

3. 청년 남성과 헤게모니적 남성성의 균열

1) 청년 남성과 젠더화된 세대 게임

앞서 살펴본 것처럼 '청년 세대' 담론은 오랫동안 청년 남성의 위기에만 주목해 왔다. 그런데 그 양상이 최근 독특하게 변하고 있다. '청년 세대' 담론에서 젠더가 비가시화되어 왔던 것과 달리 이제 젠더는 하나의 '전선'이 되었다. 오랫동안 변주되어 온 "20대는 정말 보수화되고 있는가?" 하는 질문은 이제 "20대 남성은 안티 페미니스트인가?"로 변화했다. 앞선 장에서 살펴본 청년 여성들과 달리, 최근 20대 남성들이 '안티 페미니스트' 혹은 '마이너리티 남성 정체성'으로 거듭나고 있다는 징후가 포착되고 있기 때문이다.[10] 이들은 페미니즘을 '여성우월주의'라고 평가할 뿐만 아니라, 이제 여성차별이 아닌 남성차별이 심각한 문제라고 주장한다. 또한 여성과 남성의 동등한 지위보다는 여성만을 위한 페미니즘에 동조하는 현 정부가 지나치게 여성 편향적인 정책을 펼치고 있다는 것이다. 청년 여성들이 페미니스트로서 하나의 정치적 세대

10 시사IN. 2019.4.16. 604호 커버스토리 "20대 남자 그들은 누구인가?".

를 구성한 것처럼 이들 또한 그 반대편에 또 다른 정치적 세대를 이루고 있는 것일까?

이때 헤게모니적 남성성(hegemonic masculinity)과 복수의 남성성/들(masculinities)이라는 접근을 통해 청년 남성 내부의 이질성과 다층성을 분석하는 작업이 이미 수년간 진행됐다는 점을 환기할 필요가 있다(권김현영 외, 2017; 엄기호, 2017; 오찬호, 2016; 최태섭, 2018; 코넬, 2013; 허윤·손희정 외, 2017). 반페미니즘적이고 '찌질한' 청년 남성들의 등장은 남성성 연구의 흐름에서 볼 때 새로운 현상이 아니다. 물론 사회적 조건과 페미니스트 운동의 전개에 따라 남성성 또는 청년 남성의 반응 또한 달라질 수 있다. 그러나 마치 청년 남성의 반페미니즘을 전혀 새로운 현상으로 묘사하면서 이것을 심각한 사회적 문제로 부각하는 담론 지형이나 논의 방식은 다소 뜬금없거나 새삼스러운 측면이 없지 않다. 이러한 문제의식 하에 이 글에서는 청년 남성의 반페미니즘 경향이 정치화되는 과정과 그 효과에 주목하고자 한다.

반페미니즘 경향의 20대 남성 '마이너리티 정체성'은 정치적으로 발빠르게 동원되었다. 요컨대 정치권이 작금의 고통스러운 청년 세대, 특히 '이기적인' 페미니스트로부터 '역차별'을 받는 20대 남성들에 귀를 기울여야 한다는 것이다. 특히 보수 야당은 연신 페미니즘을 공격하면서 20대 남성이 처한 '위기'를 돌봐야 한다고 주장했다.[11] 현 정부와 여당은 자연히 고심에 빠지는 모양새다. 성별 임금 격차나 '혜화역 시위'

11 일부 국회의원은 최근 워마드를 "여성 테러리스트 집단"이라고 비판하며, "워마드 종말의 해"를 선언하기도 했다. 경향신문. 2019.1.1. "하태경 '사회악 워마드, 종말의 해로 만들어주겠다.'" http://news.khan.co.kr/kh_news/khan_art_view.html?artid=201901011544011&code=910100.

가 요구하는 여성의 안전 등 페미니즘 정책 이슈에 발맞추어야 하면서도 동시에 이 '문제의' 20대 남성의 지지율 하락에 대처해야 했다. '젠더 갈등'이라는 프레임이 본격적으로 대두되면서 전통적으로 진보 정당의 핵심 지지층이었던 '20대'가 이제 성별에 따라 양분되었다는 진단도 제시되었다. 그런데 이러한 '젠더 갈등'이 정말 정치적 균열을 의미하는 것인지는 다소 비판적으로 검토할 필요가 있다.

전상진(2018)은 세대 갈등이 많은 경우 고유한 사회적 문제나 원인 자체보다는 특정한 정치적 목적을 위해 동원되는 레토릭과의 관계 속에서 이해되어야 한다고 주장한다. 다시 말해 특정 코호트가 역사적 계기나 공동의 경험을 통해 세대 정체성을 갖게 되는 것과 다소간 별개로, 정치적 책임을 회피하고, 계급이나 자본과 같은 문제를 다른 세대를 비난하는 데 전유하고, 그럼으로써 정치적 지지를 끌어내기 위한 일종의 '세대 게임'이 존재한다는 것이다. 이때 주로 세대 갈등의 두 집단은 외국의 경우 청년과 노년, 한국의 경우 청년과 기성세대였다. 그러나 최근의 상황은 세대 게임의 양상이 단지 코호트 간에만 존재하는 것은 아님을 보여준다. 세대를 호명하는 전쟁은 젠더화된 양상으로도 나타난다. 20대 남성이 이렇게 비참한 상황에 부닥친 것은 한편으로 기성세대 때문이지만, 다른 한편으로는 남성의 몫을 다 빼앗아가는 저 이기적인 여성들 때문이라는 것이다. 심지어 여성들은 기성세대의 가부장제 때문에 생긴 젠더 불평등을 20대 남성에게 책임을 묻고 있지 않은가? 이는 전적으로 '공정'하지 않은 게임이며, 따라서 20대 남성은 이 게임의 이중적인 피해자다. 젠더가 굴절시키는 20대 남성의 '마이너리티 정체성'은 이렇게 형성된다.

물론 이 '마이너리티 정체성'을 지닌 20대 남성들이 앞선 장에서 살펴본 청년 여성들과 같이 집단적인 저항이나 실천에 적극적으로 나서지는 않는 것처럼 보인다. 그러나 전상진(2018)은 세대가 꼭 사회운동의 방식으로 형성되는 것은 아니라고 주장한다(169). 변화는 일상적 행동을 통해서도 가능하다. 이때 세대를 형성하도록 돕는 것은 일상적인 경험, 그리고 세대 담론 엘리트의 활약이다(171). 20대 남성을 묶어주는 일상적인 경험이란 주로 공정성과 관련된 문제로, 취업 시장에서 오히려 유리한 고지를 선점하고 있는 것처럼 보이는 여성들과 군대가 쟁점이 된다. 군대가 남성들의 '억울함'에 얼마나 지대한 역할을 해왔는지는 구태여 강조하지 않아도 좋을 것이다(권인숙, 2005; 엄기호, 2017; 오찬호, 2016; 최태섭, 2018). 물론 군대에서 비롯된 문제를 여성에게 책임을 물을 수는 없다. 노동시장에서 20대 여성이 20대 남성보다 유리한 고지를 점하고 있다는 주장도 사실에 근거한 것은 아니다(김창환, 오병돈, 2019). 그러나 20대 남성들의 삶이 위기에 봉착했다는 것도 분명 '팩트'다. 그렇다면 어떻게 '젠더 갈등'으로 고착화하지 않으면서도 20대 남성의 위기를 적절하게 포착할 수 있는가? 이는 실상 2~30대 (남성) 청년을 '청년 세대' 담론의 대상으로 삼고 있으면서도, 그들의 집단적 정체성을 젠더 관점에서 사유했을 때 발생하는 또 다른 도전을 제기한다.젠더화된 세대 게임의 맥락에서 이 글이 강조하고 싶은 것은 하나는 세대 담론 엘리트, 즉 세대 게임의 플레이어와 여기에 동원되는 전문가의 역할이다. 예컨대 오세라비(2018)는 한국 페미니즘을 전적으로 여성우월주의로 규정하는데, 그 결과 20대 남성은 기성세대의 가부장주의와 분리된 채 세대 게임의 피해자로 자리매김한다. 내용상으로 그의 주장은 '이퀄리즘'을 비롯한 오랜 반페미니즘 담론의 연장선에 위치한다. 새로운 것은 담론장에서 그의 위치다. 그는 다양한 방송과 강연을 통해 20대 남성과 여성의 젠더 '갈등' 구도를 만들어갔다. 진보와 보수 매체를 가리지 않고 그의 주장은 별다른 비판 없이 수용되었다. '미투 운동'의 흐름 속에서 '잠재적 가해자' 프레임에 반발하며 펜스 룰과 무고죄를 내세운 남성들에게 그와 같은 주장은 적절한 근거로 인용되었다. 자신들의 입장을 대변해주는 생물학적 여성 '페미니즘 전문가'라는 점에서 말이다. 젠더와 섹슈얼리티에 대한 규범과 제도적 불평등에 대한 페미니스트의 문제 제기는 이제 '여성'의 입을 통해 '이기적인 주장'으로 폄하되고, 이러한 공격은 '불쌍한' 20대 청년 남성의 처지를 대변해주는 정치적 수사로 동원된다.

이와 같은 젠더화된 세대 게임의 효과는 분명하다. 자본과 계급의 문제나 노동시장에 존재하는 구조적 불평등의 다양한 요소는 가려진다. 청년 여성-페미니스트 세대가 광장에서 외치는 저항의 목소리는 그저 '집단 이기주의'로 포장되면서, 유리한 고지를 선점하고도 불만으로 가득 찬 여성들은 그 자체로 사회적 문제로 인식된다. '불쌍한 20대 남성들'은 자연스레 피해자로 자리매김한다. '저출산'(에 대한 여성들의 책임 방기)과 여성의 정치적 과잉대표, 여성만을 위한 복지 등의 요소를 내용으로 하는 '이퀄리즘'은 세대 게임의 요소들을 꼭 닮았다. 이제 젠더화된 세대 게임은 젠더와 세대, 계급의 구조적 불평등을 마구잡이로 흩어버린다. 다시 강조하자면 세대 전쟁이 일종의 정치적 회피를 위한 레토릭에 기대고 있다는 점이 중요하다. 20대 남성(당연히 여성도 마찬가지로)의 삶이 위기에 봉착해 있다는 사실이 부정할 수 없는 '팩트'라고 할 때, 정말 위기의 원인은 '젠더'에 있는가?[12]

12 물론 전상진(2018)이 주장한 것처럼, "이 위기의 원인이 정말 '세대'에 있는가?" 하는 질문 또한 동시에 병행되어야 한다.

2) 헤게모니적 남성성의 균열

안티 페미니즘의 기수를 올리고 나선 20대 남성들에게 "그건 혐오예요."라는 식으로 반박하는 것이 정치적으로 그다지 효과가 없을 수 있다는 김성윤(2018)의 지적은 젠더화된 세대 게임의 작동방식을 면밀하게 이해해야 한다는 제안과도 같다. 경제적 조건의 변화가 요구하는 새로운 젠더 규범에 적응하지 못하는 남성들이라거나, 이들이 실제로 체감하고 있는 일종의 '박탈감'이 가짜나 허위라고 주장하는 것은 세대 게임의 작동방식을 적절하게 포착하지 못한다. 더구나 그러한 설명은 청년 세대의 주체성을 완전히 삭제한 채, 이들을 훈계해야 할 대상으로만 남겨둔다는 점에서도 문제가 있다. 이때 청년 세대 내부의 '젠더 갈등'이 최근 부각되고 있는 것과는 별개로 청년 세대가 기성세대보다 전반적으로 성평등을 지향한다는 점 또한 염두에 둘 필요가 있다(한국여성정책연구원, 2016). 즉, 20대 남성의 젠더화된 세대 게임은 문제 그 자체나 원인이라기보다는 오히려 한국 사회의 규범적 젠더 및 남성성에 따른 사회적 효과로 이해될 필요가 있다.

청년 남성들 또한 사회적 재생산의 위기에서 벗어나 있지 않다. 이들 앞에 놓여 있는 미래 전망이란 사실상 도달 불가능한 재생산적 시간성이라고 할 수 있다. 이성애 정상가족을 모델로 한 통치성 내지 사회적 재생산의 모델이 청년 여성에게 저임금과 출산을 강요했다면, 남성에게는 가장이라는 성별화되고 성애화된(sexualized) '정상적' 남성성 규범을 강요했다. 그러나 이러한 '정상적인' 삶은 내적으로는 2장에서 살펴본 페미니스트 저항을 통해, 외적으로는 '규범적 삶'의 경제적 기반이 약해지면서 해체되고 있다. 남성에게 기대되는 가장으로서의 규범적 삶 내지 헤게모니적 남성성에 커다란 균열이 발생한 것이다. 사회적 조건의 변화에 발맞춘 새로운 대안적 남성성은 등장하지 않고 있고(배은경, 2015), 그 결과 젠더는 마치 '갈등'의 원인으로 둔갑한다.

로런 벌랜트(Berlant, 2011)는 '좋은 삶'에 대한 애착이 주체가 현실 속에서 구조적으로 마주하게 되는 모순을 감내하고 살아가게 만드는 동력이라고 이해한다. 그는 좋은 삶에 대한 애착 혹은 판타지를 '잔혹한 낙관주의'라고 정의한다. 그에게 낙관주의가 '잔혹한' 이유는 애착이 일상화된 위기, 좋은 삶이 더는 지속 가능하지 않은 현실의 위기를 감추기 위해 작동하는 정동이라는 데 있다. 이때 잔혹한 낙관주의는 단지 개인의 의지나 감정만이 아니라 사회적 위기와 매개된 정동이다. 아이러니하게도 좋은 삶에 대한 애착은 삶을 살아가게 하는 힘인 동시에 스스로 소진하게 만든다. 잔혹한 낙관주의는 한편으로 현실과의 모순과 불일치 속에서 형성되는 주체의 생존방식을 포착하도록 돕는다. 좋은 삶을 지속하기 위한 조건이 무너져가고 있는 청년 세대에게 『아프니까 청춘이다』와 같은 수많은 자기계발서가 일종의 잔혹한 낙관주의를 강요하는 역할을 담당했다면, 젠더화된 세대 게임의 담론 엘리트들은 그러한 낙관주의가 실패했는데 그 원인이 바로 '젠더'에 있다고 주장한다.

다른 한편 '정상적인' 생애주기에 기대고 있는 많은 '청년 세대' 논의가 사실은 잔혹한 낙관주의를 고쳐 쓰는 데 기여했다고 할 때 '청년 세대' 담론 또한 이미 젠더화된 세대 게임에 참여하고 있다고 볼 수 있다. 즉, 20대 남성들이 체감하고 있다는 '박탈감'은 젠더화된 세대 게임이 단순하게 주장하는 것과 달리, 여성과 기성세대에 대한 반발만이 아니라 이성애규범성(heteronormativity)에 기대어 잔혹한 낙관주의가 은폐하고자 했던 삶의 위기에 대한 총체적인 반응으로 이해되어야 한다. 따라서 비판의 지점은 이 '불쌍한' 20대 남성의 특징이나 속성이 아니라, 이들의 정동과 긴밀히 연결되는 사회경제적 불평등, 규범적인 이성애 남성성의 '신화'를 재/생산하는 문화와 제도, 그리고 청년 남성 내부의 이질성, 주체성을 어떻게 분석하고 재구성할 수 있는가에 놓여야 한다.

벌랜트(Berlant, 2011)는 잔혹한 낙관주의가 더는 지속 가능하지 않은 환상에 기대고 있다는 것을 '인정'함으로써 오히려 대안적인 삶을 상상하기 시작할 수 있다고 덧붙인다. 청년 여성들의 저항 혹은 그들이 선택한 '다른' 삶의 방식이 통치성의 지속불가능성과 균열의 가능성을 내비치는 것이라면, 마찬가지로 이 '문제적인' 남성들의 박탈감 또한 생산적인 논의로 이어가볼 수 있다. 배은경(2015)은 "표준화된 근대적 남성 생애주기 과제를 달성하지 못하는 것에서 그들이 처한 모든 위기와 좌절을 읽어내는 것으로 귀결"되는 '청년 세대' 담론의 논의 지형을 비판하면서(34), 젠더와 섹슈얼리티, 남성성을 중심으로 몰젠더적인 청년 세대 논의를 넘어서야 한다고 제안한다. 이성애 핵가족 모델을 중심으로 하는 사회적 재생산이 위기에 처했음을 알리는 청년의 삶은 오히려 헤게모니적 남성성을 재/생산하는 사회적, 제도적, 문화적 요소는 무엇인지, 이러한 사회적 재생산에 포함되거나 배제되는 남성성'들'은 무엇인지, 이성애 정상가족 모델을 기준으로 하는 기존의 방식과 '다른' 남성성 규범을 가능하게 만드는 주체성은 어떻게 가능한지를 시급히 탐색해야 하는 필요성을 제기한다.

4. 군대와 남성성의 변화 불/가능성

1) 한국 군대의 지정학과 젠더 불평등

청년 세대의 '젠더 갈등'을 더욱 타협 불가능한 것처럼 고착화하는 핵심적인 요소는 물론 군대다. 많은 페미니스트가 지적한 것처럼, 냉전과 분단 체제의 지속 하에서 한국 군대는 '진짜 사나이' 담론과 같이 젠더화된 시민권을 구축하는 토대로서 오랫동안 기능해왔다(권인숙, 2005; 김현영, 2002; 문승숙, 2007). 헤게모니적 남성성의 사회경제적 기반이 침윤당하는 가운데도 분단 체제의 지속과 군대 남성성이 젠더 위계를 지탱하는 강력한 근거를 제공했다. 그러나 오늘날 한반도 평화 체제 구축을 향한 변화 속에서 여전히 위계적인 젠더 관계가 동원되거나, 반대로 젠더 불평등을 비롯한 다양한 사회적 부정의를 개선하려는 시도가 분단과 안보를 근거로 가로막히는 현실은 구조적 불평등과 변화의 조건으로서 군대의 중요성을 가늠케 한다(조영주, 2019). 나아가 '종북 게이'와 같이 성소수자에 대한 혐오 또한 군대와 안보, 분단 체제의 이데올로기를 따라 구체화되는 현실은 권명아(2016)의 지적처럼 한반도의 역사적, 지정학적 맥락이 혐오를 구축하고 지속시키는 강력한 기반임을 분명히 한다.

'청년 세대' 담론에서 군대가 문제가 되는 까닭은 단지 분단 체제의 지속 하에서 국가가 군대를 통해 젠더에 따라 위계적인 시민권을 부여하기 때문만은 아니다. 오랫동안 강제적 징병제가 유지되어 왔음에도 불구하고 남성만의 병역 의무가 정치적 논쟁의 대상이 된 것은 한국 사회의 경제 변동과 밀접하게 관련되어 있다. '군가산점제 폐지'를 둘러싼 2000년대의 논쟁으로 거슬러 올라가는 군대와 '젠더 갈등'은 젠더화된 세대 게임의 국면에서 다시금 반복된다. 과거보다 여성의 사회적, 경제적 지위가 향상된 오늘날 청년 남성에게 남은 것이라곤 어쩌면 군대를 다녀왔다는 도덕적 우월함뿐일지도 모른다. 그러나 이러한 도덕적 우월함은 공정성을 우선시하는 '청년 세대' 담론과 공명하며 여성의 정치적 요구를 폄훼하는 무기로서 적극적으로 동원된다. 국가를 위해 군대에서 희생한 시간은 취업 등 경제적 보상을 통해 해소되어야 하는 문제로 이해된다. 실제로 청년 남성들이 병역 문제에 가지고 있는 불만을 해소하기 위한 많은 정책은 제대 이후 취업 문제와 연계되어 있기도 하다. 결과적으로 피해자로 상정되는 남성의 경제적 이해에 적극적으로 동원나아가 군대는 또 다른 사회화 기관으로서 대부분의 청년 남성을 재교육하는 역할을 담당하며, 폭력적이고 국가주의적인 남성성을 그 내용으로 한다는 점에서 더욱 문제가 된다. 흔히 이야기하는 것처럼 "군대 가야 사람 된다"는 말은 실제로 군대가 특정한 방식의 훈육을 강제하는 제도라는 점을 적절하게 보여준다. 이때 '사람'이 된다는 것은 규범적인 '남성'이 된다는 의미인데, 이는 앞선 페미니스트 비평에서 말하는 젠더화된 시민권의 내용을 이룰 뿐만 아니라 청년 남성들이 실제로 특정한 방식의 주체화 과정을 강요받고 있다는 뜻이다. 즉, 군대는 '정상적인 남성 신체'를 사실상 만들어낼 뿐만 아니라 남성성의 의미와 경계를 구축한다(루인, 2017). 따라서 군대와 불화하거나 군대에 적합하지 않다고 여겨지는 남성들, 즉 양심적 병역거부자나 신체적 장애인, 성소수자 남성의 경험과 위치는 역으로 한국 군대 남성성의 의미를 분명하게 하고, 나아가 '청년 세대' 담론에서 남성성의 의미와 그 변화 불/가능성을 검토하는 데 참조점을 제공한다.

2) 이성애 남성성과 성적 시민권

이처럼 한국 사회에서 범죄자로 내몰리고 있는 군대 내 성소수자의 경험은 '청년 세대' 담론에서 젠더, 섹슈얼리티, 남성성이 어떻게 결합되며, 비판적으로 해석되어야 하는지를 적절히 보여준다. 군대 내 동성애는 최근 한국에서 수년 사이 주요한 정치적, 사회적 논쟁의 대상 가운데 하나로 부상했다. 동성애 행위('추행')를 범죄화하는 군형법 제92조의6(이하 '군형법 상 추행죄')은 해방 이후 한국 군대의 군형법을 제정하는 당시 미군의 미 전시법(The Article of War)에 있는 소도미 조항을 베껴온 것이 지금까지 존치된 것으로 지난 세 차례의 헌법재판소 위헌 심판에서 모두 합헌 판결을 받았다. 합헌 판결의 주된 요지는 동성애가 "객관적으로 일반인에게 혐오감을 일으키게 하고 선량한 성적 도덕 관념에" 반하는 성적 실천이며, 위급한 안보 상황과 강제적 징병제도를 고려하면 "군의 특수성과 전투력 보존을 위한 제한으로써 차별 취급의 합리적 이유가 인정된다"는 것이다.[13] 이 같은 판결은 국가가 개인의 성적 자기결정권과 사생활, 그리고 성적 지향을 제한하고 침해할 수 있음을 분명히 한다. 2017년 봄에는 육군이 대규모 색출 수사를 벌여 이른바 'A 대위'를 비롯한 수십여 명의 성소수자 군인을 기소하였으며, 2019년 해군에서도 비슷한 색출 수사가 진행되었다.[14] 특히 해군의 색출 수사가 한 성소수자 군인이 부대 내 병영 상담관에게 자신의 성적 지향과 관련된

13 헌법재판소 2016. 7. 28. 2012헌바258 중 판결 요지.

14 한국일보. 2019.3.13. "게이 데이팅 앱 써봐" 해군도 성소수자 군인 색출. http://www.hankookilbo.com/News/Read/201903121247340188?did=NA&dtype=&dtypecode=&prnewsid=.

고민을 털어놓은 데서 시작되었다는 점은 군대 내 인권의 현실과 군대 특유의 합리성이 무엇인지 적나라하게 보여준다. 국가에 의해 강제로 차출되었으면서 동시에 자신의 섹슈얼리티로 인해 국가에 의해 처벌받고 있는 이 청년 남성들의 현실은 도대체 무엇인가?

이성애 섹슈얼리티를 정상화하는 제도적 장치로서 군대는 "누가 국민/시민으로 인정받을 수 있는가? 그리고 누가 '남성'으로 표상되고, 인정되는가?" 하는 질문을 발생시킨다. 이는 '마이너리티 정체성'을 내면화한 근래 20대 남성들의 주장에조차 오롯이 포함되지 못하는 남성들이 존재한다는 점 또한 보여준다. 특히 군인으로 복무하는 대부분이 20대 남성이라는 점을 고려하면, 국가가 청년 인구를 파악하고 관리하는 방식에 있어 이성애의 정상화 과정은 핵심적인 요소임이 드러난다. 군대를 통한 국가의 이성애 정상화는 '청년 세대'에 대한 많은 논의가 어떻게 이들을 규범적인 재생산 과정으로 편입시킬 것인가에 집중된 현실과 무관하지 않다. 결국 군대 남성성의 형성과 제도화된 동성애혐오는 청년 세대가 수행하기를 기대되는 재생산적 시간성의 제도적 장치가 특정한 성적 주체를 생산하는 동시에 비규범적 섹슈얼리티를 배제하고 있음을 보여준다. 특히 군대 내 동성애를 둘러싼 논쟁에서 언제나 등장하는 "국가와 민족(이는 언제나 가족으로 표상된다)을 수호하는 젊은 청년들을 지켜야 한다"는 주장이 상정하고 있는 청년 혹은 국민은 무엇인지, 이때 발생하는 성적 시민권의 위계와 내용, 작동방식은 무엇인지 질문할 필요가 있다. 군대 내 동성애혐오가 다른 한편으로 반공이데올로기에 기대고 있다는 점은 오늘날 '종북' 담론이 섹슈얼리티에 기생하면서 그 존재를 유지하고 있는 현실을 보여주는 것이기도 하다.

군대 내 동성애 '문제'는 따라서 단지 동성애자라는 소수자 집단의 인권에만 관련된 것이 아니라 오히려 국가가 젠더와 섹슈얼리티를 경유하여 통치를 정당화하고 있으며, 이때 섹슈얼리티의 위계화와 성적 시민권(sexual citizenship)[15]의 배치의 효과는 무엇인지를 적절하게 보여주는 사례로서 이해될 필요가 있다. 섹슈얼리티의 위계화 내지는 정상화가 재생산을 중심으로 청년 세대의 삶을 배치하며, 이는 단지 문화적인 인정의 문제를 훨씬 넘어선다는 점을 앞서 이미 살펴본 바 있다. 나아가 '청년 세대' 담론이 이성애 정상가족 모델을 도구로 삼는 통치성의 위기에 대한 징후적인 반응이라고 할 때 군대 내 동성애 '문제'를 통해 드러나는 성적 시민권의 위계는 젠더와 섹슈얼리티 규범을 어떻게 재구성해야 하는지 중요한 함의를 제공한다. 엄기호(2011)는 헤게모니적 남성성을 지탱해주는 사회경제적 환경이 변화한 상황에서 노동과 생산을 중심으로 했던 남성 중심적인 시민권을 오늘날 어떻게 '모든 사람의 권리'로 갱신할 수 있을지 질문한다(179). 이 말을 바꾸어보자면, '청년 세대' 논의는 젠더, 섹슈얼리티, 남성성을 통해 어떻게 '정상적인' 혹은 규범적인 청년의 모델을 해체하고 넘어설 수 있을 것인가? 이때 섹슈얼리티는 단지 공사의 구분에서 사적 영역, 분배와 인정에서 인정 영역에 배치되는 주변적 요소가 아니라, 그 배치의 양상 자체가 한 사회에서 구축된 통치성의 공간적, 역사적 맥락을 설명해주는 핵심이 된다. 나아가 청년 세대의 구축 자체가 성별화되어 있을 뿐만 아니라 그들의 동원과 저항 모두가 이성애 규범성과 정상가족 모델에 따른 재생산적 시간

15 성적 시민권(sexual citizenship)은 근대적 국민국가가 어떻게 규범적인 섹슈얼리티를 통제하면서 국가의 성원권을 배분해 왔는지, 국민국가의 경계 만들기와 민족주의에서 섹슈얼리티의 역할은 무엇인지, 권리와 의무, 사적인 것과 공적인 것 등의 서구적 시민 개념이 어떠한 성적 위계를 내포하고 있는지 비판하는 논의를 아우르는 개념이다(Bell and Binnie, 2000; Josephson, 2016; Richardson, 2018).

성과 연루되어 있다고 할 때, 섹슈얼리티는 '청년 세대' 담론에서 핵심이 된다.

성소수자 군인들은 이성애규범과 동성애혐오를 내면화하고 있으면서도 동시에 나름의 윤리 내지 규범을 만들어가고 있기도 했다(정성조, 2019). 특히 이들은 '성매매를 하는', '변태적이고', '여성혐오적인' 이성애자 남성 군인들과 대조적으로 자신을 위치시키면서 지배적인 성적 규범을 교란한다. 군대라는 조직의 폐쇄성으로 이러한 교란은 집합적 실천으로 발전하지는 않으나 법의 모순을 포착하도록 하는 데는 충분하다. 문제는 이와 같은 미시적인 실천과 저항, 변화의 작은 가능성을 어떻게 비판으로 발전시킬 수 있는가에 있다. 법이 어떤 성적 주체를 사실상 생산하는가 하는 질문은 한 가지 방향성을 제시해준다. 추지현(2019)은 섹슈얼리티와 관련된 형법이 "피해자로서의 권리를 누리려거든 젠더 이분법과 이성애를 따르라"고 강요하고 있다고 주장한다. 이를테면 이성 간 성폭행의 경우 위력 해석을 엄격하게 심사하면서 여성의 저항 가능성을 의심하지만, 남성 군인 간 '추행'은 이미 게이라는 정체성만으로 그 위해성을 인정하는 법 담론의 모순이 발생한다는 것이다. 결론적으로 법은 사실상 "이성애자 남성이 성차별적 포르노를 볼 권리, 여성에 대한 성폭력을 '내밀한 사생활', 이성애의 일부로서 실천할 권리, 게이로부터 성폭력을 당하지 않을 권리"만을 분할하여 보호한다. 이처럼 국가와 법, 제도 그리고 나아가 정치가 어떤 주체를 규범적으로 생산하거나 주변화하는지 그 작동 방식을 분석하고, 그 과정에서 발생하는 모순을 드러내는 작업은 젠더와 섹슈얼리티를 중심으로 '청년 세대' 담론을 비판적으로 재구성할 수 있는 가능성을 제시한다.

5. 나가며

청년 세대의 '위기'는 청년 세대가 실제로 겪고 있는 삶을 적절하게 반영하지 못한 채 논쟁적인 담론으로 소비되어 왔다. 특히 '청년 세대' 담론에서 젠더가 논의되고 있는 방식은 여러 이유로 문제적임이 드러났다. 이 글은 청년 세대가 직면한 삶의 위기가 이성애 정상가족을 도구로 삼는 통치성과 규범적 남성성이 지속 불가능한 상황에 봉착했다는 징후이며, 동시에 변화의 가능성을 제시하는 저항적 실천이기도 하다는 점을 보였다. 김성윤(2018)의 지적처럼 오늘날 청년 세대의 생존 투쟁은 "문화적 질서와 정치제도 등등을 새로운 단계로 옮겨놓을" 건설적인 가능성을 지닌 동시에 혐오와 적대로 점철된 정치의 불가능성을 드러내는 것일 수도 있다(118). 이러한 불/가능성은 혐오와 갈등만이 주목받고 있는 '청년 세대' 담론을 청년 세대 내부의 이질성과 주체성에 더욱 주목하는 방향으로 전진시켜야 함을 의미한다.

이 글은 지금까지 주변적으로만 다루어졌던 젠더와 섹슈얼리티, 남성성 논의를 통해 '청년 세대' 담론을 비판적으로 재구성하고자 했다. '청년 세대' 담론이 주로 경제적 어려움과 재생산적 시간성의 불/가능성에만 주목하는 것과 달리 실제 청년 세대의 집합적 실천은 경제와 문화, 분배와 인정의 경계를 초월하며, 국가와 권력, 법과 제도, 시민권과 주체성에 대한 근본적인 질문을 제기한다. 즉, 청년 세대가 직면하고 또 돌파하고자 하는 위기는 단지 경제적 불평등이나 정치적 위기만이 아니라 사회적 재생산과 통치성의 균열이다. 동시에 청년 세대의 주체성이 적절하게 포착되지 못하고, 기성세대의 정치적 필요에 의해 동원되는 현실은 '청년 세대' 담론과 정치의 불/가능성을 보여주는 것이기도 하다. 나아가 이 글은 군대와 남성성이라는 주제를 통해 '청년 세대' 담론을 비판적으로 재구성할 가능성을 검토하였다.

추지현(2019)의 주장처럼 법은 단지 (이성애자) 남성의 성적 특권을 대변할 뿐만 아니라 젠더와 섹슈얼리티가 재현되고 인식되는 방식 자체를 틀 짓는다. 예컨대 이성애/남성성에 복무하는 법 담론 내에서 성소수자 군인은 '착한 게이 군인' 혹은 '변태 성욕자'라는 대립으로만 포착될 뿐, 퀴어한 주체성과 모순적인 균열은 적절하게 드러나지 않는다. 이를 가로막는 것은 단지 법 담론이나 군대를 거치는 제도적 권력만이 아니라 지식 체계의 편향이기도 하다. 법의 언어로 섹슈얼리티의 부정의가 적절하게 포착되지 않는다는 점은 앞선 여성 청년들의 페미니스트 실천과 저항에서도 마찬가지로 반복되는 문제였다. 이처럼 '청년 세대' 담론에서 포착되지 못하고 주변적인 존재로 남아 있는 이들이 담론과 제도, 그리고 지식 체계에서 어떻게 타자화되고 있는지 분석하는 과정은 역으로 '청년/국민'은 누구인지 비판적으로 사유하도록 만든다.

다시, 어떤 '청년 세대'인가? 이 글은 '청년 세대' 담론이 비판적이 되기 위해 청년을 넘어서야 함을 주장했다. 젠더와 섹슈얼리티는 가장 핵심적이지만 동시에 여러 비판적 지점 가운데 하나의 가능성이다. 더욱 중요한 것은 '청년 세대' 담론이 적절하게 포착하지 못하고 있는 청년 세대의 위기, 통치성의 위기, 그리고 정치의 위기를 어떻게 비판적으로 재사유할 수 있느냐에 달려 있다. 이 글이 주목하는 가능성은 어떻게 이성애규범적이고 '정상적인' 재생산적 시간성에 의존하는 '청년 세대' 담론을 넘어 다양한 삶의 방식을 주체적으로 선택하고자 하는 청년 세대의 안녕을 다시 논의하고, 새로운 방식으로 젠더와 섹슈얼리티, 그리고 남성성의 규범을 구축할 수 있을까 하는 데 있다.

참고문헌

고길섶. 2010. 「386세대의 '그날': 주체형성, 시대정신, 그리고 삶과 정치」. 《문화과학》, 통권62호. 113~133쪽.

권김현영, 루인, 엄기호, 정희진, 준우, 한채윤. 2017. 『한국 남성을 분석한다』. 교양인.

권명아. 2016. 「신냉전 질서의 도래와 혐오발화/증오 정치 비교역사 연구」. 《역사문제연구》, 제35호. 11-45쪽.

권인숙. 2005. 『대한민국은 군대다』. 청년사.

김리나. 2017. 「메갈리안들의 '여성' 범주 기획과 연대」. 《한국여성학》, 제33권 3호. 109~140쪽.

김보명. 2018. 「페미니즘의 재부상, 그 경로와 특징들」. 《경제와사회》, 제118호. 99~138쪽.

김수아, 김세은. 2016. 「'좋아요'가 만드는 '싫어요'의 세계」. 《미디어, 젠더&문화》, 제31권 2호. 5~44쪽.

김순남. 2016. 「이성애 비혼여성으로 살아가기 – 지속가능한 비혼, 젠더, 친밀성」. 《한국여성학》, 제32권 1호. 181~217쪽.

김선기, 구승우, 김지수, 정보영, 박경국, 채태준. 2016. 『청년 연구과제 개발을 위한 기초연구: 연구동향의 메타분석을 바탕으로』. 고함20 청년연구소.

김선기. 2016. 「'청년세대' 구성의 문화정치학 – 2010년 이후 청년세대담론에 관한 비판적 분석」. 《언론와사회》, 제24권 1호. 5-68쪽.

김성윤. 2018. 「"우리는 차별을 하지 않아요" - 진화된 혐오 담론으로서 젠더 이퀄리즘과 반다문화」. 《문화과학》, 제93호. 93-119쪽.

김창환, 오병돈. 2019. 「경력단절 이전 여성은 차별받지 않는가?: 대졸 20대 청년층의 졸업 직후 성별 소득격차 분석」. 《한국사회학》, 제53집 제1호. 167~204쪽.

김현영. 2002. 「병역의무와 근대적 국민정체성의 성별정치학」. 이화여자대학교 대학원 석사학위 청구논문.

김홍미리. 2017. 「촛불광장과 적폐의 여성화: 촛불이 만든 것과 만들어가는 것들」. 《시민과세계》, 제30호. 137~168쪽.

나영. 2017. 「2016년 '검은 시위', '낙태죄 폐지'의 정치 의제화를 시작하다」. 《페미니즘 연구》, 제17권 1호. 301~320쪽.

루인. 2017. 「남성 신체의 근대적 발명」. 『한국 남성을 분석한다』. 교양인. 105-153쪽.

만하임, 카를. 2013. 『세대 문제』. 이남석 옮김. 책세상.

문승숙. 2007. 『군사주의에 갇힌 근대』. 이현정 옮김. 또하나의문화.

배은경. 2015. 「'청년 세대' 담론의 젠더화를 위한 시론 – 남성성 개념을 중심으로」.

《젠더와문화》, 제8권 제1호. 7~41쪽.
버틀러, 주디스. 2016.「단지 문화적인」. 케빈 올슨 엮음. 문현아 · 박건 · 이현재 옮김.『불평등과 모욕을 넘어』. 그린비. 69~91쪽.
벨크냅, 조안. 2009.『여성범죄론: 젠더, 범죄와 형사사법』. 윤옥경 외 옮김. 박학사.
손희정. 2017.『페미니즘 리부트: 혐오의 시대를 뚫고 나온 목소리들』. 나무연필.
신광영. 2009.「세대, 계급과 불평등」.《경제와사회》, 제81호. 35~60쪽.
신상숙. 2018.「젠더에 기반한 차별과 폭력의 연속선 – 통합적 접근의 모색」.《페미니즘 연구》, 제18권 1호. 267~301쪽.
엄기호. 2011.「신자유주의 이후, 새로운 남성성의 가능성/불가능성」.『남성성과 젠더』. 자음과모음.
엄기호. 2017.「보편성의 정치와 한국의 남성성」.『한국 남성을 분석한다』. 교양인.
오세라비. 2018.『그 페미니즘은 틀렸다: 혐오에서 연대로』. 좁쌀한알.
오찬호. 2016.『그 남자는 왜 이상해졌을까?』. 동양북스.
윤지영. 2015.「전복적 반사경으로서의 메갈리안 논쟁」.《한국여성철학》, 제24호. 5~79쪽.
이나영. 2016.「여성혐오와 젠더차별, 페미니즘」.《문화와사회》, 제22권. 147~186쪽.
이상직, 김이선, 권현지. 2018.「변한 것과 변하지 않은 것: 남녀 대졸자 노동이력으로 본 위기 전후 한국 청년 노동시장의 구조 변화」.《경제와사회》, 제118호. 139-181쪽.
이순미. 2017.「노동경력과 가족경로 분석을 통해 본 청년기 연장(long youth)의 젠더 차이」.《한국여성학》, 제33권 2호. 181~244쪽.
이재경. 2018.「세대갈등의 양상, 원인, 대안 모색 – 한국의 렌트(추구)사회를 중심으로」.《경제와사회》, 제118호. 18~48쪽.
이진옥. 2012.「사회적 재생산을 통해 본 발전국가의 재해석」.《여성학연구》, 제22권 제1호. 73~101쪽.
이철승. 2019.「세대, 계급, 위계 – 386 세대의 집권과 불평등의 확대」.《한국사회학》, 제53집 제1호. 1~48쪽.
장민지. 2016.「디지털 네이티브 여/성주체(Digital Native Fe/male Subject)의 운동전략: 메갈리아를 중심으로」.《미디어, 젠더&문화》, 제31권 3호. 219~255쪽.
전병유, 신진욱. 2016.『다중 격차, 한국 사회의 불평등 구조』. 페이퍼로드.
전상진. 2018.『세대 게임: '세대 프레임'을 넘어서』. 문학과지성사.
정민우, 이나영. 2011.「'가족의 경계에 선 청년 세대 – 성별화된 독립과 규범적 시공간성」.《경제와사회》, 제89호. 105~145쪽.
정성조. 2019.「한국 군대 남성성의 형성과 동성애혐오의 재/생산」. 중앙대학교 대학원 사회학과 석사학위 청구논문.
정용림. 2017.「'강남 여성살해사건' 추모행동의 "저항적 실천"을 통한 '페미니스트'

주체의 재/구성」. 『2017 여성안전 시민논문공모전 수상작 자료집』. 서울시여성가족재단. 1~40쪽.
조영주. 2019. 「평화와 혐오의 시대, 성평등한 한반도의 평화를 위한 모색」. 《경제와 사회》, 제122호, 12-33쪽.
조은주. 2018a. 「'가족' 이후에 관한 질문들」. 《황해문화》, 봄호. 109~125쪽.
조은주. 2018b. 『가족과 통치: 인구는 어떻게 정치의 문제가 되었나』. 창비.
채석진. 2018. 「'잔혹한 희망': 디지털 페미니즘의 정동」. 《언론정보연구》, 제55권 제3호. 87~119쪽.
최태섭. 2018. 『한국, 남자: 귀남이부터 군무새까지 그 곤란함의 사회사』. 은행나무.
추지현. 2016. 「성/폭력 중층피해와 젠더」. 《한국여성학》, 제32권 4호. 83~118쪽.
추지현. 2019. 「법이 '여성'을 보호한다는 것: '위력'과 '음란'의 법 담론」. 《성소수자 인권포럼 자료집》, 제11호.
코넬, R. W. 2013. 『남성성/들』 안상욱, 현민 옮김. 이매진.
푸코, 미셸. 2016. 『비판이란 무엇인가? 자기수양』. 심세광, 오트르망, 전혜리 옮김. 동녘.
하딩, 산드라. 2009. 『누구의 과학이며 누구의 지식인가』. 조주현 옮김. 나남.
한국여성정책연구원. 2016. 『2016년 양성평등 실태조사 분석 연구』.
한국여성정책연구원. 2018. 『임신중단(낙태)에 관한 여성의 인식과 경험 조사』.
허민숙. 2017. 「"너 같은 피해자를 본 적이 없다": 성폭력 피해자 무고죄 기소를 통해 본 수사과정의 비합리성과 피해자다움의 신화」. 《한국여성학》, 제33권 3호. 1~31쪽.
허윤, 손희정, 김영희, 류진희, 김대현, 나영정, 김엘리, 조서연, 부찬용, 백문임, 오혜진, 김학준, 최태섭. 2017. 『그런 남자는 없다』. 오월의봄.
Bell, David and Binnie, John. 2000. The Sexual Citizen: Queer Politics and Beyond. Polity.
Berlant, Lauren. 2011. Cruel Optimism. Duke University Press.
Fox, M. 2000. "Feminist Perspectives in Theories of Punishment." in: Nicholson, D. and Bibblings, L.(edt.) Feminist Perspectives on Criminal Law. Routledge.
Haraway, D. 1988. "Situated Knowledges: The Science Question in Feminism and the Privilege of Partial Perspective." Feminist Studies, 14(3), 575-599.
Hartsock, N. C. 2003. "The Feminist Standpoint: Toward a Specifically Feminist Historical Materialism." In C. McCann and SK Kim(etd.) pp.283~310. Feminist Theory Reader: Locand and Global Perspectives. Routledge.
Josephson, Jyl. 2016. Rethinking Sexual Citizenship. State University of New York Press.
Narayan, Uma. 2004. "The Project of Feminist Epistemology: Perspectives from a

Nonwestern Feminist." in: Sandra Harding(edt.) pp.213~224. The Feminist Standpoint Theory Reader: Intellectual and Political Controversies. Routledge.
Richardson, Diane. 2018. Sexuality and Citizenship. Polity.

20대 페미니스트 여성들의 '페미니즘'과 그 의미
페미니스트-되기의 해방과 곤경을 중심으로*

오혜진

1. 서론

1) 문제제기

시사인과 한국리서치가 2021년에 실시한 조사에 따르면 20대 여성 10명 중 4명이 자신을 페미니스트라고 인식하고 있다(국승민 외, 2022). 2010년대 중반 이후 일련의 사건들이 계기가 되어서 한국의 20대 여성들에게 페미니스트 정체성이 보편화·대중화되었다고 평가되기도 한다(한국여성정책연구원, 2018). 2010년대 초중반까지만 해도 이렇게 많은 여성들이 스스로를 페미니스트라 부르는 현상이 나타날 것으로 예상하지 못했다. 그런데 지금은 절반에 가까운 20대 여성들이 스스로를 페미

* 이 글은 『젠더와 문화』 제15권 1호(2022)에 「20대 페미니스트 여성들의 '페미니즘'과 그 의미: 페미니스트-되기의 해방과 곤경을 중심으로」라는 제목으로 실린 원고를 일부 수정한 것이다.

니스트라고 얘기하고 있다는 것이다. 어떻게 이토록 많은 여성들이 스스로를 페미니스트로 호명하게 된 것일까? 이들에게 자신이 페미니스트라는 것은 어떤 의미일까? '페미니즘'과 '페미니스트'라는 말이 단 하나의 고정된 의미를 가진 것이 아니라 젠더 불평등과 여성 억압에 맞서 싸우는 과정에서 끊임없이 재규정되고 갱신되는 것이라면, 한국의 젊은 여성들은 이것의 의미를 어떻게 채워가고 있을까?

'페미니즘 리부트'(손희정, 2015), '페미니즘 열풍'(김주희, 2017), '페미니즘의 재부상'(김보명, 2018b), '페미니즘 대중화'(정희진, 2018)라는 명명들이 방증하듯이, 2010년대 중반 이후 페미니즘은 한국사회의 대중적 화두가 되었다. 페미니즘이 "평범한 여성들의 자기규정의 일부"[1]가 된 현상과 페미니즘의 대중화를 주도한다고 여겨지는 이 '평범한 젊은 여성들'이 만들어가는 담론과 실천에 대한 분석과 평가들이 이어졌고, 이들은 놀라움과 상찬의 대상이 되는 동시에 우려와 비판의 대상이 되어왔다. 안티페미니즘 담론이 페미니스트를 단일한 문제 집단으로 구성하기 위해 '여자일베'나 '남성혐오'와 같이 이들을 낙인찍을 구실과 멸칭들을 계속해서 만들어내는 한편 페미니스트들 사이에서도 최근 몇 년간 디지털 공간을 중심으로 가시화된 '젊은' 페미니스트들을 내적인 동질성을 가진 어떤 단일한 집단으로 고정화하는 인식이 팽배하다. 이 같은 인식을 벗어나기 위해서는 스스로 페미니스트임을 자처하고 있는 이 여성들에게 자신이 여성이라는 것이 무엇을 의미하는지, 이들에게 페미니스트가 된다는 것은 무슨 의미인지를 핍진하게 분석할 필요가 있다.

1 『여성신문』, 2016.9.22, 「한국 페미니즘 운동의 새물결, 우리는 연결될수록 강하다」.

페미니즘의 대중화 이후 활발하게 전개된 각종 페미니스트 액티비즘에 대한 높은 학문적 관심에도 불구하고 온·오프라인을 넘나들며 페미니스트가 되어가고 있는 이들의 경험과 목소리를 직접 들어보려는 노력은 부족해 보인다. '요즘 페미'로 통칭되어버리곤 하는 젊은 여성들의 페미니즘이라고 해서 다 같은 것은 아니며, 스스로를 페미니스트라고 호명하고 있는 여성들이 모든 이슈에 대해 같은 생각이나 고정된 입장을 갖고 있지는 않다(추지현, 2019). 신자유주의와 접합되는 디지털 페미니즘에 대한 설명력 있는 다양한 분석들이 제출되었지만, 구조적 진단과 디지털 공간에서 현출되는 텍스트 정보만으로는 그 다양성과 차이들을 포착해내기 어렵다.

이 글은 2010년대 중반 이후 페미니즘 대중화를 이끌었다고 평가되는 '젊은' 페미니스트들을 새롭다거나 식별과 분류가 가능한 고정되고 동질적인 실체로 인식하는 경향에 문제제기하고, 자신이 속한 다양한 관계망 속에서 페미니스트가 되어가는 20대 여성들의 페미니스트 되기 경험을 통해 이들 각자가 만들어가는 페미니즘이 무엇인지를 탐색하고자 한다. 스스로 페미니스트라 자처하는 여성들이 페미니스트가 된 계기는 무엇인지, 오늘의 한국사회에서 '여성'이자 '페미니스트'로 살아간다는 것이 이들에게 어떤 의미인지, 각자의 페미니즘을 구성하고 갱신해가는 과정에서 마주하는 혼란과 갈등, 균열은 무엇인지를 살펴보고, 이들이 지속 가능한 페미니스트로 살아가기 위해 필요한 담론적 바탕과 사회적 과제가 무엇인지를 탐구해본다.

2) 선행연구의 검토

2015년 이후 디지털 공간을 중심으로 페미니즘이 대중화되고 있는 현상과 이를 주도해왔다고 평가되는 '젊은' 페미니스트들이 전개해온 페미니즘 운동에 관한 많은 연구들이 진행되었다. 선행연구는 크게 세 가지로 분류할 수 있는데, 첫 번째는 '메갈 세대', '강남역 세대'라는 말이 널리 통용될 정도로 한국사회에서 페미니즘이 급부상하게 된 계기가 되었던 일대 사건인 메갈리아의 미러링과 강남역 여성 살해 사건 추모 시위에 대한 분석을 통해 '새로운' 페미니스트들의 등장을 선언하고 의미화하는 연구들이다. 두 사건은 성차별적 사회구조 속에서 공유되는 경험을 바탕으로 '여성'이라는 정치적 범주를 탄생시키고 지금까지 지속되고 있는 강력한 페미니즘 운동의 주동력으로 명명된다. 강남역 여성 살해 사건과 추모 시위는 '여성됨'이라는 집합적 경험을 공유하고 역차별 담론의 허구성과 사회의 구조적인 성차별을 깨달은 이들이 삶을 정치적으로 재조직하려는 페미니스트들로 출현하는 계기가 됐다고 평가된다(이나영, 2016; 정용림·이나영, 2018). 메갈리아와 미러링 전략에 관한 다수의 연구들은 이른바 '메갈리안'들이 별안간 등장한 것이 아니라 그 배경에 이들이 경험해온 일상화된 여성혐오라는 사회문화적 맥락이 있다는 점을 드러내고, 그간 디지털 공간에서 축적해온 문화 · 정치적 역량을 발휘하여 펼쳐낸 메갈리아의 '미러링'이 가지는 의미와 효과들을 분석하였다(김경연, 2017; 김수진, 2016; 류진희, 2015; 박무늬, 2016; 배상미, 2016; 손희정, 2016; 양경언, 2016; 윤보라, 2017; 장민지, 2016; 조혜영, 2016; 한우리, 2017).

두 번째는 여성 범주 구성과 연대의 문제를 둘러싸고 진영 갈등의 형태로 구축되고 있는 페미니즘들로의 분화에 비판적으로 개입하는 연구들이다(고병진, 2018; 김리나, 2017; 김보명, 2018a; 나영, 2017; 이현재, 2017; 이효민, 2019; 정승화, 2018). 이들 중 일부는 소위 TERF(Trans-Exclusive Radical Feminist)나, '워마드', '래디컬 페미니스트'로 범주화되는 '여성우선'을 주장하는 일군의 페미니스트들이 피-가해의 이분법 속에서 '피해자 여성'이라는 단일하고 단순한 집단 정체성을 형성하면서 스스로 저항하고자 했던 성적 억압의 이론적, 실천적 태도를 무비판적으로 반복하는 모순들을 보이고 있다고 지적하고, 교차성을 통해 차이와 '여성' 범주, 사회적 연대를 성찰적으로 재사유할 것을 요청한다(고병진, 2018; 김보명, 2018a; 나영, 2017; 이현재, 2017; 이효민, 2019). 정승화(2018)는 이런 연구들이 급진 페미니즘과 퀴어 정치학 간의 진행 중인 갈등을 토론과 논쟁이 아닌 진영 싸움 형태로 바라보는 경향이 있고 페미니즘을 선악의 이분법으로 재현하고 있다고 비판한다. '생물학적 여성'이라는 담론장을 본질주의로 명명하면서 도식화된 비판을 하기보다는, 최근의 급진 페미니즘을 "젊은 여성들이 스스로를 조직화하고 계속해서 새로 갱신되고 있는, 운동 자체가 구성 중인 진행형의 운동"으로 바라보면서, 정치적 주체로서 '여성'을 구성해나가는 담론적 교섭 과정의 맥락과 효과를 비판적으로 사고하는 것이 필요하다고 주장한다. 메갈리아와 워마드에서 기획되는 액티비즘의 주체와 전략에 대해 연구한 김리나(2017)는 특정한 액티비즘의 주체라는 고정된 집단 정체성을 경계함으로써 페미니즘 운동에 참여하는 '여성'을 정형화하려는 시도에 반발하면서도 운동의 주체로서 배타적 '여성' 범주를 지속적으로 호출하고 재구성하는 '메갈리안'들을 통해 이들의 '여성' 정체성과 '페미니스트' 정체성이 고정되고 단일한 것이 아니며, 다양한 페미니즘 담론들과의 경합 속에서 끊임없이 재/구성되는 과정 중에 있다는 점을 잘 드러내준다.

셋째는 청년 여성들이 여성운동의 성과와 IMF 이후 확산된 신자유주의의 영향이라는 기반 위에 디지털 네이티브라는 특성이 겹쳐진 세대적 공통점을 가지고 있다는 점에 주목하고, 페미니즘의 대중화를 추동한 배경이 된 이 조건들이 최근의 페미니스트 운동과 접합되면서 나타나는 양상과 효과들을 분석하는 연구들이다(강예원, 2019; 김보명, 2018b;, 손희정, 2015; 장민지, 2016). 김보명(2018b)은 "디지털 네이티브 세대의 자생적 페미니즘"은 한국사회의 젠더지형의 변화로 초래된 청년 세대 여성들의 이중부담과 삶의 불안정성을 배경으로 등장했으며, 평등에 관한 포스트 페미니즘 환상이 실패한 결과, '여성'의 이름으로 '생존'을 위해 싸우는 신자유주의 시대의 새로운 페미니즘 정치학이 등장했다고 분석한다. '여성'의 이름으로 페미니스트적 저항을 조직하지만 평범하고 규범적인 삶을 거부하거나 포기하지 않는 현재의 청년세대 여성들의 실천 양식과 지향은 여성혐오가 구조적인 문제임을 인식하고 있다 하더라도 그 해결책으로 반드시 구조적 변화나 역사적 전환을 요구하거나 기대하지는 않으며, 저항의 양상이 개별화된 소비자적 실천이나 디지털 공간에서의 문화적 대결, 여성전용공간으로 전제되는 거리 시위 등으로 나타난다는 점에서 그러하다고 본다. 남성을 설득하거나 사회의 변화를 요구하는 것에 우선해 피해자 여성들이 가진 역량의 조직과 행사를 통해 주어진 세계 내에서의 힘의 균형을 찾고자 하는 것이 이들의 전략이 되고 있으며 분리주의 실천을 동반하고 있다는 점 또한 "더 이상 진보가 가능하거나 임박하다고 여겨지지 않는 신자유주의적 세계"의 반영이라는 것이다.

이상 선행연구들은 성차별 경험의 집합적 공유와 저항을 통해 '여성'

이 정치적 범주로 등장한 맥락과 범주 구성을 둘러싼 담론적 경합, 그리고 시대 진단과 세대 관점의 접근이 중심을 이룬다. 이를 통해 페미니즘이 대중화될 수 있었던 사회적 배경과 최근 페미니스트들의 실천이 가지는 특징을 이해할 수 있으며, 2015년의 메르스 갤러리 사건 이후 디지털 공간에서 가시화된 페미니스트들을 범주화하고 이들의 페미니스트 실천이 가지는 의미와 한계를 드러내는 많은 연구들을 통해 이른바 디지털 페미니즘의 지형도를 파악할 수 있다. 그런데 선행연구들을 살펴보면 최근의 페미니스트들이 세대 단위로 포착되거나 특정 플랫폼을 사용하는 이들로 명명되는 경향이 포착된다. 이런 범주화의 작업이 페미니스트들 간의 차이와 페미니스트 되기 과정의 역동을 충분히 드러내고 있는지는 의문이다.

조선정(2014)은 여성 주체를 세대 단위로 구성하고 세대 차이를 강조하는 것은 페미니즘을 단일한 실체로 고정하고, 페미니즘의 다양성과 역동성을 비가시화한다고 지적한다. 출생코호트 내 구성원들이 사회경제적 배경에 따라 같은 경험을 하더라도 다른 해석을 하는 불연속이 일어나기도 하며, 개인적 수준에서 보면 페미니스트 정체성 형성이란 것이 특정한 시기에 경험한 상징적 사건뿐 아니라 주관적인 계기들, 미시적 상황들과 실천들, 분위기들이 결합하면서 점차적으로 나타나게 되는 과정일 수 있다(김선기, 2014). 디지털 공간과 광장의 정치학에 주목된 관심에 비해 상대적으로 간과되고 있는 현실 공간에서의 일상적 체험이 분석으로 들어와야 한다. 한편 메갈리아나 워마드 등의 커뮤니티나 여초카페, 트위터 등의 SNS에서 펼쳐지는 페미니즘 담론과 실천들은 플랫폼에 따른 차이가 존재할 뿐만 아니라 그 내부에서도 끊임없는 논쟁과 갈등을 거치면서 구성, 갱신되고 있다(김리나, 2017; 한우리, 2017).

특정한 장에서 현출되는 글과 논리, 규칙과 규범들이 다른 장에서도 동일하게 통용되는 것은 아니며, 각기 다른 조건 속에서 살고 있는 개별 페미니스트들에게 미치는 영향 또한 균질하지 않다(추지현, 2019). 또한 매개된 삶 공간에서 살아가는 여성들이 형성하는 정체성은 완결적이거나 통합적이기보다 모순적이고 다층적으로 나타난다(윤명희, 2013). 이에 최근에는 온·오프라인을 넘나들면서 페미니스트 실천들을 하고 있는 이들의 경험을 통해 이들의 페미니스트 실천이 온라인뿐만 아니라 다양한 조건과 경험들에 의해 매개되면서 구성되는 과정 중에 있다는 점을 드러내는 경험연구들이 진행되었다(강미선 외, 2020; 강예원, 2019; 박영민·이나영, 2019; 송지수, 2021; 추지현, 2019). 추지현(2019)의 연구는 다양한 디지털 플랫폼을 사용하는 2-30대 여성들이 이해하고 실천하는 페미니즘이 위해에 대한 불안, 소통의 경험, 사회적 관계망과 제도화된 자원의 존부에 따라 차이를 보이는 동시에 구성되는 과정 중에 있음을 보여준다.

현재 대중화되고 있는 페미니즘을 내적 동질성을 가진 고정된 실체로 읽어내고 확인하는 것은 불가능할뿐더러 오히려 대화와 소통을 가로막을 수 있다. 페미니즘이 그 어느 때보다 다양한 여성들에 의해 말해지고 들려지는 상황 속에서 이 활발한 공론장을 이어나가고 페미니스트 지식을 풍부하게 하는 데 필요한 것은 당대의 지배적인 담론을 대표주자로 만드는 것도, 논쟁적인 담론을 추적해 합의를 도출해내는 것도 아닐 것이다. 오히려 다양한 페미니즘들을 발견하고 기록하는 것일지도 모른다. 이는 오늘의 페미니즘 담론장 안에서 페미니스트로 살아가는 개별 주체들에게 행위성과 능동성, 성찰성의 자리를 마련해주는 일이 되기도 할 것이다.

3) 연구대상 및 방법

본 논문은 수많은 젊은 여성들이 스스로를 페미니스트로 호명하게 된 현상을 목격하고, 과연 이들이 생각하고 말하는 페미니즘과 페미니스트 정체성은 무엇인지에 대한 관심을 갖게 된 것에서 출발하였다. 이를 위해 이들이 페미니스트가 된 계기들은 무엇인지, 스스로를 페미니스트라 부르는 이들이 일상에서 어떤 경험과 고민들을 하고 있는지를 그들의 목소리를 통해 직접 들어보는 것이 필요하다고 판단하였고, 이를 위해 심층면접을 진행하였다.

서울 소재 4년제 대학에 재학 중인 학부생 또는 석사과정생 중 스스로를 페미니스트로 생각하거나 페미니즘에 관심이 있는 20대 여성들을 대상으로 심층면접을 진행했다(〈표1〉). 연구참여자 모집은 서울 소재 대학에서 페미니즘과 젠더 관련 강의를 하는 교수자와 지인들의 소개와 추천으로 이루어졌다. 또한 인터뷰에 참여한 연구참여자들이 스스로 페미니스트라 생각하거나 페미니즘에 관심이 있는 다른 연구참여자를 소개하는 눈덩이 방식으로도 모집하였다. 연구참여자 14명은 서울 소재 7개 대학에 재학 중인 대학(원)생이다. 모두 여성이며, 2명은 서울, 7명은 경기도, 5명은 수도권 외 지역에서 서울 소재 대학으로 진학한 이들이다.

심층면접은 2018년 8월부터 2019년 4월에 걸쳐 이루어졌다. 면접은 연구참여자의 동의를 받아 녹음하였고, 대부분의 면접이 연구참여자당 2회로 진행되었다. 1차 인터뷰에서는 연구참여자들에게 살아온 이야기를 자유롭게 해달라고 부탁하였고 1차 인터뷰를 진행한 후 작성한 녹취록 분석을 바탕으로 2차 인터뷰에서는 좀 더 초점화된 질문으로 면접을 진행하였다. 전체 14명의 연구참여자 중 7명의 면접참여자를 직접 인터뷰하고 녹취록을 작성하였으며, 나머지는 페미니즘 페다고지 연구모임[2]을 통해 수집된 녹취 자료를 제공받아 분석하였다.

〈표 1〉 연구참여자 기본사항

사례	특성 (인터뷰 당시 기준)	주요 사용 플랫폼	오프라인 공동체 활동	페미니즘 관련 실천
사례 1	어문계(24세)	블로그 · 페이스북	-	개인 블로그 운영
사례 2	대학원생, 어문계(28세)	인스타그램	동아리	여성학 공부
사례 3	어문계(24세)	인스타그램	-	탈코, 비혼 · 비출산
사례 4	어문계(25세)	트위터	SNS기반 학내단체	성폭력사건지원 문화제, 연대활동
사례 5	대학원생, 어문계(28세)	활용저조 (트위터)	동아리	여성단체 소모임 참여
사례 6	예술계(24세)	트위터	-	탈코
사례 7	어문계(25세)	페이스북 · 트위터	동아리	집회, 청원, 후원
사례 8	예술계(23세)	트위터 · 에브리타임 · 팬카페	-	탈코, 후원, 불매운동
사례 9	어문계(22세)	에브리타임	-	-
사례 10	어문계(24세)	인스타그램 · 트위터 · 팬카페 · 여초카페 · 유튜브	-	-
사례 11	어문계(24세)	페이스북 · 트위터 · 인스타그램	-	탈코, 4B, 퀴어퍼레이드 기획단
사례 12	이공계(24세)	트위터	-	탈코, 미러링
사례 13	예술계(24세)	페이스북 · 인스타그램	-	집회
사례 14	이공계(23세)	트위터 · 인스타그램 · 에브리타임 · 여초카페	동아리 · 세미나	세미나, 카드뉴스제작배포

2 페미니즘 페다고지 연구모임에서는 최근 한국사회의 페미니즘 대중화를 주도하고 있는 젊은 여성들의 경험을 그들의 목소리를 통해 직접 들어보는 연구가 필요하다는 문제의식을 가지고 2018년 8월부터 20대의 대학생들을 대상으로 심층면접을 진행하였다. 필자는 2019년 1월부터 이 모임에 참여하여 연구를 함께 수행하였다. 연구모임에 합류하게 된 필자는 2019년 1월 말부터 4월까지 총 7명의 연구참여자를 인터뷰하였는데 심층면접을 통해 생산된 녹취자료는 연구모임의 구성원들이 공유하는 것을 원칙으로 하였으며 연구참여자들에게 이를 설명하고 동의서를 작성하였다. 연구모임의 구성원들의 일정이 조율 가능할 때는 사례회의를 통해 녹취자료를 함께 분석하거나 2차 인터뷰의 질문을 함께 구성하기도 하였다.

2. 페미니스트 되기: "빨간약"을 먹은 여성들

1) '여자임'을 자각하기: 충격과 분노로 다가온 사건들

연구참여자들이 페미니스트가 된 계기는 다양했는데, 다수가 2015년 이후 발생했거나 수면 위로 떠오른 대중문화 콘텐츠를 둘러싼 여성혐오, 강남역 여성 살인사건, 불법촬영물을 비롯한 디지털 성폭력, 미투 운동 등 사회적으로 이슈가 된 사건들을 자신이 페미니즘에 관심을 가지게 된 계기로 꼽고 있다. 그중에서도 2016년에 발생한 강남역 여성 살인사건은 "모든 여자들의 전환점"이라고 평가될 정도로 다수의 연구참여자들이 페미니즘에 강하게 접속하게 된 계기다. 사례 7에게 강남역 여성 살인사건은 내가 노력해서 학벌이나 돈과 같은 "강력한 자원"을 가지게 되면 자유와 안전이 담보될 거라는 "착각"에서 벗어난 계기가 되었다. 불법촬영물 역시 페미니즘에 관심을 갖게 된 주요 사건으로 이야기된다. 사례 3과 사례 4, 사례 8은 불법촬영에 공포와 불안을 느끼고 스스로의 생활을 제약하기도 한다. 자취방에 카메라가 없나 매일 살펴보거나, 암막 커튼을 한 번도 젖힌 적이 없거나, 여성 안심 스티커가 붙어 있는 화장실이 아니면 공중화장실에는 아예 가지 않는 것이다.

강남역 여성 살인사건과 디지털 성폭력에 분노하던 연구참여자들은 사건 자체보다도 이를 둘러싼 온 · 오프라인의 반응들에 더 큰 충격을 받고 혼란스러움을 느꼈다고 말한다. 강남역 여성 살인사건이 발생했을 당시 많은 여성들은 이 사건을 여성혐오 범죄로 명명했다. '여자라서 죽었다'는 선명한 구호는 여성들의 공감을 불러일으켰고, 사건을 통해 느끼는 분노와 슬픔의 정동이 포스트잇으로 뒤덮인 강남역 10번 출구에서 집합적으로 공유되었다(이나영, 2016; 정용림·이나영, 2018). 그러나 사례 12가 말하듯 이 사건이 여자 "전원의 문제"라는 인식은 여성들 사이에 깊은 공감대를 형성하며 여성들의 성폭력 경험을 공유하는 필리버스터로까지 이어졌지만, 이 사건을 둘러싼 해석과 정동이 동일하게 공유된 것은 아니었다. 명백한 여성혐오 범죄를 두고 정신질환을 가진 한 개인의 문제일 뿐이라 주장하는 반응을 보면서 성별에 따른 경험과 인식의 차이를 절감하게 된 것이다.

한편 이들은 이 사건을 둘러싸고 여성들이 집합적으로 내는 목소리가 제대로 경청되거나 존중되는 대신 무시되고 조롱된다는 사실에 충격과 배신감, 혼란스러움을 느끼기도 했다. 사례 4는 남자인 친구들이 강남역 여성 살인사건을 단순한 약육강식의 논리로 설명하는 걸 보면서 이들에게 여성 대상 폭력이 문제로 여겨지지 않는다는 걸 깨달았을 뿐더러 사건을 접한 자신이 여성으로서 갖는 두려움을 드러내고 문제 제기하는 것을 두고 불편해하고 공감하지 못하는 걸 보고 "충격"과 "배신감"을 느끼게 되었다. 사례 7은 추모 현장의 분위기를 남성혐오로 프레이밍하고 추모 시위에 참여한 여성들의 사진을 찍어 인터넷에 공유하면서 조롱하고 있다는 얘기를 들으면서 같은 사건에 대한 "온도 차"가 이렇게 크다는 사실이 혼란스럽다.

연구참여자들은 이 과정에서 여성으로서 느끼는 일상적 공포와 두려움은 "여자들한테만 한정된 얘기"라는 걸 알게 되었다. 동시대를 살고 있음에도 성별에 따라 전혀 다른 경험을 한다는 사실은 성차별적 사회구조에 대한 자각으로 이어졌다. 여기에 사회의 성차별적 구조에 문제 제기하는 여성들의 집합적 목소리가 제대로 경청되고 존중되지 않고, 단지 '여자 문제'로 취급되는 것을 보면서 사회의 남성중심성을 깨닫게 되기도 하였다. 대중문화의 여성혐오 논란이나 대학 내 카톡방 성희롱 사건, 정준영 성폭력과 버닝썬 사태 등을 계기로 여성혐오와 여성의 성적 대상화가 공고한 남성문화라는 사실을 깨닫고 문제의식을 느끼게 된 연구참여자들도 있다.

이들은 사회적으로 이슈가 된 사건을 계기로 자신이 언제든 젠더 폭력의 피해자가 될 수 있는 '여자임'을 자각했을 뿐 아니라 그 사건들을 둘러싼 사회와 남성들의 반응을 보고 집단으로서 여성이라는 범주에 강력한 동일시를 하게 됐다. 여성들이 어떤 경험을 하고 사는지에 무지하고 무관심한 것을 넘어 여성을 비하하고, 성적 대상화하면서 남성들만의 연대를 공고히 하는 남성문화가 존재한다는 사실은 연구참여자들의 현실 인식을 뒤흔들었다. 나아가 이에 문제 제기하는 여성들의 목소리가 "예민함", "일반화", "남성혐오" 등으로 치부되거나 무시되는 것을 목도하면서 분노를 느끼는 동시에 "여자들은 다 안다"는 감각과 "우리 여자들"이라는 집합적 동일시를 획득하였고, 이는 남성에 대한 불신과 여성 연대에 대한 희망과 절박함으로 이어지게 된다.

2) 페미니즘의 언어로 내 경험을 재/해석하기

현실과 디지털 공간의 여러 경로를 통해 페미니즘 담론과 만나고 나름의 언어를 획득했거나 찾아가고 있는 연구참여자들은 자신이 살아오면서 겪었던 차별과 폭력의 경험을 재/해석하는 과정을 거치고 있었다. 현재 한국 사회의 20대 대학생들은 민주화를 경험한 세대의 자식이자, 제도적 평등을 일궈낸 여성운동의 성과 위에서 자라 비교적 성차별을 경험하지 않고 대학에 진학한 세대로 인식되어왔다(이나영, 2016). 그러나 지금껏 살아오면서 겪었던 성차별의 경험이 있냐는 질문에 많은 연구참여자들이 가족과 학교에서 경험한 성차별과 폭력의 문제를 들려주었다. 가족 내에서 폭언이나 물리적 폭력, 성추행 등을 경험한 이들도 있었고, "사소한 차별"이라거나 "평범한 가부장적 가족"이라는 평가를 내리면서 남아선호사상과 성차별적 인식을 숨기지 않고 드러내던 조부모나 친척, 부모님들을 보고 자란 경험을 들려주기도 하였다.

가족뿐만 아니라 초·중·고등학교의 선생님들이나 또래 친구들이 성차별을 하거나, 성희롱, 성추행을 일삼았던 경험을 공유해주기도 하였는데, 그때는 그게 문제임을 자각하지 못했다고 말하는 이들도 있었지만, 이런 경험들로 인해 자연스레 "반항심"이나 "반골기질"을 가지게 됐거나 마음속에 "응어리"가 생기게 됐다고 말하기도 한다. 이들은 자신이 자라면서 경험한 성폭력이나 성차별, 그리고 그 속에서 만들어진 어떤 감정이나 기질이 자신을 페미니즘과 만나게 했다고 의미화하고 있었다.

외모 평가와 외모 관리 경험은 연구참여자 다수가 관심을 가지고 있는 페미니즘 의제이며, 일부 연구참여자가 페미니즘에 관심을 갖게 된 계기이다. 연구참여자들은 끊임없는 외모 품평과 이에 따른 압력 때문에 자존감이 떨어지기도 하고, 거식과 폭식을 경험하기도 하고, 성형을 하기도 했으며, 예쁘지 않으면 발언권이 아예 없다고 느끼기도 하고, 자신과 다른 여성을 외모로만 평가하고, 노력과 의지가 부족한 자신을 탓하기도 하였다. 외모 평가와 관리 압력 때문에 개인적으로 고통을 겪어온 이들도 있었지만, 디지털 공간에서 페미니즘과 탈코르셋 운동을 접하고 여성들의 외모 관리 문화에 문제의식을 느끼기 시작한 이들도 있다. 이들은 특정한 몸과 스타일로 예뻐져야 한다는 규범 속에서 여성이 끊임없이 품평과 희롱의 대상이 되는 동안, 외모 관리가 개인의 욕망과 선택으로 간주되고 있다는 사실을 깨닫게 되었다.

아르바이트 등의 일터에서 성차별과 성희롱, 성추행을 경험하기도 한다. 19살 때부터 다양한 아르바이트를 한 사례 1은 그만큼 "희롱의 경험도 굉장히 많"았다. 아르바이트를 하면서 외모 규율, 성희롱, 위협적인 성적 접근 등을 경험한 사례 1은 내가 왜 이런 일을 겪어야 하는지 아무리 생각해봐도 자신이 "어린 여자"라는 이유밖에 찾을 수가 없었다. 자신을 걱정하고 분노하던 지인들은 대처법으로 일을 그만두길 권했지만, 자신이 잘못한 것도 없는데 "보수가 좋은 일자리"를 왜 스스로 그만둬야 하는지 이해할 수 없었다. 이런 경험은 사례 1이 미투 운동을 보고 다른 사람들보다 더 분노하고 공감할 수 있게 된 계기가 되었다. 일을 그만두거나 참는 거 말고는 달리 방법이 없다고 생각했던 과거와는 달리 "지금이면 정말 할 수 있다"고 말하는 사례 1은 "빨간약"을 먹고 나니 자신이 경험한 성차별과 성폭력을 "정리"할 수 있는 언어뿐 아니라 "대처" 능력까지 가질 수 있게 되었다고 말한다.

언어화되지 못하고 "화"나 "응어리", "억울함"이라는 감정으로만 떠돌던 연구참여자들의 지난 경험들은 페미니즘의 언어를 만나면서 마치 "퍼즐조각"이 맞는 느낌으로 재/해석되었고, 차별에 대처할 수 있는 힘과 연대로 연결되고 있다. 대학교 1학년 때 교수의 성차별적 발언을 그냥 듣고 넘긴 것이 후회되었던 사례 13은 이후 #○○계_내 성폭력 운동이 진행되었을 때 이 교수를 고발했다. 지금 같았으면 바로 맞받아쳤을 거라는 그에게 페미니즘은 성차별에 저항하는 힘과 "연대해주는 사람들"에 대한 "신뢰"로 연결되고 있다. "쫄보"라 페미니스트로 인식되는 것이 두려웠던 사례 5는 페미니즘 학회에 가입하는 것을 망설인 적이 있고, 모르는 남성이 혹시나 가할지도 모르는 폭력 때문에 페미니즘 시위 현장에 대한 두려움을 갖고 있다. 그러나 "국가기관 이런 거 전혀 믿지 않"는 사례 5는 자신이 피해를 당한다 하더라도 "누군가 도와줄 거라는 생각"은 확실히 든다. 성폭력 피해자들이 명예훼손과 역고소의 위험을 감당하면서도 줄줄이 발언하고, 사람들이 모금을 비롯한 지원에 나서거나 연대해서 시위를 하는 풍경들을 보면서 "메갈년들"이 도와줄 거라는 믿음이 생긴 것이다.

3) 남성혐오라는 딱지와 불균질한 "시대의 분위기"

연구참여자들이 페미니스트가 된 것은 디지털 공간을 중심으로 전개된 활발한 액티비즘과 이를 바탕으로 한 페미니즘 대중화의 영향이 컸다. 일부 연구참여자들은 페미니즘이 대중화되고, 페미니스트 정체성이 많은 여성들의 자기규정의 일부가 된 "시대의 분위기"를 실감하고 있다. 페미니즘 이슈가 일상적인 차원으로 들어와서 "여자 셋만 모여도 페미니즘 얘기"가 나오고, 서로를 "레이더"같이 발견하면서, 굳이 페미니스트라는 "워딩"을 쓰지 않아도 이 시기를 지나고 돌아보니 주변에 "페미니스트 아닌 사람이 없"는 상황이 되어버렸다는 것이다. 자신이 소속된 공동체나 또래집단 내에서 공유되는 이 분위기 속에서 이들이 구성해가는 페미니스트 정체성은 고립과 배제를 감수하면서 만들어가고 지켜내야 하는 고된 과정으로만 체험되고 있는 것은 아니었다. 주변의 여자 친구들에게 페미니즘이 "그냥 자연스럽게" 흘러나오는 주제가 되면서 "나 페미니스트야"라는 선언을 굳이 하지 않아도 그것이 "내 정체성의 일부"가 되었다고 말한다. 사례 5가 말하듯이 "언제 무슨 생각을 했었는지 정리가 잘 되지는 않지만 여러 사람들을 만나고 페미니즘 담론을 접할 때마다 생각이 왔다 갔다 하면서, 문득 내가 많이 바뀌었다고 느껴지는 순간들"을 살고 있는 것이다.

하지만 사례 13이 말하듯 학교, 전공의 특성, 학과의 분위기, 지역마다 차이가 있기 때문에 현실에서 감지하는 "시대의 분위기"에 대한 평가는 개별 페미니스트들이 처한 상황에 따라 확연히 달라진다. 시대의 분위기가 바뀌었다고 느끼거나 주변에 페미니스트 친구들이 많은 연구참여자들은 본인이 페미니즘이 "강성"인 학과에 소속되어 있거나, 학과에 페미니즘 관련 모임이 결성되어 있거나, 여초학과이거나 여대라는 특수성 등이 이들에게 페미니즘에 좀 더 친화적인 환경을 제공했다고 평가한다. 실제 이런 공간에 소속되어 있는 연구참여자들의 경우에는 세간의 부정적인 페미니스트에 대한 인식에 비교적 영향을 덜 받고 있지만, '페미니스트=메갈=여자일베' 혹은 '페미니즘=남혐'이라는 공식이 통용되고 있다고 공통적으로 보고한다.

지난 2015년부터 디지털 공간의 페미니스트들은 한국사회의 여성혐오에 적극적으로 문제 제기하면서 각종 젠더 이슈들을 사회적 문제로 대두시켰다. 특히 메르스 갤러리에서부터 여성들이 보여준 미러링 실천은 많은 여성들에게 반향을 일으켰다. '착한 페미니즘'을 거부(문은미, 2016)한 페미니스트들의 운동 방식과 그 "과격"함에 대한 논쟁이 오갔지만 이런 전략이 성차별적인 문화에 대한 저항으로 이해되면서, '여성혐오'에 대한 문제의식을 사회에 환기시키는 결정적인 계기가 되었다고 평가된다.[3]

3 만연한 여성혐오와 성별 이중규범을 폭로했던 '메갈'이 남긴 유산은 미러링 용어뿐만은 아니다. 메르스 갤러리와 이후 여성혐오를 혐오하는 메르스 갤러리 계승을 표방하며 개설

페미니즘과 페미니스트에 주목된 관심은 많은 페미니스트들의 출현을 가능하게 했지만 안티페미니즘의 반격 또한 만만치 않다. 특히 강남역 여성 살인사건의 보도 이후 보수 언론을 중심으로 '한국의 페미니즘'을 '남성혐오'로 문제화하는 프레임이 등장하였고, 이는 남성 중심 커뮤니티의 일반화된 담론 구조로 자리 잡았다(김수아, 2018). 이런 식의 프레임이 '메갈'과 '워마드'는 '여자 일베'라는 식으로 악마화하는 담론과 결합하면서 여성 이슈의 쟁점화 자체를 성대결의 확산으로 보거나, 여성 이슈에 대해 여성들이 목소리를 내는 것 자체를 '남혐'으로 보는 시각이 득세하게 되었다(배은경, 2019).

안티페미니즘 담론은 페미니스트를 단일한 문제집단으로 구성하기 위해 이들을 낙인찍을 구실과 멸칭들을 계속해서 만들어내면서 페미니즘 운동과 주체 형성에 지속적이고 강력한 효과를 발휘하고 있다. 이 때문에 자신이 속한 학내/학과 혹은 또래집단 내에 안티페미니즘의 분위기가 있거나 페미니즘에 무관심한 공간에서 지내고 있는 연구참여자들은 페미니스트 "낙인"에 대한 두려움을 크게 느끼고 있다. 이들은 페미니스트로 인식되면 모르는 남성에게 폭력을 당하거나 그들이 속한 공동체에서 고립되고 배제되거나, 향후 취업이나 인사에 미칠 영향을 우려하고 있다. 이런 두려움은 이들이 현실에서 안전함을 느끼면서 지인들에게 페미니즘과 관련한 이슈를 던지고 고민을 이어가거나 시위에 참여하는 등의 활동을 제약하고 있다. 현실 공간에서 페미니즘에 대한

된 '메갈리아'라는 개방형 독립 사이트에서는 거의 모든 젠더 의제들이 거론되었고, 메갈리안들은 각종 논쟁과 갈등을 겪으며 분화되는 과정에서도 다기한 페미니즘 담론들을 사회적 화두로 만들고, 다양한 액티비즘을 기획했다. 또한 운동의 방식, 성소수자 혐오와 '여성' 범주의 구성, '남성혐오'는 가능한지 등 현재까지 지속되고 있는 논쟁과 갈등 역시 모두 '메갈'이 뿌려놓은 씨앗에서 비롯됐다고 할 수 있다.

부정적 인식이나 폭력의 위협을 느끼지 않고 페미니즘 관련 대화와 토론을 나눌 수 있는 관계나 공간이 없는 페미니스트 여대생들의 경우 디지털 공간이나 학내에 개설되는 페미니즘 관련 수업이 페미니즘을 '안전하게' 접할 수 있는 거의 유일한 기회가 되고 있다.

3. 페미니즘'들' 속에서 나의 페미니즘 만들기

이 장에서는 안티페미니즘에 맞서 성차별이 엄존하는 현실을 강변하고 '페미니즘'을 옹호해야 하는 위치에서 자신의 페미니즘을 구성하고 있는 20대 페미니스트들이 페미니스트들 간의 차이 또한 계속해서 마주하게 되면서 겪는 곤경에 주목한다. 안티 페미니즘이 추동하는 페미니즘에 대한 물화된 인식과 페미니스트 내부의 차이들을 다룸에 있어 이들이 경험하는 혼란과 갈등을 점검하고 이 곤경을 헤쳐 나가기 위해 필요한 바탕이 무엇인지를 살펴보고자 한다.

1) 피해자 페미니즘?: 남성에 대한 불신과 변화에 관한 전망

다양한 디지털 플랫폼을 활용하고 있는 연구참여자들은 디지털 공간에서 전개되는 페미니즘을 둘러싼 각종 논란과 갈등을 민감하게 인식한다. 최근 이들이 주로 목격하고 고민하는 논란과 갈등은 페미니즘이 여성은 피해자, 남성은 가해자로 일반화 · 고정화하고, 남성을 아예 배제하고 있다는 비판이다. 구조에 대한 문제의식과 결부되지 못한 피해자 담론이 폭증한 현실(추지현·이현재, 2021)에서 페미니스트 내부에서도 피해 경험의 공통성으로 구성되는 집단 정체성에 대한 비판과 성찰이 제기되고 있다. 피-가해의 이분법 속에서 여성의 정체성을 순수한 피해자로 구성하고, 모든 남성은 잠재적 가해자, 모든 여성은 잠재적 피해자라는 극히 단순화된 집단 정체성을 통해 여성 억압이 어떤 억압보다 더 큰 상처이자 고통임을 강조하는 경향이 두드러지게 나타나고 있음을 지적하고, 이것이 여성들 사이에 존재하는 차이를 지우고 변화의 가능성을 고려하지 못하게 한다는 논의가 그것이다(이현재, 2017; 정희진, 2018; 추지현·이현재, 2021). 그렇다면 연구참여자들에게 '여성'과 '남성'은 그리고 변화를 위한 전망과 전략은 어떻게 구성되고 있을까?

최근의 안티페미니즘은 '한국의 페미니즘'을 '남성혐오'로 프레이밍하는 것뿐만 아니라 성차별은 과거의 부정의일 뿐이고, 성차별을 시정하려는 페미니즘 기획은 오히려 남성에 대한 '역차별'이라 주장한다. 구조적 성차별은 없다는 것을 전제로 두고, 여성에게 혜택을 주려는 현재의 편향된 페미니즘은 진정한 (양)성평등을 위협하는 오염된 정치사상이자, 불공정 기획이라는 안티페미니즘 담론이 힘을 얻게 되었다(김보명, 2019; 김수아, 2021). 반면 연구참여자들은 성차별을 한국사회의 구조적 문제로 인식한다.

페미니즘을 "성별싸움의 연장"이라고 생각했던 사례 3은 여성학 수업을 듣고 페미니즘이 성차별을 비롯한 사회문제의 구조적 해결을 도모하는 이론과 실천이라는 생각을 하게 되었다. 사례 9는 지금까지는 자신이 여성 대상 폭력의 피해자가 될 수 있다는 생각만 했지 특권도 누리고 있다는 생각을 못 했었는데 여성학 수업 시간에 특권사다리 동영상을 본 뒤로 자신이 어떤 부분에서는 특권을 누리고 있었다는 점을 알게 됐다. 사례 8은 남성들도 "사회의 틀 안에서 남성성이란 것도 강요"되는 등 어려움이 있을지 모르는데 자신이 너무 "이분법적으로 생각"하게 될까봐 걱정이다. 이들은 여성들이 구조적 성차별 속에서 언제든 피해자가 될 수 있지만, 여성이라고 다 같은 위치에 있는 것이 아니라 사는 지역, 경제적 상황, 성적 지향 등에 따라 차이가 있다는 점을 인식하고 있다. 교차성을 체화하고 있는 이들은 또한 남성이 성차별적 구조 속에서 혜택을 받는 수혜자라고 보지만, 개별 남성들 역시 사회구조 속에서 피해를 경험할 수 있다고 생각한다.

남성을 성차별적 사회구조의 수혜자 혹은 가해자로 고정화하는 인식도 존재하며, 여성의 피해자됨을 강조하는 경향도 포착된다. 사례 6에게 남성은 가부장적인 한국사회의 수혜자다. 남성은 한국사회에 태어난 이상 혜택을 받고 살아왔기 때문에 본인이 페미니스트라고 주장한들, 그냥 "한남"일 수밖에 없다. 사례 11은 남성은 페미니즘의 당사자가 될 수 없다고 생각한다. 개별 남성이 개인이 처한 위치에 따라 차별을 경험할 수 있다는 것도 알고 있지만 구조적으로 봤을 때 남성은 수혜자이고 여성은 피해자이기 때문에 페미니즘 운동에 있어 "여성에게만 초점"을 두지 "남성은 염두에 두고 있지 않"다.

또래의 페미니스트들이 남성을 지나치게 배척하고 "혐오"하고 있다고 진단하는 연구참여자들도 있다. 남자친구와의 관계가 자신에게 긍정적인 영향을 미치고 있다고 의미화하고 있는 사례 9는 남성과의 관계에서 여성을 무조건 피해자로 상정하는 일군의 페미니스트들 때문에 페미니즘을 일부러 멀리한 적도 있다. 여성학 수업을 통해 성차별이 구조적 문제임을 알게 되었다는 사례 3은 친구들과의 대화에서 여성의 피해 주장에 대한 이견을 제시하는 것 자체가 "남자 챙기는 것처럼 보일까봐" 이수역 사건에 대한 자신의 생각을 말하지 못한 경험이 있다. 하지만 사례 3은 친구들이 남자를 믿지 않고, 여성의 피해를 강조하는 이유가 여성은 피해자, 남성은 가해자라는 이분법에 갇혀 있기 때문이 아니라 너무 많은 여성 대상 폭력을 듣고 보기 때문이라고 진단한다.

이성애 연애를 단순한 여성 억압으로 치환하던 일군의 페미니스트들 때문에 페미니즘을 멀리했던 사례 9도 정준영 성폭력이 이슈가 된 후 진행한 2차 인터뷰에서 "인류애를 잃은 기분"이라고 말한다. '정준영 동영상'이 실시간 검색어에 오르는 걸 보면서 "이 와중에 찍힌 여자아이돌이 누군지 궁금해"하는 한국 남자들에게 "이쯤되면 종특인가" 싶은 깊은 회의감과 분노가 밀려왔다.

2015년 이후 이슈화된 사회적 사건들과 이를 둘러싼 사회와 지인들의 반응을 보고 연구참여자들이 깨달은 것은 우리 사회에 여성 억압이 여전히 존재한다는 사실과 남성중심사회에서 여성들의 목소리가 공론장에 기입되기 위해서는 페미니스트 여성들 간 연대가 필요하다는 점이었다. 이런 현실 인식에 더해 역차별을 주장하는 안티페미니즘 담론과 페미니스트에 대한 공격이 득세하는 상황은 일부 연구참여자들이 여성 집단의 피해자됨을 강변하는 이유로 작용하고 있다.

하지만 사례 14는 "남성을 배제하는 페미니즘 운동이 무엇을 바꾸고 있는지"라는 생각이 든다. 그동안 디지털 공간에서 별 문제의식 없이 지속되어 온 여성에 대한 멸시, 비하, 공격을 패러디하며 남성들에게 그대로 돌려준 메갈리아의 미러링은 만연한 여성혐오를 폭로하는 효과가 있었지만, 남성들에게 성찰의 기회를 제공했다기보다 오히려 여성들을 각성시킨 의식화의 효과를 발휘했다. 이제 미러링이 적절하고 효과적인 전략이었냐는 논의는 뒤로 밀려난 듯 보이지만 구조의 문제를 인격화하고, 페미니즘에 대한 반격이 문제의 본질을 가리는 역효과를 내고 있으니 지속가능한 운동 방식은 아니라는 평이, 존중과 인정의 언어를 만들어내는 일이 더 중요하다는 제안이 제시되기도 했다(김수진, 2016; 천정환, 2016). 페미니즘 세미나에서 남성들과 소통한 경험이 긍정적이었던 사례 14는 "남자들 지우고 우리끼리만 논의하면" 변화를 이뤄낼 수 없으니, 이런 "대화의 장"이 많이 마련되는 게 필요하다고 제안한다.

사례 7은 "N개의 페미니즘"이라는 말처럼 페미니즘이 다양하다는 것을 알지만 "모두를 위한 페미니즘"이란 말을 들으면 "콧방귀를 뀌었"었다. 하지만 대안학교의 교사를 하면서 "그런 말들이 맞는 거"라는 생각을 하게 됐다. 학생들과 다른 교사들과 함께 장기 교육 여행을 떠나 "개차반 같은 말"을 하는 사람도 매일 봐야 하는 상황 속에서 꾸준히 설득하고 소통했고, 토론과 소통이 변화와 성찰의 촉진제로 작동한다는 점을 경험하게 되었다.

사례 14와 사례 7처럼 남성과 소통하고 설득하는 과정에서 긍정적 변화를 경험한 이들과 다르게 남성과의 소통 경험이 부정적이었던 이들은 남성이 변화할 것이라는 신뢰가 별로 없다. 남성과 함께하는 페미니즘을 주장하는 페미니스트들도 변화가 어렵고 더디다는 걸 의식하고 있다. 변화는 여성들에게, 그리고 여성들에 의해 일어난다고 생각하는 이들은 남성보다는 그동안 경청되지 않았던 여성의 목소리에 더 주목하고, 여성의 목소리가 더 들리게 하는 것이 페미니즘이 지향해야 할 주된 방향이어야 한다고 말한다. 하지만 변화를 위한 소통과 설득에 지친 이들이 입을 모아 주장하는 것은 이 설득과 소통이라는 노동의 책임을 개별 페미니스트들에게 지우기보다 페미니즘 교육이 제도화될 필요가 있다는 점이다. 이들 대부분은 대학에 페미니즘 교육과정을 신설하고 확장하는 것과 초중고에 페미니즘 교육을 의무화하는 것이 필요하다고 주장한다.

2) "모범답안" 찾기와 "진영" 선택: 여성 범주를 둘러싼 논란과 페미니즘 진영 구분

최근 디지털 공간에서 전개되어 온 페미니즘 담론에 관한 연구들은 일군의 페미니스트들이 '여성'을 생물학적 범주로 제한하고 '여성 우선'을 주장하는 페미니즘 운동을 전개함으로써 젠더 이분법과 다른 소수자에 대한 배제와 혐오를 강화하고 재생산하는 효과를 발휘하고 있다는 점을 지적하고 있다(고병진, 2018; 김보명, 2018a; 나영, 2017; 이현재, 2017; 이효민, 2019; 정희진, 2018). 고병진(2018)은 지속적으로 연대 거부의 담론이 생산되고 있는 워마드의 사상이 온 · 오프라인에서 TERF가 늘어나는 상황에 관여하고 있으며, 메갈리아 세대 중 일부가 TERF가 되는 과정에서 최근의 페미니즘 운동이 '쓰까페미'[4]와 '연대를 거부하는 여성들'이라는 진영들로 양분화되고 있다고 진단한다. 과연 교차성 페미니즘 혹은 분리주의 페미니즘이 젊은 여성들의 페미니즘 정치학을 추동하는 대표적인 페미니즘으로 자리 잡은 걸까?

몇몇 연구참여자들은 혜화역 시위로 가시화된 논란인 페미니즘 운동이 '여성'을 우선시해야 한다는 주장과 이런 주장이 다른 소수자들을 배제하고 연대의 정치를 거부한다는 비판을 익히 들어 잘 알고 있으며, 이에 대한 자신의 의견을 말해주었다. 우선 생물학적 여성만 페미니즘 운동의 주체가 될 수 있다는 주장에 동의하는 연구참여자는 없었다. 혜화역 시위에서 '생물학적 여성만 참여 가능'이라는 조건을 달면서 첨예한 논쟁의 주제가 되었던 퀴어 및 트랜스 배제의 문제에 대해 언급

4 '쓰까'는 한데 넣어 합친다는 의미의 '섞다'라는 말의 경상도 사투리이다. 페미니즘 운동에 퀴어, 트랜스젠더, 장애, 난민 등 다른 인권 운동의 의제를 섞는다는 뜻을 가지고 있다.

한 사례 11은 혜화역 시위에 유일하게 참여해본 연구참여자다. 시위에 참가한 여성들의 사진을 찍어 인터넷에 올리고 조롱과 비난을 하는 남성들의 폭력이 2015년 이후의 거리 시위에서 꾸준히 있어 왔다. 사례 11은 "생물학적 여성만"이라는 조건이 이런 현실 속에서 시위 참가자의 안전을 고려한 조치라고 이해하고 있지만, 자신이 이 문제에서 어떤 "태도"를 가져야 할지 아직 고민된다.

사례 3과 사례 8은 디지털 공간에서 남성 성소수자 집단 내의 여성혐오가 심각하다는 비판이 제기되고, 트랜스젠더 여성은 '여성'이 아니며, 이들의 여성성 수행이 여성의 이미지를 고착화하거나 여성성을 희화화한다는 논리를 보고 이에 일부 공감하고 있다. 사례 3과 사례 8은 이런 정보를 SNS에서 접했고 트랜스젠더에 관해서는 영화를 통해 어떤 전형을 본 것이 전부이다. 사례 8은 사실 크게 관심이 없어서 자세히 찾아본 적은 없고, "예민한 주제"라 자신이 "말을 얹"을 수 있는 게 아니라고 생각한다. 사례 3과 사례 8이 일부 공감한 트랜스젠더는 여성이 아니며, 이들이 여성성을 과잉 수행함으로써 여성이 겪는 억압을 강화한다는 식의 주장은 트위터, 여초카페, 에타 등에서 반복해서 게시되고 공유되고 있다. 하지만 위와 같은 담론이 연구참여자들에게 트랜스젠더 배제와 혐오의 논리를 무비판적으로 수용하고 본질주의적 여성 정체성을 강화하게 되는 계기로 작용하고 있다고 볼 수는 없다.

페미니즘 운동의 주체와 의제 설정에 있어 '여성만'은 아니지만 '여성'이 우선적으로 고려되어야 한다고 생각하는 사례 3과 사례 11도 '여성'을 '생물학적 여성'으로 인식하는 것은 아니다. 주로 디지털 공간을 통해서 페미니즘 담론을 접하고 있는 사례 12는 여성 범주를 둘러싼 논쟁에 자신이 취할 "스탠스"를 정하고 "모범답안"을 찾기 위해 트랜스젠더들의 인터뷰와 관련 기사 등을 찾아보기도 하였다. "여성 당사자성을 중요하게 생각하고 있다는 점에서" 스스로를 "래디컬에 가깝다고 생각"하는 사례 11도 "페미니스트이자 퀴어로서" 이 문제에 어떤 "입장"을 가져야 하는가가 고민이다. 사례 11은 최근의 페미니즘 담론장을 "교차성과 래디컬로 나뉘"고, "퀴어 페미니즘과 래디컬이 싸우"는 상황으로 인식한다. 구조적 성차별에 문제 제기하기 위해 정치적 집단으로서 여성 범주를 구성하는 것과 교차성 논의가 "충돌"하고 있다고 말하는 사례 11은 마치 양분된 "입장" 중 하나를 선택해야 한다는 압력을 느끼고 있다.

안티페미니즘이 페미니즘을 문제화하고 페미니스트를 문제집단화하는 현실은 페미니즘에 대한 이해가 좋거나 나쁜 것, 옳거나 그른 것의 이분법적이고 도덕적인 문제로 자리 잡도록 하는 데 영향을 미치는 한편 안티페미니즘과 싸우면서 "한 마음"인 줄 알았던 페미니스트들 사이의 차이와 갈등도 맞닥뜨리는 연구참여자들은 논쟁에서 싸워 이길 "논리"나, 혼란스럽고 고민되는 쟁점에 대한 "모범답안"을 찾고 있다. 하지만 사례 5가 지적하듯이 페미니즘은 일단 공부만 하면 "해답"이 찾아질 것이란 기대를 부순다. 성(sex, gender, sexuality)에 관한 페미니즘 지식과 논쟁은 독학자들이 단기간에 독파하기에 그 역사와 범위, 깊이가 방대할뿐더러, 페미니즘 정치의 집합적 주체로서 '여성'이라는 토대가 갖는 역설로 인해 정치적 차이와 이견들이 끊임없이 재/구성되고 경합하는 과정이 반복되어 온 페미니스트 정치학의 특성상 개별 페미니스트들이 다기한 페미니즘 쟁점들을 다루는 작업은 복잡하고 어려울 수밖에 없다.

주목할 것은 페미니즘 내부의 차이와 갈등을 마주하게 된 이들에게 확증편향이 강화되기보다는 오히려 혼란 속에서 균열을 경험한다는 점이다. 이들은 대부분 논쟁 중인 쟁점들을 어떻게 다뤄야 할지 혼란스러운 상태로 내가 취할 "태도"나 "입장" 혹은 "대응할 논리"가 무엇인지 고민하고 찾아보려고 노력하고 있다. 따라서 이들을 고정되고 단일한 입장을 가진 특정 페미니스트로 범주화하는 것보다 "대응할 논리", "모범답안"을 찾는 이들에게 페미니스트 앎의 획득 과정이 유예 · 지연되는 조건들이 무엇인지가 구체적으로 탐색될 필요가 있으며(송지수, 2021), 페미니즘의 역사와 지식을 학습하고 페미니즘'들'을 토론할 수 있는 제도적 바탕을 마련하는 것이 필요하다.

3) 하나의 페미니즘과 페미니즘들: 페미니스트 연대에 대한 절박함과 분열에 대한 두려움

다수의 연구참여자들이 페미니즘 담론장을 진영 구도로 이해하는 경향이 있다. 이에 몇몇은 서로의 의견 차이를 확인하고 토론하고 논쟁하는 것을 "분열", "갈등", "파벌", "내분", "편가르기" 등으로 인식하면서 이것이 운동의 동력을 떨어뜨리고, "소강"시키고 "동지"를 잃게 할 것이라 우려한다. 페미니즘 의제에 대한 의견이 달라서 논쟁과 토론이 필요한 상황을 분열이나 대립으로 인식하는 것은 욕설을 포함하여 비난과 조롱이 오가는 강렬한 말하기 방식(한우리, 2017)을 특징으로 하는 디지털 공간에서 여러 논쟁을 거치면서 '쓰까'나 '랟펨' 등과 같은 진영 구도가 굳어지고, 이런 극화된 갈등이 과대 대표되고 있는 영향이 크다.

페미니즘은 하나가 아니다. 연구참여자들도 이를 잘 알고 있다. 그럼에도 불구하고 디지털 공간에서 페미니즘이 다양할 뿐만 아니라 심하게 대립하는 것을 목격하고 있는 이들은 안티페미니즘이 득세하고 있는 상황에서 힘 있는 페미니스트 연대의 토대가 상실될 것을 우려하기 때문에 페미니즘 내부의 차이를 비가시화하면서 공통성을 희구하는 태도를 구성하기도 한다. 연구참여자들의 이 합의된 페미니즘에 대한 열망은 의견이 다를지라도 논쟁과 토론을 주저하거나 회피하는 태도로 이어지기도 한다. 이런 공상적인 합의는 운동의 안정성과 지속성을 보장해주지 않는다. 페미니스트들이 하나의 진짜 올바른 페미니즘에 합의하지 못하는 것이 문제가 아니라, 페미니스트들이 논쟁과 토론을 하지 않는 것이 더 문제적이다.

연구참여자들을 비롯해 많은 여성들이 여성혐오와 성차별에 맞서 거대한 페미니즘 물결을 만들어낸 지난 몇 년간의 경험에서 페미니스트로 각성하고, 힘 있는 페미니스트 연대에 고양감을 느끼고, 사회 변화의 주체로서 자신감을 만들어왔다. 구조적 성차별을 인정하지 않고 역차별을 주장하는 안티페미니즘은 '한국의 페미니즘'은 '변질된 페미니즘'이라고 주장하면서 하나의 고정된 '올바른 페미니즘'이 있는 것처럼 암시하고 페미니즘을 물화하는 전략을 구사한다. 안티페미니즘과의 경합 속에서 '페미니즘'이 옳다고 선택한, 안티페미니즘의 안티테제로서 자신의 페미니즘을 구성해가는 개별 페미니스트 주체들도 이런 식의 인식에서 자유롭기 어렵다. 페미니즘은 없고 페미니즘들만이 있을 뿐이며, 페미니즘들은 언제나 경합해왔고, 앞으로도 그럴 것이다(Ferguson, 2017).

아메드(Ahmed)는 페미니즘은 DIY, 즉 스스로 조립하는 형태라고 말한다. 다양한 페미니즘이 있다는 것은 우리가 취할 수 있는 많은 페미니즘이 있다는 의미이기도 하다. 각자의 판본으로 페미니즘을 구성해나가는 것, 그것을 가지고 페미니즘'들'을 위해 싸우는 것이 페미니즘 담론장을 더 풍부하고 활발하게 만들고 지속하는 방법이 될 수 있다(아메드, 2017). 연구참여자들이 "조각들을 한데 묶는 과정" 속에서 혼란을 겪는 것은 페미니즘의 속성상 당연한 과정일 수 있다. 갈등과 혼란 속에도 나름의 "모범답안"을 찾고자 하고, 차이를 다루는 것의 어려움에 직면해서도 페미니스트 연대를 열망하는 이들의 진행 중인 페미니스트 되기 과정을 단수의 '페미니즘'이 아니라 복수형의 페미니즘을 구성해가는 역동적인 과정으로 읽어내면서, 상이한 입장들을 가로지르면서 페미니스트 연대의 정치를 구성하고 지속하기 위한 조건들을 탐구하고 마련하는 것이 중요한 과제로 부상한다.

4. 매뉴얼화 되는 페미니스트 실천과 페미니스트 '자격'

페미니즘을 세계와 자신의 삶에 대한 적확한 설명력을 갖춘 언어이자, 성차별에 맞선 저항과 변화를 위한 실천으로서 이해하는 연구참여자들은 실천하는 페미니스트 정체성을 강하게 가지고 있고, 특히 디지털 페미니즘이 벌여내는 액티비즘에 높은 관심을 가지고 나름의 방식으로 결합하고 있다. 이 장에서는 디지털 공간이 매개하는 페미니스트 실천의 특징들이 초래하는 혼란과 갈등이 무엇인지를 살펴본다.

1) 지양의 목록들: 디지털 공간이 매개하는 실천들과 매뉴얼화 되는 페미니즘

다양한 디지털 플랫폼을 사용하는 연구참여자들은 디지털 공간의 문법에 익숙할뿐더러 이에 큰 영향을 받기도 한다. 디지털 네이티브로 일컬어지는 이들은 디지털 공간 자체가 삶의 조건이자 기반(손희정, 2017)

인 사람들로 이들에게 온·오프라인은 배타적이고 단절적으로 구분되는 공간이 아니라 상호 매개적(조혜영, 2016)으로 작동한다. 디지털 테크놀로지에 친숙한 이들은 생산된 메시지를 확대 · 재생산하는 데 익숙하고, 재생산된 생산물들을 그들의 일상생활로 통합시키면서 새로운 문화를 만들어내는 역량을 가지고 있기도 하다(장민지, 2016). 이들의 이런 역량이 유감없이 발휘됐던 것이 메르스 갤러리에서 펼쳐진 미러링 실천이었다.

사례 12는 메갈리아와 미러링 실천을 실시간으로 목격하고 가담한 유일한 연구 참가자다. 사례 12에 따르면 메갈을 통해 확산된 페미니즘 담론은 예전 운동권들이 펼치던 "숭고한 이데올로기"에 따른 실천과 다르게 유머로 소비되었기 때문에 파급력이 컸다. 페미니스트라는 말보다 "메갈년"이라는 말을 사용하는 것을 더 선호하는 사례 5는 '메갈'이라는 용어가 담고 있는 "뚱뚱하고 남자한테 사랑 못 받아서 불편한 소리 하는 여자들"이라는 페미니스트 전형에 대한 낙인을 전유하면서 가지고 노는 것이 외려 자신의 페미니스트됨을 보여주는 것이다. 그런 그가 친해지지 못하는 페미니스트들이 "엄숙페미"인데, 그가 설명하는 엄숙페미들의 특징은 어떤 단어의 어원이 여성혐오적 의미에서 비롯됐다면 그 말의 사용을 금기시하고 폐기하거나 대체 용어를 사용할 것을 주장한다.

'메갈'의 미러링 실천이 남성들과 남성문화에 대한 조롱과 유머로 가득한 놀이의 측면이 강했다면, 의식화된 일군의 페미니스트들은 다른 여성들에게 이제 페미니즘을 진지하고 책임감 있게 수행할 것 또한 요청하고 있다. 이들은 개별 여성들도 뿌리 깊은 가부장제 사회에 깊게 연루되어 있으며, 문화와 일상, 사회를 바꾸기 위해서는 여성들도 변해야 한다고 주장한다. 이는 페미니스트 개인이 수행할 것이 기대되고 요청되는 다양한 종류의 실천들로 나타났으며, 이 과정에서 페미니즘을 지켜야 할 매뉴얼처럼 고정화해 이해하고 실천하는 경향도 확인된다.

사례 5가 말하는 "엄숙페미"들에 의해 종종 지적을 당하는 사례 14는 자신이 "반페미니즘적"인 얘기를 할 때마다 친구들이 하나씩 고쳐준다. 이런 일이 자꾸 반복되다 보니 지치게 되는 그는 "내가 아는 모든 단어가 다 여혐인건가?" 라는 생각이 든다. 그에게 일상 속에서 하고 있는 실천이 있냐고 물었을 때 나온 대답은 "지양"의 목록이라고도 할 수 있다. 사례 14는 친구들이 말하는 "반페미니즘적"인 것에 의구심이 들어도 논쟁하거나 토론하는 대신 지적된 문제적 발언이나 행동을 "지양"하는 방식으로 대처하고 있다.

발화자의 맥락과 구조를 무시한 채 "빻은 말"이라고 정해놓고 도덕적으로 문제시하는 것은 페미니즘의 언어들을 이미 상식적 규범이 된 것처럼 전제하고, 문제를 개인적 차원에서 바라보게 함으로써 토론과 논쟁이 불가능하게 만든다(최성용, 2019). 페미니즘이 디지털 공간의 속도전 속에서 '토론 없음'으로 경험되는 도덕의 레토릭이 되고 있다는 지적도 있다(김주희, 2016). 페미니즘을 역동적이고 변화하는 다양한 판본들로 이해하기보다 이념형의 올바른 페미니즘이 있다고 가정하는 것은 페미니스트 '자격'에 대한 심문을 낳기도 한다. "조금만 삐끗하면 갑자기 페미니스트가 아니게 되는 것 같은 느낌"을 받는다는 사례 14는 페미니즘을 지켜야 할 하나의 규범으로 이해함으로써 이를 어겼을 때 마치 페미니스트 자격이 없어지는 것 같은 느낌을 받는다.

2) 페미니스트 '자격': '입페미' 비판과 모순적인 욕망을 단속하기

탈코르셋 운동의 실천 여부를 두고 페미니스트 "자격"을 질문하는 경향이 두드러졌다. 이는 디지털 공간에서 탈코르셋 운동이 활발한 쟁점이 되면서 주요 페미니스트 실천으로 자리 잡았을 뿐만 아니라, 개인의 실천 여부를 두고 격한 논쟁이 오간 영향일 수 있다. 디지털 플랫폼을 활발하게 이용하는 연구참여자들은 SNS상에서 사용되는 용어나 문법, 논리 등을 체화하여 마치 내 것처럼 사용하기도 하는데, 이 때문에 디지털 공간에서 벌어지는 갈등과 비난을 현실의 압력으로 느끼기도 한다.

사례 4는 최근 디지털 공간에서 탈코르셋을 비롯한 운동에 동참하지 않는 사람들을 비난하는 등 "인권 의제들"이 다 "선악으로 나뉘는 느낌"을 받는다. 사례 9과 사례 14는 여대에서는 남자친구를 사귀고 화장을 한다는 이유로 "너 페미 맞냐, 페미니즘 하는 것 맞냐"는 질문을 받는다며, 마치 페미니스트가 되는 게 "어려운 단계가 있는 것 마냥" "검열"이 이뤄지고 있다고 말한다. 아직 화장하는 게 좋은 사례 1에게도 탈코르셋은 고민거리다. 탈코르셋을 하면 페미니스트로서 "말과 행동이 일치하는 느낌"이 들고, 내가 하는 주장에 좀 더 "설득력"이 있지 않을까 하는 생각이 든다는 사례 1은 탈코르셋의 노력이나 시도는 좋지만 하지 않는 사람을 비난하는 것은 문제라고 생각한다.

각자 그 이유와 방식은 달랐지만 사례 3, 사례 6, 사례 8, 사례 11, 사례 12는 탈코르셋을 시도 중이다. 사례 6와 사례 8, 사례 11은 여성들이 여성의 성적 대상화와 외모 관리 문화의 피해자로서만 존재하는 것이 아니라 이를 재/생산하는 데 연루되어 있다고 인식하기 때문에 탈코르셋을 실천하지 않는 동료 페미니스트들에 대한 안타까움 혹은 실망감을 가지고 있다. 하지만 사례 8은 탈코르셋을 "완전히" 하지 못하는 자신에 대해 "현타"를 느낀다. 사례 6는 친구들의 "세팅된 모습"이 혼란스럽다. 탈코르셋을 못했다고 페미니스트로서 "모자라다"고 할 수 없지만, 만연한 여성의 성적 대상화를 변화시키기 위해 탈코르셋이라는 실천 방식이 옳다고 생각한다. 그러나 이것이 "절대불변의 명제"도 아니기 때문에 계속해서 고민하고 답을 찾고 있는 사례 6는 친구들과 토론해보고, 가능하다면 설득하고 싶다. 하지만 탈코르셋에 대한 반감의 분위기, 탈코르셋 실천의 권유가 이른바 "역코르셋"이라는 비판적 인식을 감지했기 때문에 솔직한 대화와 토론을 할 수가 없다. 사례 11 역시 탈코르셋을 실천하는 페미니스트들이 특정 범주의 페미니스트로 인식되는 경향을 의식하고 있기 때문에, 주변의 친구들과 솔직한 대화를 하기 어렵다.

사례 8은 저마다의 맥락이 있으니 탈코르셋 실천 여부를 두고 옳고 그름을 판단할 수는 없다고 생각한다. 하지만 꼭 탈코르셋이 아니더라도 페미니스트라면 자신의 여건이 되는 한 실천하려는 노력은 해야 한다고 주장한다. 페미니즘 운동에 "기여"하기 위해 자신이 할 수 있는 것은 최대한 하고자 노력하는 사례 8이 볼 때 "입페미들"에게는 개인이 실천하지 않으면 사회가 변하지 않는다는 "지적"이 필요하다. 사례 11은 말만 하고 자기 자신을 바꾸려고 노력하지 않는, 페미니스트라는 정체성에 '진정성'이 없어 보이는 친구가 페미니스트일 수 있는지 고민이 된다. 다른 페미니스트들이 탈코르셋을 실천하지 않는다는 점에 혼란이나 실망감을 느끼는 사례 6과 사례 8, 사례 11은 각자 탈코르셋을 실천하는 이유와 방식이 다 다르다. 성적 대상화의 거부, 성별화된 외모관리 문화를 변화시키는 것, 외모관리 압력으로부터의 자기 해방 등 각자

다른 이유로, 다른 수준의 탈코르셋을 실천하고 있는 이들에게 공통적인 점은 페미니스트라면 개인의 변화 혹은 사회의 변화를 위해 자신의 생각과 말을 행동으로 옮기는 실천을 해야 한다고 생각한다는 점이다.

'여성'으로서 가지는 다층적이고 일견 모순적으로 보이는 욕망들은 '페미니스트'로서 가지는 자의식과 충돌하기도 한다. 일부 연구참여자들은 이럴 때 자신의 욕망을 단속하는 방법 외에 다른 상상력을 발휘하기 어려워한다. 사례 12는 외모관리가 자신에게 억압이라고 생각해본 적은 없지만 "어른"이자 "페미니스트"로서 "아랫세대"에게 다른 문화를 물려주기 위해 여성으로서의 자신의 욕망을 "포기"하면서 탈코르셋을 실천하고 있다고 말한다. 화장하고 꾸미는 것이 좋은 사례 1은 탈코르셋을 실천하고 싶은데, 그러지 "못"하고 있어 고민이다. 사례 8은 탈코도 "제대로" 못하면서 4B운동에 찬성하는 자신이 최근 연애를 시작했다는 사실이 "짜증"나고 고민스럽다. 페미니즘은 "여성 개개인의 삶을 바꾸는 운동이자 실천"이라고 생각하는 사례 11은 주변의 "패션페미" 친구를 보며 "불편"하고 "억울"하고 "박탈감"이 들기도 한다. 모든 페미니스트가 탈코르셋을 해야 한다고 생각하지는 않지만 탈코르셋에 동의하는 페미니스트라면, 이를 실천하지 않는 것은 모순적이라고 보는 사례 11에게 나의 페미니즘은 자신의 욕망을 단속하면서까지 실천하는 "절실함"인데, 친구의 페미니즘은 그저 자기표현의 "도구"인 것 같다.

연구참여자들은 디지털 공간의 문법에 큰 영향을 받고 있지만, 그렇다고 이들이 모두 페미니즘을 지켜야 할 매뉴얼로 이해하고, 페미니스트 전형에 대한 고정된 생각을 가지고 있다고 단정할 수는 없다. '페미니스트라면 ~해야 한다/할 것이다'는 생각을 하는 연구참여자들은 현실 공간과 디지털 공간에서 자신과 생각이 다른 사람이나 의견을 마주하면서 균열을 경험한다. 어떤 사람이나 집단 또는 실천이 '페미니스트적'인지 아닌지를 판단하는 기준은 각자가 생각하고 실천하는 페미니즘에 따라 다르게 나타난다. 20대 페미니스트들이 페미니스트인가/아닌가보다 자신이 어떤 페미니스트가 될 것인가를 고민할 수 있는 조건들을 마련하기 위해서는 디지털 공간의 문법과 현재적 지형이 가지는 영향력에서 거리 두고 상대화할 수 있는 공간과 관계가 필요하다.

3) 페미니스트 실천의 의미

다양한 페미니즘들 사이에서 각자의 페미니즘을 찾아가는 과정 중에 있는 연구참여자들은 실천하는 페미니스트가 되기 위해 고민하고 분투하고 있다. 최근 페미니스트들의 실천 방식이 복잡한 문제의 다양한 맥락을 고려하기보다 이를 개인의 문제로 환원하거나, 구조적인 문제를 인식하더라도 구조적 변화를 촉구하기보다 개인화된 방식으로 문제를 해결하는 데 초점을 두는 경향을 보이고 있다는 지적이 있다(강예원, 2019; 김보명, 2018b; 김주희, 2016). 페미니즘 운동이 법과 제도 개혁을 통한 구조적인 변화를 촉구하는 데 집중해야 한다고 생각하는 사례 4와 사례 13은 이런 지적에 깊이 공감하고 있다. 탈코르셋에 열심히 동참하고 있는 사례 11은 이 실천이 자기 개인의 해방 그 자체로 의미가 있으며 사실 그다음을 생각하지는 않는다고 말한다. 개인의 변화가 구조적인 변화로 이어지는지, 구조 변화가 대체 어떻게 가능한지도 모르겠지만 적어도 한 사람의 다른 여성이라도 용기를 얻고 자존감을 회복할 수 있다면 의미가 있지 않겠냐고 질문한다.

디지털 공간, 일상, 광장을 넘나들며 나름의 다양한 실천을 하고 있는 연구참여자들은 페미니스트로서 자기가 할 수 있고, 해야 한다고 생각하는 실천들을 이어나가고 있다. 몇몇 연구참여자들의 실천은 개인의 변화에 초점이 맞춰져 있었지만, 그렇다고 이들이 자신에게만 몰두해 개인화된 방식의 실천들만 하고 있는 것은 아니다. 사회 변화의 책임을 개별 여성의 몫으로 두는 것은 사회구조적인 문제를 개인의 문제로 여기게 만들거나, 개인을 비난하는 기제로 작용할 가능성이 있다. 하지만 개인의 변화에 초점을 두는 몇몇 연구참여자들의 실천을 두고, 신자유주의적 개인화가 이를 추동하고 있다(강예원, 2018; 김보명, 2018b)고만 읽을 수는 없다. '나를 바꾸는 선택'은 사회적 위험 또는 모순이 개인의 문제이자 책임으로 전가되는 사회에서 나오는 개인의 대응전략(박기남, 2012)이기도 하지만, 실천하는 페미니스트라는 정체성을 강하게 가지고 있는 연구참여자들에게 나를 바꾸는 것은 다른 여성들을 향해 있다.

개개인의 변화를 중요하게 생각하는 연구참여자들은 최근 페미니스트들이 사회 변화를 위해 집합적 목소리를 내는 것에 고양감과 연대감을 느끼고 있으며, 이들의 신뢰와 희망은 여성들에게로 향한다. 성차별이 구조적 문제라는 점을 인식하고 있는 이들이 그럼에도 자신을 변화시키는 것을 중요한 페미니스트 실천으로 의미화하는 것은 사회와 남성의 변화에 대한 기대와 신뢰가 낮기 때문이기도 하지만 다른 여성들에 대한 기대와 책임감을 갖고 있기 때문이다. 자신을 포함한 여성들의 변화가 사회에 전시되고, 주변의 여성들에게 보여짐으로써 다른 여성들에게 변화와 해방의 기회와 자원이 될 수 있다고 믿는 것이다.

5. 나가며: 지속 가능한 페미니스트의 조건

스스로를 페미니스트로 인식하는 여성들은 여러 고민과 실천들을 통해 자신의 페미니즘을 구성해가는 과정 중에 있다. 이 글에서는 이들을 식별과 분류가 가능한 고정되고 동질적인 집단으로 보는 시각을 경계하고, 이들 각자에게 페미니스트라는 이름표가 어떤 의미인지를 살펴보았다. 특히 현실과 디지털 공간에서 다양한 페미니즘들을 접하고 실천하면서 자신의 페미니즘을 구성해가는 20대 페미니스트들이 느끼는 혼란과 갈등에 주목했다. 디지털 공간과 현실을 막론하고 안티페미니즘을 맞닥뜨리는 연구참여자들은 페미니스트들 내부의 차이 또한 지속적으로 마주한다. 페미니즘은 하나가 아니라는 것을 알고 있지만 디지털 공간에서 페미니즘이 다양할 뿐 아니라 심하게 대립하는 것을 목격하고 있는 이들은 힘 있는 페미니스트 연대의 토대가 상실될 것을 우려하면서 페미니즘 내부의 차이를 비가시화하고 공통성을 희구하는 태도를 구성하기도 한다. 안티페미니즘은 한국의 페미니즘은 변질된 페미니즘이라고 주장하면서 하나의 고정된 올바른 페미니즘이 있는 것처럼 암시하고 페미니즘을 물화하는 전략을 구사한다. 개별 페미니스트도 이런 식의 인식에서 자유롭지 않다. 페미니즘은 하나였던 적이 없으며 언제나 경합하면서 재/구성되고 갱신되는 페미니즘들만이 있어 왔다는 점이 인식될 필요가 있다.

디지털 공간의 페미니즘 담론과 실천들이 발휘하는 효과들 속에서 갈등에 대한 입장을 정하고 이에 대응할 논리와 정답을 알고 있어야 한다는 강박과 부담이 개별 페미니스트들에게 부과되기도 하고, 페미니즘을 지켜야 할 매뉴얼로 이해하는 태도가 형성되기도 한다. 이념형의 페미니즘에 대한 압박감 속에서 죄책감을 보이거나 다른 페미니스트를 비난하는 등 페미니스트 자격에 대한 엄격한 태도를 보이기도 한다. 페미니즘을 지켜야 할 고정된 하나의 규범으로 인식하는 이들은 이념형의 페미니즘과 자신의 욕망이 충돌하거나, 현실 공간과 디지털 공간에서 자신과 생각이 다른 사람이나 의견을 마주하면서 균열을 경험하고 있다. 자신을 포함해 어떤 사람이나 집단 또는 실천이 '페미니스트적'인지 아닌지를 판단하는 기준은 각자가 생각하고 실천하는 페미니즘에 따라 다르게 나타난다. 페미니즘은 단일하고 고정된 것이 아니라 차이를 거점 삼아 논쟁해온 역사 속에서 끊임없이 재규정되고 갱신되는 '여러 사상들과 현실의 여러 행동들로 구성된 다양하고 복수적인 조각들의 묶음'이기 때문이다(프리드먼, 2002). 가장 올바른 페미니즘도, 가장 훌륭한 페미니스트 같은 것도 없다는 것을 인식하고, 죄책감과 비난을 불러일으키는 페미니스트 검증에 집착하지 않고 나의 페미니즘을 계속해서 갱신해가는 것이 지속 가능한 페미니스트로 사는 길이라는 점을 되새길 필요가 있다. 중요한 것은 다양한 페미니즘을 마주하고 인정하는 것이 서로 간의 개입이 필요 없다는 것을 의미하는 것은 아니라는 점이다. 나의 페미니즘을 만들고, 갱신해나가는 것이 홀로 페미니즘을 만들어가는 일일 필요는 없다. 논쟁과 토론을 비난이나 상처로 인식하거나 회피하고, 페미니즘을 매뉴얼화하는 태도들을 성찰하기 위해 필요한 바탕이 무엇인지 고민할 필요가 있다.

20대 페미니스트들이 페미니스트인가/아닌가보다 자신이 어떤 페미니스트가 될 것인가를 고민할 수 있는 조건들을 마련하기 위해서는 디지털 공간의 문법과 현재적 지형이 가지는 영향력에서 거리 두고 상대화할 수 있는 공간과 관계가 필요하다. 세미나, 학회, 동아리, 소모임, 여성학 관련 수업 등 지속적인 대화와 소통이 가능한, 논쟁과 토론을 해도 단절되지 않는 관계와 공간을 확보하고 있는 연구참여자들이 비교적 '안전함'을 느끼며 자신의 태도와 생각, 페미니즘 지식을 갱신하는 경험을 하고 있다는 점을 참고할 수 있을 것이다. 지속적으로 소속감을 갖고 꾸준한 활동의 터가 되는 페미니스트 공동체들을 발굴하고 지원하는 제도적 뒷받침이 필요하다. 또한 대학 정규 교육 내에서 페미니즘 지식을 학습하고 갱신할 기회를 가질 수 있도록 페미니즘 강좌가 필수적으로 개설되고, 학생들이 다양하게 선택할 수 있는 커리큘럼이 제공되어야 한다.

표집의 편의성을 이유로 서울 소재 4년제 대학을 다니는 여자 대학생을 연구참여자로 선정했다는 점을 이 글의 한계로 지적하지 않을 수 없다. 세칭 '비명문대' 학생들도 연구참여자에 포함되었지만, 서울 소재 4년제 대학생이라는 연구참여자들의 위치는 어느 정도 이 집단을 특권화 하는 요소이다. 표집 시에 이를 고려하여 계층적 다양성, 대학 입학 전 성장 지역, 전공 등 나름의 이질성을 고려하여 표집하고자 했다. 오늘-여기 20대 여성들이 페미니스트가 되어가는 과정과 고투를 읽어내는 데 크게 문제는 없다고 판단하지만, 본 논문을 해석할 때 과도한 일반화는 경계해야 할 것이다. 향후 학력, 계층, 지역, 나이, 성적 지향 등의 차이를 고려하여 보다 다양한 위치에 있는 여성들의 페미니스트 되기 경험이 활발히 연구될 것으로 기대한다.

참고문헌

강예원(2019), "디지털 시대 페미니즘 대중화와 십대 페미니스트 '되기(becoming)'에 관한 연구", 이화여자대학교 대학원 여성학과 석사학위논문.

강미선·김성희·정인혜(2020), "내 뜻대로 삶 쓰기: 20대여성의 4B 가치관 형성 과정 연구", 『여성학논집』, 제37집 1호, 153-194쪽.

고병진(2018), "연대 거부를 통한 '여성' 경계의 획정: 메갈리아 분열 이후 워마드와 TERF를 중심으로", 이화여자대학교 대학원 여성학과 석사학위 논문.

국승민 외(2022), 『20대 여자』, 서울: 시사IN북.

김경연(2017), "페미니즘의 귀환, 혹은 반란의 정치에 부쳐", 『오늘의 문예비평』, 제104호, 84-104쪽.

김리나(2017), "온라인 액티비즘으로 재/구성되는 '여성' 범주와 연대: '메갈리아'와 '워마드'의 사례", 이화여자대학교 대학원 여성학과 석사학위 논문.

김보명(2018a), "혐오의 정동경제학과 페미니스트 저항", 『한국여성학』, 제34권 제1호, 1-31쪽.

김보명(2018b), "페미니즘의 재부상, 그 경로와 특징들", 『경제와 사회』, 제118호, 99-138쪽.

김보명(2019), "젠더 갈등과 반페미니즘의 문법", 『비교문화연구』, 제56권. 1-25쪽.

김선기(2014), "세대연구를 다시 생각한다: 세대주의적 경향에 대한 비판적 검토", 『문화와 사회』, 17권, 207-248쪽.

김수아(2018), "젠더정치의 미디어 프레임, '그 페미니즘'", 『황해문화』, 제101호, 18-34쪽.

김수아(2021), "'이대남'과 반 페미니즘 담론: '메갈 손가락 기호'논란을 중심으로", 『여성문학연구』, 제53호, 443-475쪽.

김수진(2016). "여성혐오, 페미니즘의 새 시대를 가져오다", 『교육비평』, 제38호, 163-188쪽.

김주희(2016), "속도의 페미니즘과 관성의 정치", 『문학과사회』, 제29권 제4호, 19-34쪽.

김주희(2017), "독학자들의 페미니즘과 페미니스트 지식문화의 현재성에 대한 소고: 신간 페미니즘 서적을 중심으로", 『민족문학사연구』, 제63호, 53-64쪽.

나영(2017), "모순과 혐오를 넘어 페미니즘 정치를 향하여", 『황해문화』, 제97호, 98-116쪽.

류진희(2015), "기획1: 한국사회와 성;"촛불 소녀"에서 "메갈리안"까지 2000년대 여성 혐오와 인종화를 둘러싸고", 『사이間 SAI』, 제19권, 41-66쪽.

문은미(2016), "여성운동에서 페미니즘의 자리 찾기", 『내일을 여는 역사』, 제64호, 53-64쪽.

박기남(2012), “개인화 시대의 여성운동 방향 탐색: 한국여성민우회의 회원 인터뷰를 중심으로”, 『페미니즘 연구』, 제12권 제1호, 73-116쪽.
박무늬(2016), “혐오에 맞서는 혐오: 인터넷 커뮤니티 〈메갈리아〉를 통해 본 한국사회의 젠더 담론”, 고려대학교 대학원 언론학과 석사학위 논문.
박영민·이나영(2019), “새로운 페미니스트 운동의 등장?: 불편한 용기 참여자들의 경험을 중심으로”, 『시민과 세계』, 제34호, 135-191쪽.
배상미(2016), “‘혐오’를 딛고 ‘승리’로 나아가는 여성들”, 『여/성이론』, 제35호, 72-93쪽.
배은경(2019), “한국사회의 젠더와 젠더갈등: 청년세대를 중심으로”, 강원택 외(2019), 『막힌 사회와 그 비상구들』, 서울: 아시아, 285-316쪽.
손희정(2015), “페미니즘 리부트: 한국 영화를 통해 보는 포스트-페미니즘, 그리고 그 이후”, 『문화과학』, 제83호, 14-47쪽.
손희정(2016), “젠더戰과 퓨리오-숙들의 탄생”, 『여/성이론』, 제34권, 35-59쪽.
송지수(2021), “페미니즘 알기의 의미: 10·20대 여성들의 "TERF"지지 입장을 중심으로”, 서울대학교 사회학석사학위 논문.
양경언(2016), “거울을 비추며 웃고 떠드는 여성들: ‘쓰기-주체-되기’의 정치성”, 『여/성이론』, 제34호, 16-34쪽.
윤명희(2013), “소셜네트워크에서 여성/주의 정체성의 복합적 수행”, 『페미니즘 연구』, 제13권 제1호, 131-169쪽.
윤보라(2017), “메갈리아의 ‘거울’이 비추는 몇 가지 질문들”, 『그럼에도 페미니즘』. 윤보라 외, 서울: 은행나무. 9-28쪽.
이나영(2016), “여성혐오와 젠더차별, 페미니즘: ‘강남역 10번 출구를 중심으로’”, 『문화와 사회』, 제22권, 147-186쪽.
이현재(2017), “페미니즘 트러블: 도시 상상계와 편집증적 주체의 탄생”, 『여/성이론』, 제37호, 102-126쪽.
이효민(2019), “페미니즘 정치학의 급진적 재구성: 한국 ‘TERF’에 대한 비판적 분석을 중심으로”, 연세대학교 커뮤니케이션대학원 미디어문화연구 전공 석사학위 논문.
장민지(2016), “디지털 네이티브 여/성주체(Digital Native Fe/male Subject)의 운동 전략: 메갈리아를 중심으로”, 『미디어, 젠더 & 문화』, 제31권 제3호, 219-255쪽.
정승화(2018), “급진 페미니즘을 퀴어혐오로부터 구해내기: 여성운동과 성소수자 운동의 연대를 위한 시론”, 『문화과학』, 제95호, 50-73쪽.
정용림·이나영(2018), “‘포스트/강남역’:성차별적 사회에 대한 집합적 저항과 페미니스트 주체 (재)구성의 가능성”, 『페미니즘 연구』, 제18권 제1호, 181-228쪽.
정희진(2018), “피해자 정체성의 정치와 페미니즘”, 『피해와 가해의 페미니즘』, 권김현영 엮음, 서울: 교양인, 201-236쪽.

조선정(2014), “포스트페미니즘과 그 불만:영미권 페미니즘 담론에 나타난 세대론과 역사쓰기”, 『한국여성학』, 제30권 4호, 47-76쪽.
조혜영(2016), “상호매개적 페미니즘-메갈리아에서 강남역 10번 출구까지”, 『문학동네』, 제23권 제3호, 1-12쪽.
천정환(2016), “강남역 살인사건부터 ‘메갈리아’논쟁까지: ‘페미니즘 봉기’와 한국 남성성의 위기, 제116호, 353-381쪽.
추지현(2019), “페미니즘‘들’: 변화, 위해, 소통의 경험들”, 『여성학논집』 제36권 1호, 59-91쪽.
추지현·이현재(2021), “피해자’의미의 교란: 안전, 고통, 권리 담론이 페미니즘에 미친 효과와 과제”. 『한국여성철학』, 제36권, 61-101쪽.
최성용(2019), “정치적 올바름을 생각하다: 페미니즘이 ‘공용어’가 되기 위하여”, 『페미니즘 쉼표, 이분법 앞에서』, 바꿈청년네트워크 기획, 파주: 들녘, 13-20쪽.
한우리(2017), “‘이생망’‘헬조선’여성청년들의 페미니스트 되기”, 『여/성이론』 제37호, 58-78쪽.
아메드, 사라(2017). 『페미니스트로 살아가기』, 이경미 옮김, 서울: 동녘, Ahmed, S.(2017), Living a Feminist Life, Durham: Duke University Press.
프리드먼, 제인(2002), 『페미니즘』, 이박혜경 옮김, 서울: 이후, Freedman, J.(2001), Feminism, Buckingham: Open University Press.
Ferguson, M. L(2017), “Trump is a feminist, and other cautionary tales for our neo-liberal age”. Theory & Event, 20(1), pp. 53-67.

언론기사

『여성신문』, 2016.9.22, 「한국 페미니즘 운동의 새물결, 우리는 연결될수록 강하다」.

인터넷 자료

한국여성정책연구원(2018), “20대 여성 2명 중 1명은 자신을 페미니스트라 생각”, https://www.kwdi.re.kr/publications/kwdiBriefView.do?p=2&idx=122744 (검색일: 2022.04.29).

이것은 젠더의 갈등인가?
젠더정치에 관한 소고

최 태 섭

시작은 메르스가 창궐하던 2015년 즈음에 일어난 "페미니즘 리부트"[1]였다. 온라인을 중심으로 여성들이 쌓아왔던 분노가 거칠어진 강물처럼 흘러넘쳤다. 미디어 속 여성의 부적절한 재현과 여성소비자 푸대접에 대응하는 불매운동에서부터, 디지털 성범죄, 데이트폭력, 각계각층의 성폭력, 여성살해, 임신중단권, 성별임금격차 등 셀 수 없을 만큼의 차별과 폭력들이 목표가 되었다. 페미니즘 리부트 이후의 한국사회에서 젠더는 사회적 이슈의 중심부에 자리 잡았다.

그러나 한국사회에서 젠더가 주요 이슈가 된 것에는 페미니즘 리부트의 반대편, 소위 "백래시"가 대두된 것도 큰 지분을 차지했다. 백래시의 주체들은 서브컬처계에서 "메갈"을 색출해 내겠다며 마녀사냥을 시작했다. 블랙리스트를 만들고, 의심이 가는 이들에게 '나는 페미가 아니라'는 맹세를 하라고 몰아세웠다. 특히 바람이 거셌던 게임업계는 이

1 손희정(2017), 『페미니즘 리부트』, 나무연필.

'소비자들'에게 순식간에 굴복했다. 이후 이 메갈 사냥은 전 세계적으로 조금이라는 뜻을 가지고 있는 손 모양을 찾아내 규탄하는 것으로 발전했다. 그들은 세상 모든 곳에서 비밀결사를 찾아내는 음모론자들처럼, 그 손 모양이 한국 남성들의 작은 성기 크기를 조롱하기 위해 사용되었다고 주장했다. 이 흐름의 그나마 점잖은 버전은 '공정성'이라는 외피하에서 일어났는데, 그 내용이란 여성을 비롯한 사회적 소수자들의 차별을 개선하기 위한 모든 정책과 조치들에 반대하는 것이었다.

젠더갈등은 언론의 사회면을 넘어서 정치면에 이르기까지 종횡무진했다. 이 글의 목적은 어쩌면 영원히 끝나지 않을 문제에 대한 고민이다. 지리멸렬한 사건들을 나열하고 촌평하는 것은 최소한으로 하고자 한다. 대신 나의 관점에서 주요해 보이는 주제들을 중심으로, 정치적 관점에서 이야기해보고자 한다.

백래시의 시대

젠더갈등이란 명명에 대한 가장 대표적인 비판은 전혀 동등하지 않은 두 가지를 뒤섞어서 마치 동등한 의견인 것처럼 보이도록 한다는 것이다. 성차별이라는 명확한 문제를 해결하려는 의견들이, 근거도 정당성도 없는 안티페미니즘적 선동과, '젠더갈등'이라는 개념으로 한데 묶여버렸다. 이런 관점에서 본다면 "젠더갈등"은 존재하지 않는다. 거기에는 옳은 것과 그른 것이 있을 뿐이다.[2]

2 나 역시 이런 관점에 동의하는 발언들을 해왔다. 하지만 거기에서 멈춘다면 더 이상 이런 글을 쓰는 것은 의미 없는 일일 것이다. 다만 여전히 앞으로의 글에서 명시적으로 표현되지 않더라도, 안티페미니즘적 선동에도 들어볼 말이 있다는 식의 입장은 아니다. 그것은

그런 반면 일각에서는 젠더갈등은 누적된 성차별에 대한 저항의 과정에서 발생하는 것으로 갈등이라는 개념 자체를 회피할 이유는 없다고 이야기하기도 한다. 신경아는 "성차별과 불평등에 대한 시정 요구로서 여성주의 실천에 대한 개인과 집단의 반발"을 젠더갈등으로, "이러한 젠더갈등이 젠더 정치의 사회적·경제적·문화적 맥락에서 반격으로 조직되고 세력화하는 양상"을 백래시로 각각 정의한다. 나아가 "개인들 사이의 젠더갈등이 정치권력에 의해 정치적 백래시로 확대되면서 국가 권력의 통치 도구가 되고 있는" 것이 현재의 상황이라고 주장한다.[3]

그러나 젠더갈등이라는 개념이 활용되는 가장 일반적인 방식은 남초 커뮤니티발 게시글을 퍼다가 언론, 정부, 의회의 한복판에 늘어놓고 그것에 대해 왈가왈부하는 것이었다. 이 퍼오기는 그런 '의견'에 찬동하는 쪽과 반대하는 쪽 모두에서 동시에 이루어졌다. 찬동하는 쪽에서는 이것이 중립적이고 무해한 여론인 것처럼 포장했고, 반대하는 쪽에서는 이들이 혐오로 똘똘 뭉친 괴물이라는 것을 폭로하기 위해 가장 자극적인 것들을 실어 날랐다. 이렇게 공론장에 퍼올려지는 의견들이 음이든 양이든 무게를 갖지 않기란 어려웠다.

덕분에 우리는 오랜 시간 동안 터무니없는 것들을 두고 입씨름을 벌이는 데에 아주 많은 사회적 역량을 소비해야 했다. 물론 이는 현대사회에서 무언가에 대해 신뢰와 권위를 갖고 올바른 대응을 할 수 있는 집단이 점차 사라져왔다는 현실과도 맞닿아 있는 문제다.[4] 심지어 리버

좀 더 정교한 방식으로 분석의 대상이 되어야 한다고 본다.

3 신경아(2023), 『백래시 정치』, 동녘. 174-176쪽.

4 음모론, 가짜뉴스, 대안현실, 극우적 선동이 그야말로 '대세'인 현실을 떠올려보라.

럴[5]이나 진보를 내건 집단들마저도 여러 가지 이유로 전략적 애매모호함을 채택하는 일이 패턴처럼 굳어지고 있다. 반면 모종의 목적을 갖고 터무니없는 주장들을 사회적 여론으로 만들어 갈등을 조장하는 의도적인 움직임 역시 분명히 존재하고, 이들이야말로 '젠더갈등'을 증폭시킨 주범이라고 할 수 있다.

최근의 상황들을 표현하기 위해 가장 많이 쓰인 개념은 "백래시"[6]다. 이는 수전 팔루디의 동명의 저서에서 가져온 것으로, 원래는 페미니즘 제2물결 이후 미국사회에서 신자유주의와 신보수주의의 대두와 함께 페미니즘에 가해진 사회·문화·정치·경제에 걸친 역공들을 지칭하는 것이다. 이것이 페미니즘 리부트 이후의 한국사회에서 벌어지고 있는 양상과 비슷하다는 이유로 차용된 개념이다.[7]

온라인에서 여성혐오가 2015년에 갑자기 생겨난 것은 아니다. 오히려 페미니즘 리부트가 누적된 온라인의 여성혐오에 맞서서 나타난 것이다. 다만 온라인상의 일부 남성 집단들의 대응은 리부트 이후 어느 정도 변화를 맞이했다. 온라인상의 안티페미니즘적 집단행동이 처음 있는 일은 아니었지만[8], 2016년 이른바 넥슨 사태[9] 이후로 안티페미니즘의 양상은 더 집단화되고 이념화되었다. 그 이후로 이어진 길고 긴

5 리버럴은 통상의 자유주의 혹은 자유민주주의와 구분되는 다원성과 사회정의를 추구하는 자유주의 좌파를 지칭하는 것이다.

6 수전 팔루디, 성원 옮김(2017), 『백래시』, 아르테.

7 신경아는 원래의 백래시와 구분되는 한국만의 특수한 양상으로 백래시가 정치권의 동원에 의해 확산되었다는 것과, 여성운동이 성취를 이루기도 전에 선제적으로 제압하려는 의도로 이루어졌다는 점을 꼽았다. 『한국일보』, 「청년 남성의 분노가 여성의 성취 때문? '백래시'는 정치가 키웠다"」, 이혜미 기자, 2023.02.09.

8 가장 대표적으로는 헌법재판소의 군가산점폐지 합헌 판결을 전후로 벌어진 사건들과, 이후의 온라인상에서 놀이화되었던 여성혐오적 코드들이 있다. 이에 대한 자세한 설명은 권김현영, 손희정, 박은하, 이민경(2017), 『대한민국 넷페미사』, 나무연필, 또는 마찬가지로

사건사고의 목록들을 이 글에서 다루지는 않을 것이다. 다만 내가 주목하고자 하는 지점은 이 집단이 '이대남'이라는 이름을 얻게 된 때이다. 이전까지는 일부 남성들의 투정이나 과도한 행동으로 여겨지던 것들이 정치의 무대에서 공적인 화자들을 통해 다뤄지기 시작했기 때문이다.

이대남이라는 프레임이 본격화된 것은 문재인 정권 시기 여론조사기관 리얼미터가 실시한 2018년 12월 10~14일 국정지지도 조사였다. 이 조사에서 20대 남성의 지지율은 29.4%로 나타났는데, 이는 1년 전 80%에 비해 대폭 떨어진 수치였다. 한편 비슷한 시기에 리얼미터는 이 지지율 조사와는 별도로 "가장 심각한 한국사회 갈등은 무엇인가"라는 설문을 추가로 진행하였는데, 여기에서 20대의 56.5%가 "성 갈등"을 가장 심각한 갈등으로 뽑았다. 리얼미터는 두 가지 별개의 조사를 결합하여 "이와 같은 결과는 종교적 병역거부자들에 대한 대체복무제 논란과 청년세대의 남성과 여성 간 혐오, 즉 성(性, 젠더) 갈등이 심화되고 있는 현실과 무관하지 않은 것으로 보인다."[10]고 썼다.

지지율이 이슈의 중심이 되면서 이대남은 본격적으로 정치적인 집단처럼 다뤄졌다. 국민의힘과 보수세력은 20대 남자층을 확고한 지지층으로 만들기 위해 안티페미니즘을 본격적으로 자신들의 의제로 포함하기 시작했고, 범민주당 진영은 그들을 달래려고 시도하면서도 안티

최태섭(2018), 『한국, 남자』, 은행나무, 5장을 참조할 것. 2016년 이후 곳곳에서 일어난 안티페미니즘 행동주의에 대해서는 다수의 아카이빙 및 분석 작업이 책이나 논문의 형태로 출간되어 있다.

9 넥슨에서 서비스하는 게임 〈클로저스〉에 성우로 참여했던 여성이 메갈리아 티셔츠를 입고 사진을 찍었다는 이유로 소비자들의 격렬한 항의를 받았고, 결국 회사와의 협의 끝에 작업물을 삭제하게 된 사건. 자세한 내용 및 분석은 최태섭(2018), 『한국, 남자』, 은행나무, 5장을 참조할 것.

10 『리얼미터』, 「[리얼미터 12월 2주차 주간동향] '주 후반 회복세' 文 대통령 지지율 48.5%… 20대 男 29.4% 최저"」, 2018.12.17.

페미니즘도, 페미니즘도 전면에 내세우지는 못하는 어정쩡한 포지션에 놓이게 되었다. 이 흐름은 2021년 재보선과 2022년 대선 및 지방선거에서 20대 남성과 20대 여성의 지지율이 비슷하게 엇갈리는 방식으로 일단락되었다.[11]

이 선거의 결과가 안티페미니즘에 의한 것이라는 명확한 인과관계를 단언하긴 어렵다. 다만 이대남이 인기(?)를 끌게 된 이후 진행된 여러 조사에서도 20대 남자들의 안티페미니즘과 보수화라는 경향이 반복적으로 나타나는 것은 사실이다. 특히 20대 남성은 여성에 대한 성차별이 존재한다는 사실 자체를 인정하지 않으려는 경향도 많이 보인다. 2019년 대통령직속 정책기획위원회[12]의 여론조사에서는 조사대상자 중 만19~24세 남성의 29.5%, 25~29세 남성의 34.4%만이 한국사회가 여성에게 불평등하다고 응답했고, 2022년 시사인의 조사[13]에서는 20대 남성 중 19.3%(매우 그렇다 3.2% 대체로 그렇다 16.1%)만이 한국사회에서 여성이 차별받고 있다고 응답했다. 반면 같은 조사에서 20대 남성들은 50%에 가깝거나 상회하는 비율로 남자가 차별받고 있다는 응답을 했다.[14]

이런 문제는 인식에서 끝나지 않고 성평등 정책의 실질적인 후퇴를 야기하고 있다. 지난 대선에서 "여성가족부 폐지"라는 밑도 끝도 없는

11 출구조사 결과 2022년 대선과 지선의 경우 20대 남성은 각각 58.7%와 65.1%가 국민의힘을, 20대 여성은 58%와 66.8%가 민주당을 지지한 것으로 나타났다.

12 대통령직속 정책기획위원회(2019), 「포용국가와 청년정책: 젠더갈등을 넘어 공존의 모색」, 기획토론회 자료집.

13 국승민, 김다은, 김은지, 정한울(2022), 『20대 여자』, SJB, 44, 53쪽.

14 정책기획위원회 조사에서는 19-24세 남성의 46.6%, 25-29세 남성의 49.2%가 남성에게 불평등하다고 응답했으며, 시사인 조사에서는 "한국에서 남성은 차별받고 있다"는 문항에 19.5%가 매우 그렇다, 39.1%가 대체로 그렇다고 응답했다.

메시지를 설명도 없이 인스타그램에 게시했던 윤석열 후보는 대통령이 된 이후에도 이 기조를 계속 유지 중이다.[15] 그리고 이는 안티페미니즘적 행보가 구애의 대상으로 삼고 있는 20대 남자라는 인구집단의 성격과 연결된 것이다. 기본적으로는 사회에서 어떤 집단이 어려움을 겪고 있다면 그 문제를 해결해주는 정책적 대안을 마련하는 것이 정부와 정치의 역할이다. 하지만 20대 남성이라는 집단이 사회적으로, 특히나 비교 대상인 20대 여성에 비해 더 특별한 어려움을 겪고 있다는 증거를 찾는 것은 매우 어렵다.

가장 빈번히 문제시되는 지표라고 하면 20대 여성에 비해 낮은 20대 남성의 고용률 정도를 들 수 있을 것이다. 2022년 기준으로 20-29세의 고용률은 남성 57.9%와 여성 62.8%로 나타난다. 하지만 이는 남성의 군복무 등으로 인해 사회진출이 늦어지는 현상을 반영한 것으로, 30-39세로 넘어가면 남성 89.1% 여성 64.4%로 급격하게 역전되어 이후에도 계속 격차를 보인다. 그래서 전체 연령으로 평균을 내면 남성은 71.5%인데 반해 여성은 52.9%에 불과하다.[16] 게다가 여성은 남성보다 전체 임금노동자의 수는 적은데 반해 비정규직의 수는 오히려 많고[17], 언제나 OECD의 단골 1위 종목인 성별임금격차는 2020년 기준으로 35.5%로 여전히 굳건하며 OECD를 넘어 세계적으로도 최상위권

15 2023년 2월 국회 행정안전위원회에서는 국민의힘이 여가부폐지안을 포함한 정부조직개정안을 발의했으나, 여야의 협상 끝에 해당 조항을 삭제한 안이 의결되었다.

16 통계청, 경제활동인구조사, 성/연령별 경제활동인구.

17 2022년 8월을 기준으로 임금노동자의 수는 남성 1,193만 6천 명이고 여성은 978만 8천 명이다. 그러나 비정규직의 수는 남성이 365만 3천 명인데 반해, 여성은 450만 3천 명으로 오히려 많다(통계청, 경제활동인구조사, 근로형태별 부가조사, 성/연령별 근로형태(비정규직)별 취업자 기준).

이다.[18]

그나마 20대 남자들에게만 도움이 될 수 있는 정책이라면 군복무와 관련된 것이겠지만, 군복무는 일생 중 한 번이고 개선된다 한들 내가 혜택을 받을 일이 없기 때문에 도움이 되는 것으로 체감되기는 어렵다. 예비역들이 농담반 진담반으로 군복무환경 개선의 가장 큰 반대자가 되는 이유도 여기에서 기인한다.

이러다 보니 결론적으로 소위 이대남을 위한다는 정치나 정책은 기존에 존재하는 성평등과 관련된 제도나 자원들을 없애는 안티페미니즘적인 행보로 귀결될 수밖에 없다. 이는 가부장제와 전통적 가족제도를 옹호하는 보수세력의 기본적인 기조와도 맞아떨어지거니와, 실제로 이대남의 목소리라며 언론이 퍼 나르는 대부분의 논의들이 주장하는 것이기도 하다.

수많은 사람들이 노력하며 쌓아왔던 반성차별 의제들이 정권교체 한 번에 풍전등화 신세가 될 수 있다는 것은 경악스러운 일이다. 물론 사회운동은 내외적인 이유로 이미 어려움을 겪고 있었고[19], 정권교체 이후에는 정권의 표적이 되면서 더욱더 침체를 겪고 있다. 특히 인권이나 평등권 같은 의제들은 먹고사는 문제에 비해서 상황에 영향을 강하게 받는 더 취약한 지위에 놓여 있다. 사회분위기 역시 변화에 대한 열망보다는 체념과 환멸의 정서가 더 지배적이 된 것도 상황을 악화시키고 있다.

18 『여성신문』, 「성별 임금격차 35.5%… OECD 국가 중 가장 높아」, 김민주 기자, 2023.02.17.

19 이에 대해서는 최태섭(2018), 『억울한 사람들의 나라』, 위즈덤하우스, 200-217쪽을 참고할 것.

성평등 의제들은 국제사회[20]의 권고나 비판에도 아랑곳하지 않고 이대남을 달래기 위한 제물로 바쳐졌다. 이것이 가능한 근본적인 이유는 한국사회에 뿌리박혀 있는 강고한 성차별일 것이다. 하지만 강고함만을 규탄해서는 그것을 무너트릴 전망은 나오지 않는다. 그러므로 이는 고민과 성찰을 요청하는 순간이기도 하다. 반성차별의 정치는 왜 이렇게 한순간에 무력해졌을까?

적을 탐구하지 않기: 남성연대의 경우

가부장제는 오랜 시간 동안 여성에 대한 억압의 체계를 총괄하는 개념이었다. 가부장제는 이 억압체계에 이름을 붙이고 그것을 역사화한 것이다. 역사화의 목적은 두 가지다. 하나는 그것의 실체를 파악하기 위해서고, 다른 하나는 그것이 언젠가 시작되었으며 언젠가 끝난다는 사실을 기억하기 위해서다. 그러나 가부장제는 점점 어떤 특정한 것을 지칭하는 개념이라기보단 모든 성차별과 폭력을 대표하는 이름이 되었다.

최근 이와 비슷한 용도로 활용되는 개념으로 남성연대가 있다. 한국에서 남성연대라는 단어가 널리 쓰이기 시작한 것은 우에노 치즈코의 책 『여성혐오를 혐오한다』[21]가 흥행을 하게 된 이후로 보는 것이 타당

20 UN인권 이사회의 국가별 정기검토에서는 차별금지법 제정과 여성 인권에 대한 전반적인 개선을 권고했고, 국제 인권단체인 휴먼라이트워치 역시 강간죄를 동의 없는 성관계에 적용할 수 있도록 규정해야 한다고 촉구했다. 『헤럴드 경제』, 「송두환 인권위원장 "차별금지법 제정 등 유엔 인권 권고 이행해야" 성명」, 배두헌 기자 2023.02.27, 『부산일보』, 「[코리아 리포트] 유엔 · 인권단체 "한국, 강간죄 법 바꿔야"」, 황석하 기자, 2023.02.09.

21 우에노 치즈코, 나일등 옮김, 『여성혐오를 혐오한다』, 은행나무. 일본에서 2010년에 발표된 이 책은 2012년 처음으로 번역되어 한국에 1판이 출간되었고, 2015년에 2판이 나왔다. 이후 일본에서 2018년 개정판이 나온 후 이것을 반영한 개정판이 2022년에 다시 출간되었다. 한국에서는 2015년에 나온 2판이 많은 관심을 받아 11쇄까지 인쇄되었다.

할 듯하다. 우에노 치즈코는 이브 세지윅이 『Between Man』(1985)이라는 저작에서 제기한 호모소셜(homosocial)이라는 개념을 바탕으로 남성 간의 연대에 대해서 설명한다. 우에노는 호모소셜을 다음과 같이 축약한다. "서로를 남성으로 인정한 이들의 연대는, 남성이 되지 못한 이들과 여성을 배제하고 차별화함으로써 성립한다. 호모소셜리티가 여성의 차별뿐만 아니라 경계선의 관리와 끊임없는 배제를 필요로 한다는 사실은 '남성됨'이 얼마나 취약한 기반 위에 서 있는가를 역으로 증명한다."[22] 여기에서 주의할 점은 우에노 치즈코는 이 개념을 원어 그대로 음차해서 사용하고 있고, 이는 한국어 번역판에도 그대로 반영되어 있다는 것이다.[23]

그런데 한국어 개념으로서의 "남성연대"는 정교하게 만들어졌다고 보기 어려운 면이 있다. 한국학술DB에서 남성연대라는 검색어로 나오는 글은 6편이고, 이 중 학술논문은 3편뿐이다. 또 남성연대라는 개념에 대해 체계적으로 접근하는 글은 논문이 아닌 기고문 형식의 조서연(2016)[24]의 글과 방송프로그램을 분석하고 있는 정윤정(2017)[25]의 논문 정도다. 그리고 이 글들 모두 세지윅의 호모소셜과, 코넬이 『남성성/들』[26]에서 제기한 "헤게모니적 남성성"과 "공모적 남성성" 개념을 차용하면서 이를 통해 남성연대라는 개념을 설명하고 있다. 하지만 왜 남성

22 우에노 치즈코, 같은 책, 37쪽.

23 남성연대라는 단어가 책에 등장하기는 하지만 이것이 우에노 치즈코가 직접 사용한 개념은 아닌 것으로 보인다.

24 조서연(2016), 「남성 연대의 구성과 균열」, 『문학과사회』 2016년 겨울호 제29권 제4호(통권 제116호), 문학과지성사.

25 정윤정(2017), 「'약한 남성'의 표상과 지배적 남성성의 공모가 만드는 젠더 전략의 사회적 함의: 〈수컷의 방을 사수하라〉(XTM)를 중심으로」, 『미디어, 젠더 & 문화』(32권 1호), 한국여성커뮤니케이션학회.

26 르윈 코넬, 안상욱·현민 옮김(2013), 『남성성/들』, 이매진.

연대라는 조어가 그런 것을 설명하는 한국어 개념이 된 것인지에 대해서는 설명하지 않는다.

> 남자들의 정치는 매우 일상적으로 작동한다. 여자들이 권력의 일부를 얻으려고 시도할 때 바리케이드 뒤쪽에서 남자들이 겹겹이 쌓아놓은 방어막이 작동했다. 이 방어막은 법적 배제부터 여자들이 얻기 힘든 경험, 자격, '장점'을 요구하는 채용 공고, 남자들에게 유리한 다양하기 그지없는 비공식적 편견과 가정까지 포함한다. 진입 장벽의 뒤쪽, 바깥에서는 어렴풋하게 보이는 권력의 상층부에는 권력을 보유한 엘리트들의 자기 재생산 전략이 있다. 이 전략에는 화폐나 영향력을 은밀하게 거래하는 것, 후계자의 선택, 측근과 동맹자에게 제공하는 멘토링, 권력을 위해 남자들을 집요하게 선발하는 것이 포함된다.[27]

코넬 역시 남성연대라는 개념을 명시적으로 사용하지 않았지만, 이 정도면 그 개념을 설명하기에 충분한 것으로 보인다. 다만 한국사회의 맥락에서 남성연대라는 개념은 훨씬 더 직접적인 가해와 연관되어 사용되는 경향이 있다. 남성들끼리 모여서 여성을 성적 대상화하고, (성)폭력을 모의하며, 여성혐오를 강화하는 현상을 지칭할 때 빈번하게 호출되었기 때문이다. 버닝썬 사건이나, N번방 사건, 수많은 단톡방 내 성폭력 폭로사건 등이 대표적이다. 이 외에도 남초커뮤니티의 여성혐오적 게시글과 덧글들, 성폭력 사건의 가해자를 온정적으로 대하는 언론, 정치권, 법조계의 태도나 발언 등 남성연대라는 개념은 광범위한 현

27 르윈 코넬, 같은 책, 301쪽.

상들을 포괄하고, 설명하는 개념으로 활용된다.[28]

많은 성명, 구호, 손피켓, 글들이 소리 높여 다양한 남성연대를 규탄해왔다. 남성연대는 남성이 연루된 부정적인 사건이나 활동에 언제든지 호출될 수 있다. 하지만 동시에 그렇기 때문에 지금 사용되는 맥락에서 그것은 뒤에 연대를 빼고 남성들이라고 바꿔도 사실상 그 의미가 달라지지 않는 개념이 된다.

물론 남성연대라는 개념을 일부러 쓰는 것은 바로 그 스스로가 평범하다고 주장하는 수많은 남성들 역시 어떤 사건이나 문제들에 연루되어 있음을 지적하기 위함인 경우가 많다. 결국 우리가 살고 있는 사회가 사람들의 생각과 행동의 합이라는 관점에서, 그리고 차별을 당하지 않는 이들의 특권에 대해 무지하거나 묵인하는 행위들이 차별의 주요한 기반이라는 점에서 이것은 옳은 이야기다.

하지만 어떤 일에 어느 정도로 연루되어 있는가는 분명히 다르다. 그러나 이런 메시지는 가장 넓은 범위를 대상으로, 가장 강렬한 표현을 내세우는 경우가 많다. 이를 10을 말해야 1이라도 될까 말까라는 식의 낮은 사회적 신뢰에 근거한 협상전략이라고 볼 수도 있을 것이다. 또 개선되지 않는 성차별과 성폭력에 대한 누적된 분노의 정당한 표출로 볼 수도 있다. 이런 관점들은 모두 이해할 만하다. 그러나 한 가지 더하

28 아마도 한국사회에서 이 개념이 별다른 고민 없이 받아들여진 것은 동명의 실존하는 안티페미니즘 단체가 존재하기 때문일 것이다. 애초에 남성연대라는 네이밍은 소수자들의 저항전략이자 목표로서의 연대라는 개념을 차용하여 남성이 소수자이자 정당한 저항의 주체라는 것을 과시하기 위해 도둑질한 개념이라고 봐야 한다. 그렇다면 연대를 남성 뒤에 붙여서 부정적인 어감으로 놔두는 것은 과연 온당한 것일까? 특히 이것이 현재는 특정한 단체를 지칭하는 고유명사가 아니라 일반명사로 쓰이고 있다는 점에서 납득이 어려운 면이 있다. 연대라는 단어를 부정적으로 쓰는 것이 모독은 아닐지라도, 단어의 뉘앙스를 생각하면 차라리 '공모' 같은 단어는 어땠을까?

고 싶은 것은 젠더, 특히 성폭력과 관련해서는 아무리 강하게 말해도 상관없다는 도덕적 확신이 강하게 작동한다는 것이다. 여성은 성적으로 해를 끼칠 수 없으며, 언제나 보편적으로 피해자가 될 수 있다는 공리가 배경에 존재하기 때문이다.

물론 현존하는 성범죄는 압도적으로 남성에 의해 일어나고, 남성들이 그 반증사례로 들고자 하는 소위 꽃뱀의 비율은 비교가 의미 없는 수준으로 존재한다. 2017~2018년 2년간 성폭력 범죄로 처리된 피의자의 수는 8만 677명이었다. 반면 같은 기간 성폭력 무고로 처리된 피의자의 수는 1,190명에 그쳤고 그나마도 이중 718명은 불기소 처분되었다. 또 기소되어 재판에 넘겨진 건 중에서도 6.1%는 무죄를 선고받았다.[29]

하지만 이 근거들은 어떤 것들에 대해서는 아예 생각하지 않아도 되는 환경을 만들기도 한다. 정희진은 페미니즘이 '피해자화'를 중심으로 재구성되면서 생겨나는 위험을 지적한다. 성별이분법적 남성중심사회에서 여성은 실제로 많은 피해를 입으며 살아가고, 사회는 여성의 발언권을 '피해자'로서 말하기에 한정시켜두었다. 따라서 스스로를 피해자로 인지하고 그것에 대해 말함으로써 피해자로 인정받는 것은 생존을 위해 불가피한 일이다. 그러나 페미니즘이 스스로를 "피해자로 하나 되기"로 보는 것은 오히려 여성의 존재를 남성과의 관계 속에서만 가능하도록 하는 남성사회의 규범을 따르는 일이다. 피해자성은 이런 구도 하에서만 여성에게 모종의 자원이나 권력으로 작동하게 되고, 이는 여성이 남성과 다르게 성공이 아니라 불행을 경쟁해야 하는 상황에 놓이도

29 한국여성정책연구원, 「성폭력 무고의 젠더 분석과 성폭력 범죄 분류의 새로운 범주화」, 2019.

록 한다.[30]

권김현영은 "피해자 경쟁 문화에서는 더 정확하고 자세한 설명보다는 더 세고 즉각적인 반응을 일으키는 말이 선호되었다. 성희롱에서 강간에 이르기까지 모든 피해는 본질적으로 동질한 것으로 취급되었고, 문화와 범죄는 점점 구분되지 않았다."[31]고 이야기한다. 이런 구도 속에서는 가해자의 위치에 있는 이들이 더 나쁘고, 더 강력하며, 그 행위들은 엄청난 피해를 야기한다는 것을 강조할 필요가 생긴다.

그런데 이런 식의 관행은 몇 가지 문제를 만들어낸다. 우선 메시지의 효과다. 더 많은 사람들에게 피해를 알리고, 그것에 가담하지 말 것을 요청하고, 가해자에게 합당한 처벌을 부여하는 것이 그 메시지의 목적이라고 볼 수 있다면, 이런 식의 규탄이 그런 결과를 이끌어낼 수 있을지는 의문이다. 이런 메시지는 언제나 수신자를 잘못 찾아가는 경향이 있다. 이미 성찰과 고민을 하고 있는 사람들에게는 이런 메시지는 더 큰 죄의식으로 다가올 것이고, 그런 것에 관심 없는 사람들에게는 자신을 극악한 행동의 공범처럼 취급한다는 점에서 불쾌감을 선사할 뿐이다. 이 불쾌감이 행동의 변화로 이어질 수 있다면 좋겠지만, 많은 경우 사람들은 이럴 때 자기방어적 해법을 택한다. 무엇보다 진짜로 그 폭력에 가담하고 있는 사람들에게 이 메시지가 어떻게 받아들여질지를 생각하면 그 효과에 더 의문을 가질 수밖에 없다.

게다가 남성연대에 대해서 이야기하는 것은 그것의 해체를 도모하기

30 정희진(2018), 「피해자 정체성의 정치와 페미니즘」, 『피해와 가해의 페미니즘』, 교양인, 217-225쪽 참조.

31 권김현영(2018), 「성폭력 2차 가해와 피해자 중심주의의 문제」, 『피해와 가해의 페미니즘』, 교양인, 51쪽.

위함일 것이다. 그런데 그저 남자이기만 하면 되는 이런 간편한 연대를 부정확하게 호명하는 것은 그것의 해체에 도움이 될까 그 반대일까? 언제나 그런 것은 아니지만 어떤 호명은 응답을 불러온다. 이대남이라는 호명이 실제로는 이질적인 집단인 20대 남자들을 일정 부분 사회적으로 엮어냈듯이, 남성연대 역시 그러한 역할을 할 수 있다. 또한 다른 목적이 있고 사실이 아니라고 할지라도 남성 집단을 자꾸만 전능한 악당처럼 묘사하는 것은 반대로 피해자의 무력함을 부각시키는 화용론적 실천이 된다. 이는 앞선 논자들이 지적한 대로 피해자라는 위치에 스스로를 더 옭아매는 일인 동시에, 상대 집단에 대한 정확한 인식 대신에 과도한 공포와 증오만을 키우는 자기실현적인 예언이 되어버릴 수 있다.

뻣뻣한 젠더와 그 정치

다시 한 번 젠더갈등으로 돌아가 보자. 한국사회에서 젠더갈등이라는 개념은 어떤 문제를 두고 남자와 여자가 대립한다는 뜻으로 통용되고 있다. 요컨대 여자(젠더)와 남자(젠더) 간의 갈등인 셈이다. 젠더는 생물학적인 성차와 그로부터 도출되는 결정론을 피하기 위해서 페미니즘이 적극적으로 도입한 개념이다. 사회적 성으로서의 젠더는 생물학적 결정론으로부터 벗어나 사회의 제도, 문화, 권력구조, 관습 등의 영향 속에서 형성되고 변화한다. 이것이 갖는 가장 중요한 함의는 그러므로 젠더는 변해왔고 변할 수 있다는 정치적 전망일 것이다.

하지만 여러 용례에서 보이듯이 이 개념은 여성에 대한 성차별, 혹은 남녀 간의 차이와 대립이라는 협소한 방식으로만 소환되고 있다. 여기에는 여성에 대한 억압이자, 언젠가는 사라져야 할 것으로서의 젠더만이 존재한다. 물론 젠더가 그런 억압만을 지칭하는 개념이라면 그것의 사라짐을 도모하는 것이 하나도 이상한 일은 아니다. 하지만 젠더가 끊임없이 변해왔다는 페미니즘의 주장과 연구들을 생각해보면, 젠더의 함의를 현재의 성별억압체계로만 해석하는 것은 젠더에 관한 역사적 관점을 포기하는 것처럼 보인다.

주디스 버틀러가 『젠더 트러블』[32]을 통해 제기했던 질문에서 보듯이, 젠더는 문제적인 개념이다. 많은 페미니스트들이 생물학적 성과 사회적 성의 구분을 지지하며 차별의 근거 없음의 근거로 삼았지만, 정작 이들이 논하는 젠더는 섹스의 이분법적 구분에 종속되는 경향을 보여왔다. 버틀러는 섹스와 젠더의 구분이야말로 페미니즘 주체의 균열이 시작된 원인이고, 섹스가 담론 이전에 존재하는 것처럼 여겨지는 것은 젠더라 지칭되는 문화적 구성장치의 결과이며, 섹스 역시 젠더만큼이나 문화적으로 구성된 것이라고 주장한 바 있다.[33]

실제로 성차에 대한 많은 연구들이 분야를 막론하고 설계부터 해석까지의 모든 과정에서 젠더에 대한 고정관념에서 자유롭지 않다.[34] 게다가 이런 연구결과들에서 부각되지는 않지만 가장 뚜렷하고 반복적으로 나타나는 것은 남녀 간의 차이가 아니라 '유사성'이다.

2005년 재닛 하이드는 젠더 차이에 대한 연구들을 대상으로 하는 46개의 메타분석 연구를 발견했는데, 이는 약 7백만 명을 대상으로 한 5천 건 이상의 개별 연구를 다루고 있다. 그리고 이 연구들을 분석해 성

32 주디스 버틀러, 조현준 옮김(2008), 『젠더 트러블』, 문학동네.
33 주디스 버틀러, 같은 책, 94-98쪽.
34 이러한 문제제기에 대해서는 코델리아 파인의 『젠더, 만들어진 성』(2014, 휴먼사이언스), 『테스토스테론 렉스』(2018, 딜라일라북스) 등을 참조하라.

별에 따른 차이가 나타나는지를 확인한 결과, 개별 연구들의 30%는 성별에 따른 차이가 0%에 가깝게 나왔고 48%는 작은 차이만이 측정되었다. 즉 전체 연구의 78%는 젠더 차이가 작거나 0%에 가깝다는 결과가 나왔다. 이를 기반으로 하이드는 남녀의 광범위한 심리학적 유사성이 "모든 인문과학을 통틀어 일반화가 가장 잘 확립된 분야"로 볼 수 있다고 이야기한다.[35] 또 이 연구들에서 성적 차이가 나타나는 경우에도 그것은 구체적이고 상황적으로 나타나고 있으며, 특정한 분석기술, 사회환경, 시간과 공간, 차이를 측정하는 방법 등이 차이의 정도에 영향을 미친다[36]는 사실도 밝혀냈다.

이런 분석은 과학적 연구 그 자체에 주는 함의로서도 중요하지만, 동시에 젠더의 개념과 그 정치에도 중요한 의미를 갖는다. 이는 교차성이 단순히 더 많은 억압을 고려하는 착한 사람이 되라는 식의 개념이 아니라 나를 구성하는 실재적인 원리로서 작동한다는 것을 얘기한다. 즉 우리가 사회적으로 어떤 젠더로 인식되고 행동하게 되는 과정 자체에 이미 사회의 다른 요소들과의 상호작용이 영향을 미치고 있다는 것이다.

그러나 한국사회의 여론의 층위에서 나타나는 젠더에 대한 논의에서는 언제나 유사성보다 차이가 강조되고, 때로 그것은 극복될 수 없는 것으로 상정된다. 그리고 그 효과는 스스로를 여자 아니면 남자로, 고정적이고 변하지 않는 나와 적의 정체성이라는 인식을 더 단단하게 만들고, 그렇지 않은 것들을 그 장에서 몰아내는 효과를 갖는다.

35 래윈 코넬, 레베카 피어스, 유정미 옮김(2021), 『젠더: 젠더를 둘러싼 논쟁과 사상의 지도 그리기』, 현실문화, 99-100쪽.
36 래윈 코넬, 레베카 피어스, 같은 책, 102쪽.

그리고 '젠더 불평등'을 여성에 대한 차별의 기호로 간주하는 게 더 이상 유효하지 않은 것처럼, 빈곤과 문맹으로, 고용 차별로, 전 지구적 틀에서 젠더화된 노동 분업으로, 성폭력이나 여타 폭력으로 여성이 고통 받는 여러 다른 방식을 고려하지 않는 젠더 차별의 관점을 주장하는 것도 마찬가지로 인정받지 못할 것이다. 여성의 구조적 지배를 다른 모든 젠더 분석이 나아가야 할 출발점이라고 생각하는 페미니즘의 틀은, 젠더가 특정 집합의 사회적이고 신체적인 위험을 안고 있는 정치적인 문제로 등장하는 여러 방식에 동의하지 않음으로써 페미니즘 자체의 존속 가능성도 위험에 빠뜨린다. (중략) 페미니즘이 항상 여성에 대한 성적·비성적 폭력에 대항해 왔다는 점은 다른 운동들과 연합할 기반으로 작용해야 한다.[37]

젠더에 대한 경직된 이해와 그것을 기반으로 한 실천들은 주디스 버틀러가 우려했던 바와 맞닿는 부분이 있다. 버틀러는 젠더 불평등을 여성에 대한 차별로만 간주하는 것이 '더 이상' 유효하지 않다고 주장했으나, 그러한 관행은 사라지기는커녕 돌아오는 듯하다. 문제는 이런 협소한 세계관에는 여성에 대한 억압이라는 하나의 주제에서 조금 빗겨나 있거나, 그것만으로 온전히 설명할 수 없는 존재와 문제들이 들어설 자리가 없다는 점이다. 그리고 이는 스스로를 페미니스트라고 주장하는 일부 '여성'들에 의해 자행되고 있는 트랜스젠더에 대한 적극적인 배제를 비롯하여, 또 다른 폭력과 배제들을 발생시키는 배경이 되고 있다.

물론 젠더에서 권력과 차별을 제외할 수는 없다. 하지만 생물학적인

37 주디스 버틀러, 조현준 옮김(2015), 『젠더 허물기』, 문학과지성사, 22쪽.

남자와 여자 대신에 사회적인 남자 젠더와 여자 젠더가 언제나 억압자와 피억압자로 존재하고, 그 양상은 변하지 않는다고 생각하는 것은 젠더라는 개념을 도입한 목적과도 맞지 않을뿐더러, 그것이 권력과 차별을 비판하는 유일한 방법인 것도 아니다. 나아가 그것은 인식론적 차원에서 차별을 인위적인 것이 아니라 필연에 가깝게 자리매김함으로써 변화의 전망을 어둡게 만든다.

> 많은 페미니스트들은 젠더가 본질적으로 불평등에 대한 것이라고 생각한다. 그들은 젠더 질서의 핵심을 가부장제의 배당금이라고 보고, 어떤 젠더 체계에서도 젠더로 인한 해로움을 피할 수 없다고 본다. 그렇게 보면 이들은 젠더의 폐지를 목표로 하는 논리를 따르게 된다. (중략) 하지만 젠더 민주주의 전략이라는 또 다른 가능성이 있다. 젠더 그 자체가 불평등을 의미하지는 않는다. (중략) 젠더 민주화 전략은 우리가 젠더 질서에서 발생하는 유용성, 즉 사람들이 가치를 두는 많은 즐거움들, 문화적 풍요로움, 정체성, 그 외 다른 실천들을 유지할 수 있게 한다.[38]

젠더가 오로지 여성에 대한 억압이라고만 여기는 관점에서 각각의 젠더에 속한 것으로 나타나는 기질, 행동, 표지 등은 모두 억압을 가속화하는 것으로만 상정된다. 트랜스젠더가 남성성이나 여성성을 수행하는 것, 섹슈얼리티를 특정한 방식으로 표현하는 것이나 관련된 일을 하는 것 등이 대표적이다. 여기에서 일반적으로 하등한 지위를 부여받는

38 래윈 코넬, 레베카 피어스, 위의 책, 285-286쪽.

것은 여성적이라고 일컬어지는 것들이다. 여성적인 것의 평가절하에 대해 페미니스트들은 치열한 논쟁을 벌여왔다. 그런데 젠더를 억압으로만 보는 관점에서는 그것이 저항의 언어일지라도 여성적인 것에 대한 평가가 기존의 기울어진 권력구도 하의 평가와 맞춰지는 경향성이 있다. 때문에 여성적인 수행 자체가 일종의 젠더체제 부역으로 여겨지고, 급기야는 공격의 대상이 되기도 한다.[39]

코넬과 피어스가 제시하는 젠더 민주주의 전략은 젠더체계가 만들어내는 다름을 폐기하지 않으며 그것의 가치를 평등하게 만들어내는 것이다. 이런 등가성이 성립 가능한 것인가는 별도의 논의가 필요할 것이다. 다만 '무엇을 하면 안 되는가'가 아니라 '무엇을 하고 싶은가'에 초점을 맞추는 것이 더 많은 자유로의 길을 열 수 있다는 점은 분명하다. 죄의식과 자기검열을 동력으로 삼는 정치는 자신과 타인에 대한 단죄로 이어질 수밖에 없다. 심지어 나는 이미 스스로를 단죄했으므로 타인들을 향해 더 날을 세워도 된다고 생각하는 뒤틀린 정치주체를 만들어내기 십상이다.

> 권력을 가진 페미니스트들이 너무 자주 자신들이 폭력에 연루되어 있음을 부정하고, 타인을 돕거나 해를 끼치는 일 사이, 상징주의와 그 효력 사이, 처벌과 해방 사이에서 마치 어려운 선택이란 존재하지 않는다는 듯이 행동한다.[40]

39 가령 일각에서 여성이 더 도덕적인 선택을 하는 것(물론 이것도 확실한 것은 아니다)을 두고 "도덕 코르셋"이라고 명명하며 그것을 억압으로 보는 경우 등을 생각해볼 수 있다.
40 아미아 스리니바산, 김수민 옮김(2022), 『섹스할 권리』, 창비, 292쪽.

아미아 스리니바산은 성매매, 가정폭력 등에 대해 강력한 처벌을 요구하는 소위 투옥페미니즘의 조류가 가장 열악한 처지의 여성들의 희생을 담보로 상징적인 승리를 추구하고 있다고 비판한다. 가령 성매매에 대한 근절주의적 접근은 성매매를 실제로 줄이는 효과는 미미하지만 성매매에 종사하는 여성들의 삶을 더 힘들게 만드는 것은 분명하다. 가정폭력을 강력하게 처벌하고 가해자(대부분이 남편인)를 구금해야 한다는 주장은, 그 남편이 사라진 후 경제적으로 절벽에 내몰리는 하층계급 여성들의 상황을 함께 고려하지 않는다. 스리니바산은 "여성에 대한 공통의 억압에 초점을 맞추는 페미니즘은 대다수 여성을 가장 비참하게 만드는 요인들은 다루지 않은 채 기존의 불평등 구조에서 성평등을 이루는 방법을 찾는다."고 말하며, "페미니스트들이 (경찰들이 거리를 순찰하고 남성들을 감옥에 보내는) 투옥 해결책을 받아들일 때 이는 지배계급이 범죄 대부분의 가장 심각한 원인이 되는 빈곤과 인종 지배, 국경, 계급 제도 같은 문제의 해결을 거부할 수 있게 해준다."[41] 고 주장한다.

스리니바산의 주장은 페미니즘 운동이 상징적이고 추상적인 가치 혹은 '나쁜 남자를 벌주는 것'보다, 현실에서 삶을 살아가는 다양한 상황의 여성들에 집중해야 한다는 것이다. 이 관점에서 볼 때 고통의 경감과 상징적 승리 중에서 선택해야 하는 것은 고통의 경감이다. 이것은 저항운동이 구호활동이 되어야 한다는 것이 아니라, 어떤 지향을 가져야 하는지에 대한 이야기다.

이 주장은 버틀러가 "살 만한 삶"을 운동의 기준으로 제시한 것과 통하는 지점이 있다. 버틀러는 트렌스젠더와 인터섹스에 대해 이야기하

41 아미아 스리니바산, 같은 책, 270-271쪽.

며 "가장 중요한 것은 특정한 사람에게만 살 만한 삶을 모두에게 입법화하는 것을 중단하는 일이고, 마찬가지로 특정한 사람에게만 살기 힘든 삶을 모두에게 금지하는 것을 막는 일"[42]이라고 주장한다. (대부분 자기 스스로를 투영하기 마련인) 하나의 삶의 조건과 그에서 비롯된 가치체계를 선불리 모든 사람의 조건으로 예단하고, 심지어 그것을 기준으로 내세우는 것은 그 기준에 부합하지 않는 사람들을 부지불식간에 삶의 바깥으로 밀어낼 수도 있다는 것이다.

사실상 이 모든 것은 지난 수십 년간 페미니즘이 세상에 내놓은 값진 교훈이었다. 하지만 페미니즘의 일부가 다시금 스스로가 얻어낸 교훈을 저버리고 있다는 것은 버틀러의 경고대로 "페미니즘 자체의 존속 가능성"에 위해를 끼치는 행위일 수 있다. 정희진은 사회적 약자의 투쟁에 대해서 "사회적 약자는 돈, 권력, 폭력, 제도 같은 전통적인 자원이 없다. '우리'에게 유일한 자원은 새로운 언어와 윤리뿐이다. 이 두 가지를 버릴 때, 다시 말해 지배자의 도구를 욕망할 때, 사회운동은 타락하고 붕괴된다."[43]고 말한다. 이는 어찌 보면 동어반복일 수 있다. 사회적 약자라는 상태가 다름 아닌 돈, 권력, 폭력, 제도로부터 거리가 먼 존재들이기 때문이다.

출구전략 혹은 '적'을 위한 자리

페미니스트들은 승리했을 때 무엇을 해야 하는가? 이 질문이 지나치게 가정적이라고 받아들이는 사람이 많다. 이들은 페미니스트들이 힘

42 주디스 버틀러, 『젠더 허물기』, 21쪽.
43 정희진, 위의 책, 207쪽.

이 없다고, 상대적으로 힘이 없는 자리에서 "힘 있는 자들에게 사실을 전한다"고 말한다. 그러나 마음에 들건 안 들건 일부 페미니스트는 상당히 큰 힘을 가지고 있다.[44]

이런 질문이 엄혹한 백래시의 시대에 적합하지 않다고 생각하는 이들이 있을 것이다. 하지만 장기적 전망을 제시하지 못하는 것과 위기는 생각보다 긴밀하게 연결되어 있다. 만약 성평등이 달성되었을 때의 세상이, 이제야말로 공정하게 경쟁해서 이기는 사람이 지는 사람을 정당하게 착취하는 곳이라면 그것을 위해 굳이 이런 수고를 할 필요는 없을 것이기 때문이다.

그런데 우리는 어떤 상태를 성평등으로 바라볼 것인가? 만약 이것이 역사적 가부장제가 야기한 모든 피해와 그로 인해 생겨난 원한을 일순간에 정산하는 것을 의미한다면 그것은 세상이 뒤집혀서 젠더혁명이 일어난다 해도 불가능할지 모른다. 이런 누적된 문제들과 그로 인한 분노들을 무시하자는 이야기는 아니다. 하지만 어떤 경우 논의에 끼어든 사람들의 거대한 정동과 원한감정은 실제의 피해자들보다도 더 많은 분노를 쏟아내며 그것을 영원히 끝날 수 없는 싸움으로 만들어버리기도 한다. 때로 정당한 투쟁에 함께하고 있다는 감각은 도취와 중독을 야기한다. 오늘날처럼 인간 존재의 의의와 가치가 무한하고 잔혹한 평가체계 속에서 너덜너덜해지고 있는 때에는 더 그렇다. 그러나 싸움은 끝나야 하고, 사람들은 일상을 살아야 한다. 그래서 필요한 것은 출구전략이다. 우리에게, 심지어 '적'에게도 명분 있는 합리적인 퇴장이 가능

44 아미아 스리니바산, 위의 책, 251쪽.

해야 한다.

이것은 매일같이 벌어지는 성차별과 폭력에 대응하기도 버거운 상황에서 장기적인 전망까지 내놓으라는, 피해자에게 해결책까지 전가하는 주장일까? 하지만 나는 세상 돌아가는 것과 전혀 동떨어진 페미니즘만의 문제가 있다는 것은 착각에 가깝다고 생각한다. 결국 뭔가 작은 것 하나라도 바뀌기 위해서는 다양한 관점과 다양한 입장의 사람들이 그것을 나눠지고 함께 머리를 맞대는 수밖에 없다. 어떤 이들은 다양한 상황 속에 놓인 여성은 그 상황 속에 있는 남성에 비해서 언제나 더 열악하다는 사실에만 주목한다. 물론 이는 대다수의 경우 사실에 가깝다. 그러나 그 다양한 상황 속의 여성들의 문제가 해결되려면 그들이 여성이라는 문제만큼이나 그 상황 역시 문제이고, 그것은 복잡하게 얽혀 있기 마련이다. 결국 함께 풀어내지 않으면 그 어떤 것도 온전한 해결책이 되지는 못한다.

적지 않은 페미니스트들이 환멸에 가까운 감정을 드러내는 말이지만, 성평등의 달성을 위해서는 남자도 필요하다. 페미니스트들이 겪어왔던 실망과 폭력의 누적이 이런 경향을 가속화하고 있다는 것을 이해하지 못할 바는 아니다. 하지만 오늘날 성차별의 적대자인 남자는 성별이분법체계와 가부장제하에서 다른 성별을 억압하는 기호학적 위치로서가 아니라, 과도하게 인격화되어 있다. 이는 연대에 있어서도 심리적 장벽으로 작동한다.

묻고 싶은 것은 그것의 정당성은 제쳐두더라도 남자들을 모조리 죽이거나 추방할 수 있거나, 여자들만의 세상을 만들어낼 수 있는 전망이 존재하느냐는 것이다. 그리고 그렇게 생겨난 세계에선 정말로 지금 여성들이 겪고 있는 모든 고통들이 사라지고 '무해'한 것들만이 남게 될

까? 안타깝게도 여성이 겪는 어떤 문제들은 다른 여성이 야기하기도 한다. 남성이 사라지면 여성 간에 적대가 사라지고 환대만 남을 것이라는 발상은 안온하다. 그 정도가 천차만별이긴 하지만, 이 세상에 살게 되는 한에서 우리는 어느 정도씩 세상의 나쁜 면들에 연루되어 있으며 자신이 무결하다는 생각은 아주 높은 확률로 착각이자 강박이다.

그러니 모두 세상의 죄의식을 공평하게 나눠 갖고 가해자들을 용서하고 성불하자는 얘기가 아니다. 그것은 전혀 정의롭지 못하다. 하지만 세상이 순결한 피해자와 악의로 가득한 가해자로 나뉘어 있다는 생각은 세상을 바라보는 올바른 관점도 아니거니와, 궁극적으로 모두에게 족쇄가 될 수 있다.

내가 이성애자 시스젠더 남성의 입장에서 "남성들의 내부에서 남성연대를 해체하"는 역할에 머물지 못하고 이런저런 말을 얹고 있는 것에 불쾌해할 사람들이 있을 것이다. 가령 윤지영은 남성 페미니스트의 조건을 다음과 같이 나열한다.

> 그렇다면 모두가 페미니스트가 되어야 한다는 명제에서 남성은 어떻게 페미니스트가 될 수 있는가? 남성 페미니스트가 되기 위해서는 다음의 세 가지 조건을 충족해야 한다. 먼저 자신이 남성특권구조의 수혜자라는 현실을 인정하고 이로부터 발생하는 가해자성과 무지의 권력을 철저히 성찰해야만 한다. 둘째, 여성들의 억압현실과 헐벗은 고통의 언어를 경청해야 하며 여성 서사의 중요성을 인정함과 동시에 여성들의 발언권을 탈취해가지 않아야 한다. 셋째, 남성연대의 내부 고발자가 되거나 남성폭력의 고리를 끊기 위해 남성들 간의 연대에 균열을 일으키고 남성연대에 대적하는 자여야만 한다. 다시 말해, 여

성들 사이에서 박수 받는 자이거나 페미니즘 감별사라는 상부심급을 자처하는 자가 아닌, 남성들 한가운데에 뛰어들어 당연하게 전제된 특혜구조와 놀이문화, 직장문화, 친족구조에 대해 불편한 질문들을 제기하는 자여야만 한다. 이를 통해, 다른 말하기 양식과 다른 행위 양식들을 실천하는 자로 남성연대를 해체할 때에 비로소 남성 페미니스트가 될 수 있다.[45]

이것은 남자가 페미니스트가 되는 법을 설명하고 있지만, 실은 남자는 페미니스트가 절대로 될 수 없다는 것을 강변하고 있다. 이 글에서 주문하는 것은 일종의 자살 특공대가 되라는 것이다.[46] 사실 나는 이런 이야기를 들을 때마다 언제나 의문이 들었다. 이미 남성들의 세계에서 탈출하거나 축출당한 이들이 무슨 수로 그 견고한 위계와 권력게임의 세계로 돌아가서 그것을 해체한단 말인가? 조금만 생각해보면 알 수 있는 주장을 무심하게 반복해온 것은, 페미니즘이 이 전향자들을 어떻게 처리할 것인지의 문제에 별 관심을 기울이지 않았기 때문이라고 생각한다.

남성사회의 입장에서는 배신자인 이들은 페미니즘의 관점에서는 여전히 가해자의 몸을 갖고 있는 의심스러운 존재로 여겨져 왔다. 물론 그간 소위 '남페미'를 자칭하는 이들이 벌였던 폭력과 사고들이 쌓여 왔기에 이런 의심 자체가 부당하다고 말할 순 없을 것이다. 하지만 확

45 윤지영(2019), 「페미니즘 지각변동: 새로운 사유의 터, 페미니즘 대립각들」, 『문화와 사회』 제27권 1호, 31쪽.

46 윤지영은 이 글에서 '모두를 위한 페미니즘'은 틀렸고 '모두가 페미니스트가 되어야 한다'고 주장한다. 하지만 이런 식으로 페미니스트의 자격이 설정된다면 과연 '모두'가 페미니스트가 되는 것은 가능한 것일까?

실한 것은 성차별에 맞서기 위해서는 이런 이탈자들의 증가가 불가피하고 심지어 필요하다는 점이다. 그간 페미니즘 정치의 주류적 흐름은, (남자를 믿을 수 없기 때문에) 여성 간의 연대를 강화하고, 법과 제도를 더 강력하게 구축하는 것에 집중해왔다고 할 수 있을 것이다. 그러나 법과 제도가 권력에 의해서 얼마나 임의적으로 쓰일 수 있는지를 보여주는 역사적 증거들[47]이 산재한 상황에서 과연 그것만으로 충분한 것이냐고 묻지 않을 수가 없다.

무엇이 옳고 무엇이 그른가는 쉽게 포기할 수 없는 문제다. 하지만 옳음만으로 무언가가 저절로 해결되지 않는 것은 분명하다. 정치는 복잡한 것이지만, 결국 내가 옳다고 여기는 것을 위해 더 많은 사람의 동의와 지지를 이끌어내기 위한 협상과 투쟁의 과정이다. 그렇다면 과연 페미니즘은 투항해오는 세계를 맞이할 준비가 되어 있는가? 이것은 보상의 문제가 아니라 페미니즘 안에 이 투항자들을 위한 전망과 자리가 존재하느냐는 물음이다.

이 전망은 더 많은 사람들을 그들이 지금의 불합리와 불의로부터 벗어나, 다른 존재를 착취하지 않는 삶으로 초대하는 것이어야 한다. 그리고 새로운 '살 길' 혹은 그야말로 출구를 열어주는 것이어야 한다. 이것이 마냥 아름답고 매끈한 과정일 수는 당연히 없을 것이다. 특권과 차별에 크고 작게 가담해왔다는 사실에 대한 반성과, 익숙하던 삶의 방식

47 단적인 예로 게일 루빈은 연방국가인 미국에서 초국적 경찰권력인 연방수사국(F.B.I)이 탄생하는 데에, (백인)여성의 인신매매와 성매매를 막겠다는 취지로 만들어진 맨법(Mann Act)이 실질적인 기반이 되었음을 이야기한다. 나아가 이렇게 생겨난 경찰권력과 법이 여성보호를 명목으로 여성을 억압하는 데에도 적극적으로 활용되었던 역사를 폭로한다. 자세한 내용은 게일 루빈, 신혜수·임옥희·조혜영·허윤 옮김(2015), 『일탈』, 현실문화, 163-183쪽을 참고.

이나 태도를 벗어나기 위한 노력이 필요하고, 그 와중에 주체는 끊임없이 좌충우돌할 것이다. 하지만 이 과정을 기꺼이 감수할 만한 것으로, 가치 있는 것으로 만들어내는 것도 결국 정치의 문제다. 그런 전향자들에 대한 무조건적인 환대가 불가능하다면, 최소한 공정[48]하게 대우해야 한다. 그리고 이것은 생각보다 많은 노력과 훈련을 요하는 일이다. 하지만 이런 고민이 그간 진지한 수준에서 존재했는지는 알기 어렵다.

지금까지 이야기한 것들이 '반성차별 정치가 무력해진' 유일한 원인은 아닐 것이다. 어쩌면 무력해졌다는 진단 자체도 누군가에게는 동의할 수 없을지 모른다. 그러나 오늘날 세계가 극우들의 득세, 사회적 신뢰의 추락, 장기적인 경제 위기, 생태 위기, 혐오의 증가, 전쟁 등 온갖 문제들로 들끓고 있다는 것을 상기할 필요가 있다. 이런 것들과 상관없는 고고하고 독자적인 젠더정치 같은 것은 없다. 위기는 언제나 다른 위기들과 연결되어 있기 때문이다.

이 위기의 복합체에 대응하기 위해서는 더 긴밀하게 엮어야 한다. 지금 제시할 수 있는 '연대'는 그간 많은 이들이 외쳐왔던 것처럼 아직은 속이 텅 비어 있는 것이다. 우리는 그것을 채울 방법을 찾아내야만 한다. 그것 말고 '약자'들에게 어떤 대안이 있는가? 나는 아직 새로운 답을 알지 못한다.

48 이 개념을 사용하는 데 망설여지게 된 상황이 유감이다.

'청년 여성 정치'는 '페미니즘 정치'가 될 수 있을까

심 미 섭

1. 들어가며: 페미니즘 정치란 무엇일까

'페미니즘'도 '정치'도 '한다'고 스스로를 소개하는 9년차 활동가지만, 막상 '페미니즘 정치'가 무엇인지에 대해서는 뚜렷한 정의를 내리기 어렵다. '페미니즘 정치세력화를 위해 노력'하는 단체인 페미당당을 만들고 운영하고 있는 입장임에도 그렇다.

페미당당은 2016년 강남역 여성혐오 살인사건과 더불어, 같은 해 있었던 제20대 국회의원 선거에서 페미니즘 의제를 내세우는 정당이 없음을 비판하며 만든 단체이다. 돌이켜보면, 당시 나를 비롯한 페미당당 구성원들은 '페미니스트가 모여 정치적 의견을 내면 바로 그것이 페미니즘 정치가 아닌가' 하는 순진한 생각을 하고 있었다. 조금 머리가 굵어지자, '여성과 소수자의 권리를 보장하는 것이 페미니즘 정치인가'로 의식을 발전시킨 정도였다.

그 후 낙태죄 폐지와 같은 의미 있는 정치적 움직임을 직접 만들어내기도 하고, 정당정치에서 페미니즘에 대한 태도가 긍정적이거나 부정적으로 변화하는 것을 실시간으로 목격했으며, 페미니즘 진영 내에서 "쓰까페미"[1]와 "랟팸"[2] 간의 진영 싸움에 휘말리기도 했다. 우리들의 페미니즘에 대한 이해도가 발전하는 속도만큼 한국 사회에서 페미니즘의 위상은 급격하게 변화했다. 이러한 격변을 몸소 겪으며 더 이상 그저 '페미니스트가 정치하면 페미니즘 정치'라고 단순하게 생각하기는 불가능해졌다.

결국 나는 다음과 같은 질문을 차례로 검토해보기 시작했다. 여성이 정치하면 페미니즘 정치인가? 혹은, 여성을 위한 정책을 펼치면 페미니즘 정치인가? 모두 아니라면 그 교집합인, 여성에 의한, 여성을 위한 정치는 어떤가? 이와 같은 정치의 모습을 실제 상황에서 찾아보려 하니, 그동안 어떤 "페미니스트 정치인"들이 등장했는지를 가장 먼저 생각해보게 되었다. 물론 "개인적인 것이 가장 정치적인 것"이라는 주장은 설득력 있다. 수많은 익명의 페미니스트 시민들이 자신을 정치주체로 정체화하는 것이 페미니즘 정치의 본령이라고 할 수도 있겠다. 하지만 대의제 정치체제에서 가장 먼저 떠올리게 되는 정치란 뉴스에 나오는 그것이고, 결국 정치를 '하는' 주체로 부각되는 주체는 정치인이다. 2015년경 시작된 '페미니즘 리부트' 이후 수많은 정치인들이 페미니즘

1 다양성 보장과 연대를 중요시하는 교차 페미니스트 진영을 일컫는 말. '쓰까'라는 말은 '여성 인권을 다른 소수자 문제와 쓰깐(섞는)다'는 뜻으로서, 반대 진영에서 모욕적인 의도로 붙인 명칭이다. '운동권 페미니스트'라는 뜻의 '꿘페미'와 동일시되기도 한다.

2 한국에서 '래디컬 페미니스트' 혹은 '랟펨'이라는 명칭은, 서구 사회에서의 'radical feminist'와 사뭇 다른 의미로 쓰인다. 이는 오히려 트랜스젠더 배제적 페미니스트를 뜻하는 '터프(TERF: trans-exclusionary radical feminist)'에 가까운 집단으로서, 이들의 특징은 사회에서 "여성적"이라고 여기는 외관을 거부하는 이념이자 행위인 '탈코르셋' 운동이나 자본주의 및 신자유주의 사회에서의 성공을 지향하는 '야망보지' 운동으로 대표된다.

정치를 직접 표방하거나, 대중에 의해 이를 실현할 것이라고 기대를 모았다가 사라졌다. 여성임에도 반페미니즘적 가치를 내세운 정치인, 여성과 소수자에게 도움이 되는 정책을 여럿 도입했지만 보좌진을 대상으로 성범죄를 저질렀음이 밝혀진 정치인, 여성으로서 여성을 위한 정치를 할 것이라 선언했지만 약자와 소수자를 혐오하는 입장을 공공연하게 드러낸 정치인…. 이 모든 사례를 우리는 지난 몇 년간 실제로 목격했다.

그리하여 우리는 무력감에 빠지게 되었다. 여성의, 여성을 위한 정치를 한다며 등장한 인물들, 그리고 그들을 지지한 사람들이 결국은 모두 실패한 것처럼 느끼게 된 것이다. 하지만 이는 여성 정치, 더 구체적으로 짚자면 '청년 여성이 하는 정치'를 곧 페미니즘 정치와 같은 것으로 생각했기 때문에 드는 거짓 패배감이라고 생각한다. 페미니즘은 여성을 위한 것, 진보적인 것, 그리고 젊은 것이라고 여겨진다는 점, 또한 '새로운 정치'를 위해서는 스타 혹은 영웅의 등장을 기다리는 사회 분위기가 분명하다는 점을 떠올린다면 이러한 거짓 실패를 겪는 것은 이미 예견된 수순이었다고도 말할 수 있겠다.

2022년 제20대 대통령 선거는 그 어느 때보다도 페미니즘이 화두가 된 선거였다고 할 수 있다. 대선 투표 직전까지 20대와 30대 청년들의 과반이 지지하는 후보를 확실히 정하지 않았다는 보도[3]가 나오고, 이들의 지지를 얻기 위해 정당과 후보들은 페미니즘 혹은 반페미니즘적인 메시지를 앞다투어 내보냈다.[4] 그리고 그 과정에서 고안된 필승 전략

3 이재훈, 「2030 절반 "지지후보 바꿀 수 있다"…여전히 예측 불허」, 『한겨레』, 2022년 2월 7일.
4 이러한 현상은 다음과 같은 요소들을 근거로 하여 폭발적으로 확산되었다. 주요 후보들의 지지도가 박빙이었던 점, 유튜브의 '숏폼(short-form: 짧은 길이의 영상 컨텐츠)'이나

은, 청년 여성 정치인을 대선 과정에 기용하는 것이었다. 시기적 차이가 있었지만 거대양당 모두가 선택했던 이 전략은, 각자 다른 의미로 실패했다. 후에 자세히 살펴보겠지만, 이 실패들은 공통적으로 '청년 여성이 하는 정치'를 곧 페미니즘 정치로 여기는 데에서 기인한 것이라 평가할 수 있다.

이 글은 두 가지를 목표로 한다. 첫째는 페미니즘 정치란 무엇인지에 대하여, 그 의미와 의의를 활동가 당사자인 나의 경험에 근거하여 밝히는 것이다. 둘째는 2022년 대통령 선거 당시 어떻게 (소위) 페미니즘 정치가 구현되었는지를 짚어봄으로써, 페미니즘 정치가 청년 여성 정치와 동치되어 이해될 경우 발생하는 문제점을 짚어보는 것이다. 이를 통해 페미니즘 정치가 무엇인지에 대한 답을 조금이나마 찾기를 바라며, 또한 페미니즘 정치가 어떤 방향으로 전개될 경우 기존 정치 체제의 대안으로서 기능할 수 있을지를 탐구해보자.

2. 페미니즘이 정치가 된다면: 회의하는 사상, 비효율적 정치

페미니즘은 사회에 만연한 여성혐오와 이로 인한 차별을 철폐할 것을 주장하고, 여성과 소수자의 인권을 신장시킬 수 있는 정책이나 법안을 제안한다는 점에서 정치와 아주 밀접한 것으로 여겨진다. 실제로 페미니스트 활동가로서 나는 "낙태죄를 폐지하라"라거나 "권력형 성폭력을 저지른 정치인을 퇴출시켜라" 등 명확하고 구체적인 요구를 피켓에 써서 광화문 광장이나 국회 앞에서 외치곤 한다. 그러나 페미니스트로서

페이스북의 '한 줄 공약' 등 소셜 네트워크 서비스를 이용해 짧고 간단하게 자극적 공약을 발표하는 것이 경쟁적으로 번졌던 점 등이다.

살아간다는 것은, 사회의 모든 현상을, 더 구체적으로는 일상의 모든 면면을 페미니즘적 관점으로 다시 보게 되는 것을 뜻한다. 페미니즘적 관점이란 사회적 통념뿐 아니라 나 자신이 가지고 있는 상식에 대해서도 끊임없이 회의(懷疑)하고 의심하는 태도와 같다고 생각하기 때문이다.

페미니즘적 관점이 회의주의에 가깝다는 주장은 언뜻 생소하게 들릴 수 있다. 그러나 메갈리아가 여성혐오를 지적하고 가부장제를 해체하기 위해 주로 사용했던 방법이 미러링이었던 것을 떠올려보자. "화제의 남류작가 동정작 발표"와 같은 미러링의 문장은 우리 사회에서 너무나도 당연하게 여겨지던, 그래서 문제제기의 대상이 되기는커녕 문제의식조차 불러일으키지 못했던 잠재적 여성혐오를 인식하게 한다. 이는 그저 성별 임금 격차 그래프를 보는 것과는 다른 차원의 충격을 우리 세대에게 주었다. 사회로부터 주어진 모든 상식에 대하여 다시 한 번 생각해보게 된 것이다. 정치적 주체로의 변화 이전에, 일상적 존재에서의 격변을 불러일으킨 이 '메갈 세대 페미니즘'의 영향은, 2018년 불법촬영 편파수사 규탄시위(일명 '혜화역 시위')에 등장한 피켓에 적힌 "세상이 바뀌지 않는다고 속상해하지 마라, 네가 바뀌었다"라는 구호에서 분명하게 나타난다.

페미당당이 활동하는 과정에서도, 원칙과 상식에 대해 지속적으로 의심하고 검토하는 관점은 늘 고수되었다. '메갈 세대 페미니즘'이 우리에게 가르쳐준 것이 바로 이러한 회의적인 태도였던 데다가, 민주화의 주역이긴 하지만 어떠한 고정관념에 대해서는 교조적인 믿음을 가졌던 "운동권 아저씨들"을 반면교사로 삼아야겠다는 생각을 공유하고 있었기 때문이다. 페미당당의 운동 역사 중 이러한 태도가 잘 드러난 장면을 하나 소개하고 싶다.

2016년 겨울, 박근혜 대통령 퇴진 운동이 한창이다. 페미당당은 서울 광화문 광장에 설치된 촛불집회 무대에서 가수 DJ DOC가 신곡을 발표할 예정이라는 소식을 듣는다. 신곡에서는 박근혜 대통령을 "미스 박"이라고 지칭하고 있으며, 가사에는 "하도 찔러 대서 얼굴이 빵빵" 등의 표현이 포함되어 있다. 당시 광장에서는 박근혜 대통령의 실책을 비판하며, 그가 여성인 점을 짚어 여성혐오를 비난의 수단으로 사용하는 분위기가 팽배했다.

DJ DOC의 노래 가사는 이런 경향을 구체적으로 담고 있다. 비하의 의미로 '미스(Miss)'라는 여성형 호칭을 사용하고, 박근혜가 성형 중독이라는 소문을 언급하는 등 사회에서 "여성적 특징"이라고 여겨지는 점을 지적하며 조롱하기 때문이다.

페미당당 등 여성단체들 역시 부패 정권 퇴출을 위해 촛불집회에서 투쟁하던 중, 혐오발언, 성폭력으로부터 안전한 '페미존'을 구성해 운영하게 된다. 페미당당과 페미존은 DJ DOC의 촛불집회 공연 취소를 요청하며, 주최 측은 회의를 통해 요구를 수용한다.

그런데 여론은 이 취소 결정을 받아들이지 못한다. 온라인 댓글에는 "여자를 미스라고 부르는 것이 뭐가 문제냐"는 반응, DJ DOC의 노래 가사는 여성혐오가 아니라는 주장이 대부분이었다. 대중의 반발을 접한 페미당당 멤버들은 헷갈리기 시작한다. "이거 혹시 여성혐오가 아닌 게 아닌가?" 이렇게 많은 사람들이 틀렸다고 하는데, 혹시 우리가 뭔가 착각한 것은 아닌가?

당시 페미당당이 요구했던 DJ DOC 공연 취소 요청에 대한 전반적인 여론은 "뭐가 여성혐오인지 모르겠다"는 것이었다. 심지어 페미당당의 활동에 지지를 보내던 주변인들까지 "너무 오버한 게 아니냐"는 우려를 보였다.[5] 페미당당 멤버들은 한 발 물러서 다시 고민해보는 시간을 가졌는데, 이는 우리의 유약함 때문은 아니었다. 다만 늘 확신과 독단을 경계하는 것이 페미니스트로서 취해야 할 올바른 태도라고 생각했기 때문이다.

바로 이런 점에서 우리의 활동은 좀처럼 효율적일 수 없었다. 페미당당이라는 이름을 걸고 활동하며, 우리가 하는 것이 정치가 아니라고 생각한 적은 단 한 번도 없었다. 그러나 이는 아주 비효율적인 정치였다. 효율적인 정치 공동체의 형성에는 믿을 수 있는 신념과 이를 따르기 위한 원칙이 필요하다. 하지만 우리가 처한 딜레마는, 페미니즘이 바로 그 신념과 원칙을 의심하게 한 원동력으로 작용했다는 것이다.

과거 학생운동 단체에 속한 경험이 있는 페미니스트 활동가 친구들이 공통적으로 하는 말이 있다. 이전 조직에서는 선배들이 가르쳐주는 대로 하면 되기 때문에 편했다, 그런데 페미니즘 운동은 누가 어떻게 하라는 것이 없어 끊임없이 직접 생각하고 결정해야 하는데, 이 과정이 힘들다는 것이다. 심지어 그 결정이 예상하지 못한 부정적인 결과를 이끌어낼 때도 있는데, 페미니스트 동료들은 이를 결코 "좋은 일 하려다 그랬는데 뭐" 하며 '봐 주지' 않는다. 페미당당의 활동 기획 회의는 때때로 누군가 이렇게 외치며 마무리된다. "그래, 추후 문제가 생기면 내가 책임지고 입장문 쓸게!" 어떤 프로젝트를 진행하든 항상 우리가 틀릴 수 있는 가능성, 누군가를 불편하고 불쾌하게 할 가능성이 있음을 염두에 두기 때문이다. 반성문 쓸 사람을 미리 정해두고 시작하는 사회운동.

5 반면, 촛불집회 기획단 회의에서는 페미당당이 제기한 'DJ DOC 공연 취소의 안'을 만장일치로 찬성되어 통과되었다고 한다.

페미니스트 활동가로서 일면 자랑스럽게 여기고 있는 운동의 방식이지만, 제도정치의 입장에서는 받아들일 수 없는 비효율적인 정치 방법이겠다.

이쯤에서 내가 제도정치를 생각할 때 늘 떠올리는 사건을 하나 언급하고자 한다.

> 2016년, 이력서에 사진 부착을 금지하는 내용을 담은 '채용절차 공정화에 관한 법률' 개정안이 국회 환경노동위원회를 통과했다.[6] 2017년, 국정기획자문위원회는 같은 내용을 포함한 '블라인드 채용 추진방안'을 발표했다. 채용 과정에서 이력서 사진에 의해 외모 차별이 일어나지 않도록 방지하기 위해 설계된 법안과 정책이다.
>
> 이러한 개혁안은 예상치 못한 주체의 반대로 좌절되었다. 2017년, 한국프로사진협회 비대위는 이력서 사진이 금지된다면 "동네 사진관 이익의 70%인 증명사진 수입을 잃게 된다"며 궐기대회를 열고 정책 철회를 주장했다.[7] 결국 2016년 발의된 법안은 국회 본회의로 가지 못하고 보류되었다. 이후 2019년에 다시 국회 본회의에서 비슷한 내용을 골자로 하는 '채용절차 공정화에 관한 법률'이 통과됐으나, 이력서에 사진 부착을 금지하는 내용은 최종안에서 제외되었다.[8]

페미니스트로서 말하자면, 직원을 구하기 위한 이력서에서 의식, 무의식적 외모 차별의 요소를 최소화하는 법안을 마련하는 것은 당연한

6 「'이력서 사진 부착 금지법' 국회 환노위 통과」, 『연합뉴스』, 2016년 11월 28일.
7 김민영, 「동네 사진관으로 불똥 튄 이력서 사진금지」, 『아시아경제』, 2017년 7월 30일.
8 곽용희, 「채용절차법 통과됐지만 '증명사진'은 요구 가능하다」, 『노동법률』, 2019년 4월 1일.

사회의 진보이다. "외모가 스펙"으로 작용하는 것에 대한 문제의식은 널리 퍼져 있는데, 특히 여성이나 소수자의 경우, 면접 사진을 찍기 위해 머리색이나 길이, 화장 등을 표준화된 그것에 맞추는 등의 노력을 통해 자신의 정체성을 재구성해야 하는 어려움도 겪는다. 이러한 관점에서 보자면 이력서 사진을 금지시킨다는 정책의 실현은 성공적인 페미니즘 정치의 구현이라고 평가할 수 있겠다.

하지만 살펴보았듯 해당 정책은 소상공인의 수입에 피해를 줄 수 없다는 이유로 폐기되었다. 차별을 철폐하고 편견을 없애자는 페미니스트의 주장은 때때로 시민들의 이익 추구나 절차적 합리성과 반대되는 입장으로 여겨진다. 후자를 '현실 정치'라고 칭하며 페미니스트들의 의견은 '비현실적인' 것으로 치부하는 태도도 사회에 만연하다. 당장의 이익 혹은 불이익 앞에 차별의 대가는 상대적으로 저렴하게 여겨지기 때문이다. "파도가 몰려오는데 조개나 줍고 있다"는 유명한 말에서 이러한 편견을 명확하게 읽어낼 수 있다. 그러나 2015년을 기점으로 어떤 상황이 닥쳐오든 "조개를 줍겠다"고 선언한 페미니스트들은 어쨌든 비효율적이고, 비현실적인 진보를 주장하기로 작정한 상황이다.

'DJ DOC 사태' 이후 페미당당은 엄청난 반대 의견과 온라인 상의 조롱, 욕설, 그리고 실질적인 협박을 마주하면서도 공연 취소를 요청하는 입장을 바꾸지 않았다. 오히려 그 후에도 박근혜 대통령 퇴진운동에 등장하는 여성혐오, 소수자 배제적 발언을 발견할 때마다 지적하고 사과를 받아내는 데에 앞장섰다. 이로써 많은 사람들이 우리에게 등을 돌리기도 했지만, '얼마나 많은 동의를 얻는가'는 우리가 생각하는 올바름의 기준이 아니라고 생각했기 때문이다. 그런데 이러한 태도를 고수하고서도 정치를 지속할 수 있을까? 적어도 효율적인 정치 방법은 아닐 것이다. 현대 사회에서 정치란 더 가시적인 여론의 동의, 더 많은 표를 얻어야 '성공'하는 것으로 여겨지는 것이기 때문이다.

3. 청년 여성 정치: '호명되는 정치', 때때로 페미니즘과 반목하는

2022년 대선을 준비하며, 페미당당 활동과는 별개로 청년정의당 선거대책위원회(이후 선대위)에서 공보국장으로 일했다. 청년정의당은 정의당 당원이 만 35세 이하일 경우, 별도의 가입 신청 없이 바로 속하게 되는 정의당의 하위 단체이다. 정당의 청년 단체에서 대선을 준비하면서, 특히 스스로 페미니스트라고 자랑스럽게 말하는 심상정 후보의 선대위에서 일하며 페미니스트 정치를 실현할 수 있는 가능성을 찾을 것이라는 기대감이 컸다. 청년정의당 선대위는 20대 여성 대표를 필두로, 모든 구성원이 청년으로 이루어진 그룹이라는 점에서 더욱 그러했다. 또한 언론을 대하는 공보국장의 역할을 하면서 타 정당이나 언론에서 대선 관련 여성, 소수자, 청년 이슈가 어떻게 다루어지고 있는지를 관찰할 수 있었다.

이러한 경험을 통해 살펴본 청년 여성 정치의 특징은 '호명되는 정치'라는 것이다. '호명되는 정치'란 정치 신인, 혹은 젊은 정치인이 이미 권력을 차지한 기성 정치인에 의해 '호명'되어 정치계에 '등장'하는 형태를 말한다. 예컨대 2022년 대선 과정에서 윤석열 후보는 신지예 전 한국여성정치네트워크 대표를 영입하여 청년 여성의 마음을 사려고 했으며, 이재명 후보는 오랫동안 젠더 이슈에 대해 침묵하다 뒤늦게 청년 여성의 지지를 구하며 추적단 불꽃의 '불'인 박지현 활동가를 선대위 여성위원회 부위원장에 임명했다. 특정 층위 시민의 지지가 필요한 경우 그들 중 대표성이 있거나 존중받는 인물을 선거 캠프에 영입하는 전략은 흔한 것이지만, 청년 여성의 경우 이렇게 호명되어 주류 정치에 입문하는 사례가 유독 많으며, 언론에서도 특히 극적으로 다뤄진다.

예컨대, 국회의원 장혜영이 정의당에 입당하고 비례대표 후보로 등록하게 된 경위는 마치 아이돌 스타가 소속사에 캐스팅된 사례와 비슷하게 묘사되기도 한다. 이는 다음과 같다.

> 9월 어느 날 아침에 자고 있는데 모르는 번호로 전화가 왔다. 받아보니 '안녕하세요, 심상정입니다'라고 하셨다. 너무 놀라서 '네?!' 하고 대답한 게 첫 순간이었다. 그날 심 대표님과 점심을 먹었는데 빙빙 돌리지 않고 바로 말씀하셨다. 정의당에서 같이 활동하지 않겠느냐고. 정치를 하면 좋겠다고. 생각해보겠다 하니 '너무 오래 생각하진 말라'고 하셨다. 한 달쯤 고민했고 10월 초에 결심이 서서 입당했다.[9]

선출직 공무원과 주요 정당 활동가의 대부분이 중장년 남성인 상황에서, 청년 여성은 정치적인 기반을 바닥에서부터 쌓기 어렵다. 정의당에서 활동하는 동안 "정치를 하려면 풀뿌리 정치, 지역 정치에서부터 시작해야 한다"는 이야기를 자주 들었다. 그러나 젊은 여성이 이 '풀뿌리 정치'를 통해 성장하기 위해서는 헌신적인 활동 이상의 희생이 요청된다. 지역 사회에 만연한 "아가씨가 무슨 정치를"이라는 차별적인 시선과 능력에 대한 평가절하는 물론, 크고 작은 성범죄 위협에 맞서기도 해야 하기 때문이다. 이런 상황에서는 아무리 정치에 뜻과 능력이 있는

9 이지혜, 「정의당 장혜영 감독 "심상정 의원과 싸워도 되냐 물은 건…"」, 『한겨레』, 2020년 1월 24일.

젊은 여성이라도, 아래로부터의 정치 참여에 망설이게 된다. 그렇기에 이미 스타성을 가진 사회적 인물이 주류 정치권으로부터 호명되어 청년 여성 정치인으로 급부상하는 경우가 잦아지는 것이다.

한편, 어떻게 정치에 입문하든 일만 잘 하면 그만 아닌가, 혹은 어쨌든 청년 여성 정치인이 주목받는다면 페미니즘 정치를 하기에 수월하지 않을까 생각할 수도 있다. 그러나 청년 여성이 '호명되는 정치'의 한계는 분명하며, 이는 페미니즘 정치의 이상과는 거리가 있다고 생각한다. 페미니스트 활동단체 중에는 수직적 권력관계를 지양하는 그룹이 많다. 예컨대 페미당당은 결성 이후 쭉 대표 없이 활동해왔으며, 특정인이 페미당당 전체, 혹은 다른 구성원을 과도하게 대변하는 것을 경계해왔다. 비슷한 시기에 결성된 다른 청년 페미니스트 단체들도 대표를 따로 임명하지 않거나, 공동 대표제 등 대안적인 형태로 운영되는 경우가 많다. 페미니즘의 핵심 가치가 평등과 다양성 존중임을 떠올려보았을 때 이는 자연스러운 경향이다. 실질적으로는, 페미니스트 활동가 중 많은 수가 학생 정치조직이나 진보정당 등 기존 정치체제에서 수직적 명령체계, 권위적인 분위기에 문제의식을 느끼고 나와 페미니즘 운동을 시작한 이들이라는 점 또한 이러한 분위기에 영향을 미쳤을 것이다.

그러나 '호명되는 정치'의 경우, 호명하는 자와 호명되는 자의 권력관계가 분명하다. 검사 생활을 하다 뒤늦게 정치인으로서의 삶을 시작한 윤석열 후보보다는, 녹색당에서 꾸준히 정치 경력을 쌓았으며 2018년 서울시장 후보로 출마한 신지예 전 대표가 '정치 선배'라고도 할 수 있을 것이다. 그러나 대선 후보 윤석열이 신지예를 호명하는 순간, 호명되는 청년 여성 정치인이 가질 수 있는 권력은 호명하는 이가 그를 도구적으로 쓸 수 있는 딱 그만큼으로 제한된다. 물론 대선이라는 특수한 상황에서 특정 후보를 지지하는 제한적 활동을 통해 결과적으로 자신의 정치적 이득을 추구하는 전략이 무조건 잘못되었다고는 할 수 없다. 그러나 '이대남'들이 내는 반대의 목소리에 신지예 전 대표가 2주 만에 사실상 국민의힘 선대위에서 퇴출되었다는 점을 되짚어보면, '호명되는 정치'는 기존 권력구조의 영향력에서 벗어나기 힘든 경향이 분명함을 알 수 있다.[10]

정치적인 호명은 필연적으로 개인 단 한 명을 부각시킬 수밖에 없다는 점에서도 문제적이다. '호명되는 정치인'은 특정 단체 내에서 다른 이들과 상호관계를 맺으며 정치적 역량을 키워온 경우가 많다. 그런데 개인이 기존 정치인에 의해 호명, 즉 '스카웃'되는 순간, 단체 내에서의 인적 연대는 무시되고 단 한 사람만이 부각되는 결과를 낳게 된다.

내가 활동했던 당시 청년정의당 선대위는 강민진 대표를 중심으로 꾸려졌는데, 그는 청소년 운동을 하다 심상정 후보에게 당내 청년 대변인으로 호명된 정치인이다. 그런데 그의 청소년 운동 동료들은 강민진 대표가 정의당에서 정치 활동을 시작하던 시점, "과거 청소년 운동 동료였던 정의당 강민진 대변인의 대변인직 사퇴를 촉구합니다"라는 제목의 성명서를 통해 그의 선택을 비판하고 직책을 그만둘 것을 요구했다. 강민진 대표가 단체와 협의 없이 정의당에서의 역할을 수락했으

10 한편으로는, 윤석열 캠프의 신지예 호명은 보수 정치 세력이 여성, 혹은 페미니스트라는 집단을 얼마나 단면적으로 이해하고 있는지에 대한 적나라한 예로도 이해할 수 있겠다. '청년 여성의 대표격인 정치인을 영입하면 청년 여성들이 우리를 지지할 것이다'라는 발상은 청년 여성 당사자로서 바라보자면 엉뚱하기 그지없다. 윤석열 캠프에서는 한 세대의 여성을 단일한 이해관계를 가진 정치집단으로 이해했거나, '패거리 정치', '팬덤 정치'라는 기존의 정치적 문법으로 청년 여성을 바라본 것이 아닌가 하는 의심이 든다. 만일 그 짐작대로 '패거리'로서의 '여성 유권자'라는 것이 실존했다면, 인구의 절반인 여성은 이미 '여성 정치세력'을 이루어 정부의 절반을 차지하고 있지 않겠는가.

며 단체 활동에서의 약속을 지키지 않고 있다는 내용을 담고 있는 성명서에서는, 그의 행동을 "청소년 운동을 하며 생긴 자원을 사유화하는 것"[11]이라고 비판하고 있다.

어쩌면 '정치적 자원의 사유화'는 그저 개인의 선택과 가치관 차원의 문제일 수 있겠다. 하지만 이미 충분한 인적 자원이 주류 정치계에 진출해 있지 않은 소수자 운동에서, 공동체나 활동단체가 아니라 개인 한 사람만이 부각되는 것은 운동 전반의 관점에서 적절하지 않다. 인물 중심적인 정치는 운동의 확장성을 위축시키고, 나아가 한 개인의 역량 혹은 존재에 의해 운동의 성패가 좌우되는 결과를 불러일으키기 때문이다.

이처럼 단 한 사람만이 강조되는 정치 형태는, 그 형성 과정에서뿐 아니라 실행 도중에도 문제를 일으키게 된다. 강민진 대표가 활동했던 청년정의당의 경우가 이와 같았다. 2022년 대선 선대위 조직을 포괄하는 1기 청년정의당의 성과에 대한 보고서인 "청년정의당 1기 백서"에 수록된 실무자 평가 중, "1기 청년정의당을 어떻게 평가하십니까", "핵심 문제가 무엇이라 생각하십니까"라는 질문에 대한 실무자 B의 대답은 다음과 같다.

> 청년정의당 1기를 통해 증명된 건 한 개인에게 집중된 언론사업은 어떠한 성과도 남기지 못한다고 생각해요. 강민진이라는 대표가 사라지니까 청년정의당이 뉴스에 전혀 안 나오잖아요. 그게 명확한 증거이죠. 사회적으로 청년들의 목소리를 대변하고, 최소한 청년문제가 궁금

11 청소년인권운동연대 지음(준), 「[성명] 과거 청소년운동 동료였던 정의당 강민진 대변인의 대변인직 사퇴를 촉구합니다.」, 2020년 2월 28일.

하면 이런저런 단체들에 연락해주고 이런 게 있잖아요. 정치평론가들도 뉴스에 맨날 부르는 사람만 나오잖아요. 적어도 그 정도가 되려면 최소한의 체급이 있어야 된다고 생각하는 거거든요. 청년정의당의 체급이 컸다면 청년정의당 대표가 누가 되든, 쫓겨나든 안 쫓겨나든 언론에 계속 나왔을 거라고 생각해요. 근데 그동안 청년정의당에 나갔던 메시지들은 한 사람의 이름으로 나간 거예요. 청년정의당의 이름이 아니라 한 개인이었던 거죠.[12]

위의 발언은 청년 정치, 페미니즘 정치를 표방했던 1기 청년정의당이 강민진 대표의 사퇴 이후 그 동력을 잃어버린 현상을 지적하고, 그 원인을 청년정의당 활동의 결과물들이 단체가 아닌 개인의 입장으로 언론에 보도되었다는 점에서 짚고 있다. 나 또한 청년정의당 선대위에서 공보국장으로서 직접 작성한 입장문이나 보도자료, 심지어는 인터뷰 답변문까지도 대표나 타 정치인의 이름을 달아 내보내야 한다는 원칙을 알게 되고 당혹스러운 감정을 감추지 못한 경험이 있다. "내 저작권은 주장하지 않을 테니, '청년정의당 선대위'라는 단체명으로라도 발행하면 안 되겠느냐"는 질문에는 "안 된다, 정당정치에서 모든 메시지는 원래 누구 한 명의 이름으로 나가는 것이다"라는 답변이 돌아왔다. 언론에 나오는 정치인들의 연설문 등이 모두 정치인 본인이 쓴 것은 아니라는 사실은 알고 있었지만, 모두가 논의하여 입장문을 쓰고 공동의 이름으로 발표하는 페미니스트 활동의 방식에 익숙했던 나에게 이는 새삼 충격적인 사건이었다.

12 청년정의당, 「청년정의당 1기 백서」, 2022년 10월 19일.

그렇다면 '정치의 사유화'와 이에 따른 한계를 극복하기 위해서는 어떤 노력이 필요할까. 그 단서로서 페미당당이 2021년 아카이브 전시 "페미가 당당해야 나라가 산다"를 준비하며 논의했던 내용을 공유한다. 해당 전시는 전통적인 매체에서 쉽게 소외되는 페미니스트의 투쟁을 스스로 역사로 남기자는 의도로 기획되었다. 우리는 이 전시에서 페미당당이 발행했던 자료나 기획했던 행사 등을 기록하며 이에 참여한 구성원의 이름을 의도적으로 숨기기로 결정했다. 개인의 성격, 상황적 역량, 다른 구성원과의 친분, 심지어는 페미니스트 활동가임을 주변에 알릴 수 있는 상황인지 아닌지에 따라 "페미당당 구성원 중에 더 많이 드러나는 사람과 그렇지 않은 사람이 구분되"[13]는 상황을 방지하기 위해서였다. 이러한 결정을 통해 우리는 페미당당 구성원 간의 발언권과 결정권 등의 권력이 차등화되는 것을 최소화하고자 했다.[14] 페미당당의 방식이 늘 정답이라는 것은 아니지만, 적어도 구성원 내부 권력의 평등을 보장하기 위해 노력하지 못하고, 필연적으로 누군가를 소외시킬 수밖에 없다면 페미니즘 정치를 추구하는 의미를 어디서 찾을 수 있겠는가.

'호명되는 정치'를 통해 부각된 한 명의 청년 여성 정치인은, 그 스스로 지나치게 무거운 짐을 져야 하는 결과를 낳는다는 점도 문제가 될 수 있다. 더불어민주당 이재명 캠프에 합류한 박지현 활동가의 경우, "여성의 미래를 위해 윤석열 후보의 당선을 막겠다"는 구체적인 목표를 가지고 있었으며, 여성운동가 출신의 당내 정치인인 권인숙 의원이 그

13 페미당당, 『"페미가 당당해야 나라가 산다" 전시 서문』, 2021년 8월 14일.

14 결과적으로, 페미당당이 전시를 준비하며 정한 원칙은 다음과 같다. 1. 페미당당이라는 단체의 이름으로, 스스로 기획하거나 활동에 참여한 내역을 기록한다. 2. 활동마다 더 시간을 내어, 전면에서 활동한 사람이 있는 경우에도 그 이름을 드러내지 않는다.

의 선대위 활동을 적극적으로 도왔다는 점에서 신지예 전 대표의 경우와는 다른 정치적 활동을 할 수 있었다. 결과적으로 대선 기간 막바지에 이재명 후보에 대한 청년 여성들의 표를 결집시키는 데에도 큰 역할을 한 것으로 평가되며, 구체적인 여성혐오적 공약을 내세우는 전략을 세운 국민의힘 선대위에 위협적인 역할을 할 수 있었다.

하지만 이후 박지현 활동가는 더불어민주당 내에서 활동하며 그 어떤 정치인도 감당해본 적 없는 수준으로 많고 집요한 "논란"에 휩싸이는 상황을 감당하고 있다. '젊은 여자'에 대한 편견과 억측이 영향을 주지 않았다고 볼 수 없는 이러한 강도 높은 비난이 한 개인에게 쏟아지는 것은, 그 자체로도 긍정적이라고 볼 수 없는 현상이기도 하거니와, 이후 더 많은 청년 여성들이 정당정치에 직접 뛰어들기를 결정하는 데에도 부정적인 영향을 줄 것이다.

한편, 2022년 대선 과정에서는 청년 여성들의 정치적 움직임이 페미니즘의 가치와 (적어도 일부 페미니즘의 가치와—트랜스젠더 배제적 페미니즘의 존재도 무시할 수 없으므로) 서로 부딪치던 순간 또한 있었다. 대선을 2개월 앞둔 2022년 1월, 심상정 후보가 발표한 청소년 공약에는 학교에 '모두를 위한 화장실'을 설치하겠다는 내용이 포함되었다. '모두를 위한 화장실'은 성별 이분법적이며 비장애인의 편의에 맞춰져 있는 공공화장실의 문제점을 지적하며 등장한 시설로서, 성별, 장애, 동반자 유부 및 여타 개인의 조건[15]이 무엇이든 상관없이 안전하고 편리하게 사용할 수 있는 화장실을 뜻한다. 그런데 어느 시점을 기점으로 '여성시대' 등 여성들이 주로 이용하는 커뮤니티에 "심상정 후보가 학

15 예컨대 월경컵 사용 등. 화장실 한 칸에 세면시설이 마련되어 있는 구조이기 때문이다.

교에 성별 구분 없는 화장실을 설치하겠다고 하는데, 이는 화장실 불법 촬영 문제는 덮어두고 트랜스젠더의 편을 드는 것이다"라는 요지의 글이 '끌올'[16]되기 시작했다.

온라인 '여성 전용' 혹은 '여초' 커뮤니티에서 트랜스젠더 배제적 페미니즘이 설득력을 얻는 경향은 2015년 '페미니즘 리부트' 직후부터 지속되고 있다. 특히 화장실에서 일어나는 "불법촬영"이 여성 안전을 위협하는 큰 이슈가 되는 시기와 겹쳐 "여장을 한 남성이 여자 화장실에 들어와 여성을 위협한다"라는 이야기가 커뮤니티에 돌기 시작했다. 트랜스젠더, 특히 트랜스여성이 여성 인권에 위협이 된다는 주장은 그 타당성과 상관없이 이미 온라인을 중심으로 한 페미니즘의 주류를 형성한 상황이다.

심상정 후보가 내건 '모두를 위한 화장실' 공약이 소위 "여성보다 트랜스젠더를 우선하는 화장실"로 해석되어 온라인 여론을 형성한 것이 자연스러운 흐름이었는지, 혹은 심상정 후보를 지지할 만한 여성 유권자의 마음을 돌리기 위한 타 정치 세력의 흑색선전이었는지는 알 수 없으며 이 글에서 다룰 바도 아니다. 다만 심상정 후보의 공약은 (그에 대한 오해를 해소하더라도) 분명 여성뿐 아니라 트랜스젠더를 포함한 성소수자를 위한 것이었다는 것은 사실이며, 이 점이 일부 여성 유권자의 지지를 철회하게 했거나, 혹은 그렇게 할 것이라고 여겨졌다는 부분에는 주목해보자. 젠더 정체성과 상관없이 누구든 안전한 삶을 누릴 수 있어야 한다는 페미니즘의 이념이 일부 여성들에게 거부감을 불러일으킨다는 사실을 확인할 수 있는 사건이기 때문이다.

16 같거나 비슷한 내용의 게시물이 시간 간격을 두고 지속적으로 올라오는 현상, 혹은 그러한 현상을 만드는 행위를 일컫는 인터넷 용어.

심상정 후보를 지지하는 유권자들은 해당 공약을 "해명"하는 게시글을 적극적으로 올리기도 했는데, 이 글의 내용에 포함된 내용 또한 주목할 만하다. 이 공약 때문에 심상정 후보가 아닌 다른 남성 후보(아마도 이재명 후보)를 지지하겠다는 유권자들의 마음을 돌리기 위해, 지지자들은 "안티페미 한남보다는 쓰까페미가 낫다"[17]고 설득하고 있었다. 심상정 후보에 대한 지지를 요청하는 게시글에서도, 그가 "쓰까페미"라는 점을 "안티페미보다는 낫다"며 마치 '차악'과 같이 언급하고 있음을 알 수 있다. 온라인 여성 커뮤니티에서 교차 페미니즘에 대한 부정적 관점과 트랜스젠더 혐오가 만연해 있고, 심상정 후보의 가치관을 지지하는 이들조차 이 관점 자체가 틀렸다고 지적하기에는 조심스러워한다는 점을 직접 목격하게 되는 순간이었다.

트랜스젠더 인권과 소위 "여성 인권"이 서로 충돌하는 것으로 여겨지는 이 광경을 직접 목격하니, 청년 여성 정치가 페미니즘 정치와 동치될 수 있다는 생각은 더욱더 순진한 것으로 느껴졌다. 더불어, 페미당당 활동가로서의 나라면 당연히 목소리를 낼 만한 사안에 대해서, 선대위의 일원으로서는 '조심스러운 접근'을 요청받는 상황에 처하기도 했다. 그렇다 보니 나의 페미니즘, 즉 회의를 거듭하는 페미니즘은 정당정치라는 구조와는 맞지 않는 것이 아닌가 하는 생각을 갖게 된 채로 대선을 치르고 선대위 활동을 마무리하게 되었다.

17 "안티 페미니스트 한국 남성보다는 교차 페미니스트가 낫다"는 뜻.

4. 나가며: 그럼에도 불구하고 약간의 희망이

「알겠다. 너, 그때 그 물방울이지? 동화의 춤을 그만두고 사라져버렸던.」

「맞아요.」

「대체 왜 그러는 거야?」 완전히 흙탕물이 되어버린 큰 강물이 물었다.

「왜 나에게 합쳐지지 않기 위해 그렇게까지 애쓰는 거야? 내가 더러워서 그러는 거야?」

「그런 게 아니에요.」 내가 온몸을 꽉 웅크리며 말했다. 「기억을 잃는 게 싫어서 그래요.」[18]

옳다고 생각하는 가치를 추구하는 동시에, 더 많은 사람들을 설득하는 과제를 수행할 수 있을까? 2016년 이후 페미니스트 활동가로 살아오던 나는 힘들고 비효율적이더라도, 또한 대중의 비난을 직면하더라도 사회에 만연한 가부장제와 여성혐오, 소수자 차별을 끝없이 의심하고 또 그에 저항하는 것이 페미니즘 정치의 방법론이라고 생각했다. 또한 청년 여성 당사자로서, 페미니즘 정치와 청년 여성 정치를 동일시하는 데에도 큰 거부감은 없었다.

그러나 2022년 대선 과정에서 나는 페미니스트 활동가 동료들이 기존의 거대 정치 세력으로 호명되는 광경을 목격하고, 결코 동질화될 수 없는 여성들이 각자 생각하는 페미니즘적 가치를 기반으로 정치적 선택을 하는 과정을 함께했다. 더불어, 대의제 정치의 가장 큰 이벤트라고도 할 수 있는 대통령 선거를 치르며 개인이 목적 지향적이 될 수 있

18 현호정, 「한 방울의 내가」, 『릿터』 2022년 10/11월호, 173쪽.

음을, 구체적으로 말해 한 표를 더 얻기 위해 자신의 신념을 일정 부분 포기할 수 있다는 점을 직접 체험하게 되었다. 이러한 경험을 통해 페미니즘 정치와 청년 여성 정치 사이에 놓인 거리감을 체감함과 동시에, 페미니즘적 가치관과 대의제 정치라는 제도가 공생할 수 있는지에 대해서도 다시 생각해보게 되었다.

그러나 기성 정치에 환멸을 느낌과 동시에, 동시대 청년 여성들에게 희미한 희망을 느끼게 된 사건도 있다. 의외로, 윤석열 캠프의 신지예 전 대표 영입이 그랬다. 당시 신지예 전 대표의 선택에 대해서 큰 충격을 받은 것은 사실이나, "아, 신지예가 윤석열을 보증하니 나도 지지해야겠다"고 마음먹을 청년 여성의 수는 극히 적을 것이라는 직관적인 확신이 있었기 때문이다. 또한 신지예 전 대표의 '변절'이 '페미니즘의 위기'를 불러올 것이라고 호들갑 떠는 언론의 반응에 대해서는 오히려 헛웃음이 났다. 페미니즘과 페미니스트에 대한 이해가 얼마나 얕은지 확인할 수 있었기 때문이다. 스스로를 페미니스트라고 정의하는 여성 청년들은 더 이상 이전 세대의 시민들만큼 '영웅'이나 '스타', 혹은 '선생님'을 찾지 않는다. 개인의 고유한 특성을 중시하는 문화에서 성장하면서, 조직의 일원으로서 단일화되는 데에 대한 거부감을 가지고 있기 때문이다. 그 어떤 조직의 대표자나 사상의 권위자라도, 그들의 결정에 자신의 생각을 '외주 주지' 않는 청년 여성들의 모습을 직접 확인하니 윤석열 캠프의 신지예 전 대표 영입도 해프닝으로 웃어넘길 수 있었다.

페미니즘이 정치가 될 수 있다면, 그리고 그것이 청년 여성의 정치라면, 이는 거대하지만 균질한 바다와 같은 정치는 아닐 것이다. 오히려 하나하나의 물방울로 이루어진 비와 같은 정치일 것이다. 따라서 하나의 빗방울이 다른 경로를 택하더라도, 다른 한 방울의 우리들로 이루어진 페미니즘의 보슬비는 그치지 않을 것이다. 바로 이것이 내가 청년 여성들이 만들어갈 '페미니즘 정치'에 대해 갖는 약간의 희망이다.

복잡한 불평등 시대의 한국 청년, '젠더 갈등'의 정치

홍 찬 숙

I. 들어가며[1]

2018년부터 '젠더 갈등'이라는 단어가 정치권의 열쇳말로 떠올랐다. '젠더'는 여론 조사 기관들에서 한국 사회 갈등의 범주들 중 하나로 사용되었다. 예컨대 이념, 빈부, 노사, 세대, 젠더 등을 갈등의 범주로 제시한 후, 한국에서 그중 무엇이 가장 중요하다고 생각하는지 묻는 식이다. 그러나 사회학의 이론적 관점에서 보면 이런 분류는 일관적이지 않다. 왜냐하면 위 범주들 중 빈부, 노사, 세대, 젠더는 불평등 경험과 관련된 범주지만, 이념은 정치적 태도를 말하는 범주이기 때문이다.

한 빅데이터 업체의 분석에 따르면, '젠더 갈등(남녀 갈등)' 이슈는 2017년 여름부터 가장 중요한 갈등으로 떠올랐다. 2015년 1월부터 2016년 6월까지의 빅데이터 분석에서 그것은 전체 사회 갈등에 대한

1 이 글의 전반적 문제의식은 필자의 다음 칼럼에서 짧게 다룬 바 있다. http://www.snunews.com/news/articleView.html?idxno=31442 (검색일: 2023. 1. 20).

언급량 중 31.2%를 차지했다. 그러나 2017년 7월부터 1년 반 동안 이 비중이 70%로 증가하며, 예컨대 2위인 이념 갈등(14.8%)보다 압도적인 1위를 차지했다.[2] 그런데 같은 업체의 또 다른 빅데이터 분석에 따르면, 2018년 이후에는 '이념 갈등'이 압도적 격차로 1위를 차지하고 '젠더 갈등'이 2위로 물러나는 변화가 나타났다. 그리고 이 추세는 현재까지 유지되고 있다.[3]

한편 2018년 연말의 한 여론조사 결과를 보면,[4] '젠더 갈등'을 2위로 꼽은 연령층은 20대뿐이었다. 그런데 이 조사에서 '본인이 당사자로 경험한 갈등'의 순위를 물었을 때는 남녀 차이가 확연했다. 여기서 '젠더 갈등'을 1위로 꼽은 층은 20~30대 여성들이었던 반면, 20~30대 남성들은 '세대 갈등' 다음으로 '젠더 갈등'을 꼽았기 때문이다. 20~30대 남성들에게는 '세대 갈등'이 '젠더 갈등'보다 더 버거운 현실이었다. 그래서 그런지, 이후 '세대 문제'로 호명된 문제들에서 젠더 문제는 묻혀버렸고, 청년 세대가 '2030 남성'으로 동일시되는 현상이 계속되고 있다.

한편 '젠더 갈등'이 정치적 의제로 호출되는 과정에서 매우 흥미로운 사실을 하나 찾을 수 있다. 그것은 '젠더 갈등'이 20~30대 여성의 문제가 아니라 소위 '이대남'의 문제로 인식됐다는 것이다. 이것은 '젠더 갈

2 "이념 갈등 위에 젠더 갈등, 현 정부서 6배로." 중앙일보 2019. 4. 17. https://www.joongang.co.kr/article/23442964#home (검색일: 2023. 1. 6).

3 2018~2020년 상반기 사이의 추세는 "디지털 데이터로 본 韓 사회갈등… '심화·확대됐다'." 뉴스1 2020. 7. 16. https://www.news1.kr/articles/?3997730 (검색일: 2023. 1. 6) 참조. 2019~2022년 초까지의 추세는 "사회갈등 4년새 2배 가까이 증가, 10건 중 6건이 '진영 갈등'." 머니투데이 2022. 4. 11. https://news.mt.co.kr/mtview.php?no=2022041113554274544&IST (검색일: 2023. 1. 6) 참조. 여기서는 '이념 갈등'을 '진영 갈등'으로 고쳐 썼다.

4 "계층·젠더 갈등, 폭발력 더 커졌다." 한국일보 2019. 1. 2. https://www.hankookilbo.com/News/Read/201812270601327645 (검색일: 2023. 1. 6).

등'이 당사자의 불평등 경험으로서가 아니라 주장으로서 이슈화됐음을 말해준다. 다시 말해서, '젠더 갈등'은 젠더 불평등에 대한 행위적 표현이 아니라 특정 주장의 '프레임'으로서 채택된 것이다. 이것은 '젠더 갈등'이 불평등 현실을 개념적으로 가공하는 인지적 개입의 생산물로서, 오히려 '이념 갈등' 범주와 유사함을 말해준다.

'이념 갈등'은 계급 또는 계층의 불평등 문제가 좌/우 이념이라는 인지적 구성물 간의 갈등으로 응축된 것이다. 산업화의 발생지인 서구에서 이념 갈등은 소유 및 분배 불평등의 결과인 '계급 갈등'이 좌/우 이념으로 갈리면서 생겨났다. 그러나 계급 사회를 경험한 적이 없는 미국에서 이념 갈등은 냉전의 결과물일 뿐이며 한국 역시 그러하다. 미국이나 분단 한국에서는 좌/우의 이념으로 결집한 계급 정당이 제대로 존재한 적이 없기 때문이다. 따라서 한국에서는 이념 갈등이 분배 불평등 경험을 둘러싼 당사자들의 갈등이 아니라, 오히려 위의 갈등 조사 항목들에서처럼 분배 갈등(빈부·노사 갈등)과 병존하는 것으로 여겨진다. 즉 서구와 달리 한국에서 '이념 갈등'은 실제 불평등 격차와 유리된 인지적 주장의 결집이다.

그런데 현재 우리 사회에서 '젠더 갈등'은 그런 성격을 보이는 이념 갈등과 오히려 유사해졌다. 즉 '젠더 갈등'은 젠더 불평등 경험과 어긋나는 인지적 주장의 결집, 즉 정치적 프레임으로 나타나고 있다. 이것은 여전히 심각한 양성 간 불평등을 보여주는 각종 통계를 통해 확인되고 있다. 그런데 그렇다면, 이와 같은 인지적 주장의 프레임이 갖는 기능 또는 사회적 효과는 무엇인가? 이에 대한 답을 얻기 위해서는 다음의 두 가지를 짚어보아야 한다. 하나는 2021년 서울시장 보궐선거를 계기로 '젠더 갈등'이 현실정치의 캐스팅보트가 되었다는 사실이다. 특히 여기서는 '젠더 갈등'의 당사자인 20대층에서 남녀 간 투표 성향 차이가 두드러지게 된, 매우 새로운 현상이 나타났다. 무엇보다도 20대 남성들 사이에서 '젠더 갈등' 이슈가 부상하면서, 그때까지 유효했던 보수/진보의 구분이 흐려졌기 때문이다.

이와 함께 짚어야 할 다른 하나는, 20대 남성에게서 나타나는 이러한 '탈이념화'가 공교롭게도 앞서 보았듯이 '이념 갈등'의 비중이 압도적으로 커진 사회 분위기 속에서, 즉 다시 이념화가 강해지는 분위기 속에서 진행된다는 사실이다.[5] 이것을 고려하면 20대 남성에게 보수/진보의 경계가 흐려지는 것을 단선적인 탈이념화 추세라고 단정하기 어렵다. 그것은 오히려 '이념화한 정치'가 재배치되는 과정이라고 보아야 할 것이다. 과거에는 사회경제적 분배와 관련된 좌/우의 진영 차이가 이념정치의 내용이었다면, 이제는 젠더 관련 관점의 차이 역시 이념정치의 형태로 나타나고 있다는 것이다. 젠더 갈등이 '가부장제 대 반가부장제'라는 '불평등 대 평등'의 '페미니즘' 개념을 통해 인지되는 것이 아니라, '페미니즘(=여성의 이익 주장) 대 반페미니즘(=남성의 이익 주장)'이라는 진영 대립의 문제로 다뤄지기 때문이다.[6]

이것은 근대적 분배정치가 더 이상 전통적인 사회경제적 불평등과만

5 '젠더 갈등' 이슈가 커지기 전까지는 특히 젊은 층에서는 이념 문제가 약화하고 있다는 것이 일반적인 관찰이었다. 그러나 앞서 인용한 2018년의 여론조사에서도 '현재 한국 사회에서 가장 심각하다고 생각하는 갈등'으로 전 연령층에서 '이념 갈등'을 꼽았다. 앞의 한국일보 기사, https://www.hankookilbo.com/News/Read/201812270601327645 (검색일: 2023. 1. 6).

6 20대 남성들은 50대 이상 남성들에 비해 오히려 반가부장제 경향이 강하고 양성 간 평등에 대해 더 옹호적 태도를 보인다. 따라서 이들이 사실은 더 '페미니즘적'이라고 볼 수 있다. 그러나 이들은 50대 이상 남성들보다 명백히 더 강한 '반페미니즘' 태도를 보인다. 이런 모순이 가능한 것은, 그들이 이해하는 '페미니즘' 개념이 '여성만의 이익을 배타적으로 주장하는 진영'을 의미하는 것으로 재구성되었기 때문이다.

관련된 현상이 아니라 다원화하고 있음을 말해준다. 즉 '사회 갈등'은 더 이상 계급 · 계층 불평등 문제와만 관련된 '산업사회적' 형태에 머물지 않고, 다원화한 불평등과 관련된 복잡한 형태로 변화하고 있다. 말하자면 현재 한국의 청년 세대에서 분출하는 젠더 갈등은, 전통적 산업사회 형태를 넘어선 복잡한 불평등의 시대에 특징적인 새로운 분배정치의 형태를 보여준다. 분배정치의 이념적 진영들이 다변화하고 복잡화하여 상호 작용하는 새로운 관계들이 형성되는 것으로 볼 수 있다는 것이다.

Ⅱ. 사회 불평등과 갈등의 지형 변화

1. 불평등의 인식 변화

1) 경제적 불평등에서 사회경제적 불평등으로

근대사회가 자본주의 산업사회로 제도화하는 과정을 관찰하며 시작된 전통적 사회학적 불평등 이론에서는 사회 불평등/갈등을 계급 불평등/갈등으로 규정했다. 그러나 제1차 세계대전 이전 산업사회가 한층 고도화하면서, 마르크스의 자유주의 정치경제학 비판에서 출발한 '계급' 개념은 사회학적 재가공을 겪었다. 대표적으로 베버는 전근대적 신분 불평등 구조와의 일방적 '단절'을 강조한 마르크스와 달리, 산업사회의 계급관계에 전근대적 신분 불평등의 경험이 개입함을 강조하며 '사회계급'이라는 대안적 개념을 제시했다. 여기서 '사회(적)'는 사회적 의미—문화, 정체성, 생활양식 등—의 공유를 통한 계급 결집을 의미한다. 마르크스의 계급 개념이 거시적인 구조적 개념이라면, 베버의 사회계급 개념은 행위의 측면을 중시한 것이다.

베버의 설명에 따르면 산업사회의 계급은 경제적 소유관계를 중심으로 양극화하는 것이 사실이나, 행위적 측면에서 보면 사회적 의미를 매개로 하여 좀 더 복잡하게 분화된다는 것이다. 이처럼 행위적 구별에 기초한 집합화 및 갈등의 기제를 베버는 '포용과 배제'로 설명했다. 그 대표적 형태는 이후 베버식 계급이론에서 중심적인 범주가 된 생산직/사무직의 차이이다. 예컨대 베버 당시 독일에서 교육받지 못한 생산직 육체노동자들은 무산자 계급의식을 통해 결집했으나, 독신 여성 등 식자층이 분포한 사무직이나 공무원 등 정신노동자들은 육체노동자들과 계급 정체성을 공유하지 않았다. 이처럼 계급관계에서 경제적 소유관계뿐만 아니라 사회적 의미와 행위를 중시하는 관점은 이후 계급 형성에서 계급문화의 역할을 강조한 톰슨(2000)과 아비투스를 강조한 부르디외(2005)에게로 이어진다.

유럽 사회학에서는 베버를 계기로 계급 개념이 이처럼 단순 경제적 불평등을 넘어 '사회경제적' 불평등으로 확대되었다면,[7] 기능주의가 지배적 패러다임으로 등장한 미국 사회학에서는 특정 사회적 재화들의 통계적 분배 격차를 표시하는 집합적 개념, 즉 '계층(=층화한 집합적 격차)' 개념이 사용되었다. 여기서 고려된 사회적 재화들은 대표적으로 소득, 재산, 직업 지위, 학력 등으로서 경제-사회-문화적 재화의 격차가 고루 합산된다. 그중에서 특히 직업 지위가 '사회적 위세(prestige)'—의

7 예컨대 영국 계급론은 베버 전통의 사회계급론이지만, '사회계급' 대신 '계급' 개념을 사용한다. 대표적으로 골드소프의 계급론 참조. "Goldthorpe Class Scheme." https://www.encyclopedia.com/social-sciences/dictionaries-thesauruses-pictures-and-press-releases/goldthorpe-class-scheme (검색일: 2023. 1. 20).

미론에 기초한 사회적 위계—를 측정하는 주요 지표가 됨으로써 '신분'이라는 의미를 갖는 '지위(status)' 개념이 함께 사용되었다.[8] 말하자면 기능주의 사회학에서는 불평등을 경제적 격차인 계급과 사회적(경제외적 또는 신분적) 격차인 지위로 나누어 표현한다.

2) 사회경제적 불평등 외의 불평등: 불평등의 다원화

제2차 세계대전을 거치면서 위의 '사회경제적 불평등' 프레임에서는 계급·계층의 단위를 보편적 '개인'이 아니라, 남성 가장으로 대표되는 핵가족, 특히 일국 내의 사적 가족공동체로 고착시켰다. 이에 따라 계급·계층론에서는 고려되지 않는 다른 불평등에 대한 문제 제기가 여러 각도에서 나타났는데, 대표적으로 중심-주변부 국가 간, 양성 간, 세대 간, 연령층 간의 불평등이 구조화한다는 문제 제기였다. 말하자면 불평등 연구가 방법론적 일국주의에 매몰되어 있으며(벡, 2011), 재화 성취 지위의 격차만이 아니라 개인의 노력과 무관하게 귀속되는 우연적 특성들(성, 세대, 연령, 인종, 문화 등)이 불평등의 사회적 범주로 여전히 뿌리 깊게 작동하고 있다는 문제 제기였다.

국민국가의 경계를 넘는 세계 수준의 불평등에 대한 문제 제기는 구조론적인 종속이론, 세계체제론에서 시작하여 현재는 탈구조주의나 신유물론 방향의 탈식민주의론으로 이어지고 있다. 애초에 마르크스의 계급 개념이 국제주의적이었음을 상기하면, 이것은 산업화가 진행되면

8 이로써 하나의 개념(status)이 한국어로는 '신분'과 '지위' 양자로 번역되나, 사실상 '지위'는 근대 사회에도 여전히 남아 있는 신분적 지위를 의미한다. 다만 여기서 '신분적 성격'은 (결혼이나 가족을 통한) 귀속(세습)만이 아니라 개인의 성취를 통해서도 획득되는 '경제외적' 이득을 말하며, 이 점에서 전근대적 신분제의 성격과는 다르다.

서 '계급' 개념에 스며든 또 다른 '사회적' 차원을 말해준다. 그것은 '국적'이라는 귀속적 재화의 불평등 분배, 즉 지위 귀속의 신분적 차이가 산업사회의 불평등 구조에 통합되어 있다는 사실이다. 이 점에서 세계 수준의 불평등은 단순히 방법론적 일국주의/세계시민주의의 문제가 아니라, 앞서 열거한 다른 '귀속적 불평등'의 이슈들과 마찬가지로 근대적으로 재편된 신분제의 문제임을 알 수 있다.

앞서 본 '사회계급'이나 '직업 지위' 개념에서와 달리, 여기서 '신분적 성격'의 차이—사회적 의미론에 기초한 위세의 차이 또는 포용과 배제—는 성취나 결집 등 행위의 결과로 여겨지지 않는다. 그것은 오히려 생물학적이거나 문화적으로 이미 주어져서 개인의 몸을 형성한다고 인지된다. 즉 사회경제적 지위에 스며든 신분적 성격과 달리, 이런 귀속적 불평등은 한층 명백히 신분제적이다. 말하자면 그 위치로 태어났다는 순전한 우연성이 불평등의 사회적 범주로 체계화한다는 전근대성을 갖는다는 것이다.

이런 점에서 근대화한 '귀속적 불평등'의 이슈는 단순히 다양한 재화 분배의 불평등이 아니라, 근대적인 '해방'과 관련된 문제이다. 신분제의 구속으로부터 개인의 해방 또는 주체화, 즉 인권의 문제이다. 그런데 이것은 롤즈(2003)가 그의 정의론에서 논한 다차원적 기본 재화의 분배 정의 프레임 바깥에 있는 문제이다. 롤즈는 개인의 존엄성과 같은 추상적 재화 역시 정의로운 분배의 대상으로 포함하지만, 사회계약의 원리를 정하는 '원초적 상황'의 참여자들을 '일국의 아버지들'로 제한함으로써 국제 관계와 젠더 관계의 공정성 문제를 의도적으로 배제했다. 롤즈는 개인의 존엄성이 일국 내 사회경제적 지위의 제약으로 인해 불평등하게 분배되는 상황만을 정의(justice)의 문제로 본 것이다.

이 점에서 위험사회와 함께 성찰적 근대화를 주장한 벡의 개인화 테제는 의미가 있는데, 그것은 롤즈의 자유주의로 확인되는 근대화의 과정에서 노동자 계급의 개인화뿐만 아니라 여성의 개인화 역시 제도적으로 억압되었음을 드러냈기 때문이다. 산업사회에서 노동자 개인의 시민권은 생존 기회와 관련된 사회권이 전제될 때 보장된다. 그런데 사회권은 노동자 계급의 집합적 결속을 통해서만 지탱되기 때문에, 노동자에게 계급의식과 계급문화는 시민권 보장을 위한 전제 조건이다. 즉 노조 등 노동자 조직에의 귀속을 통해 시민권이 보장된다.[9] 마찬가지로 여성의 경우, 여성은 근대적인 '낭만적 사랑'의 의미론을 통해 남성 개인을 정서적으로 지원하는 사적 공동체(=가족) 속에 묻힌 존재로 규정되었다(루만, 2009). 공/사 구분이 불명확한 전근대적 공동체 관계에서 '친밀한 관계'의 기능이 분화하여 '사적인' 친밀성 영역으로 제도화함으로써, '여성'이 하나의 집합적 범주로 자연화한 것이다.

여성이 이처럼 남성 개인의 주체 되기를 지원하는 귀속적 존재가 됨으로써, 롤즈의 원초적 상황처럼 분배의 당사자들은 한 가족의 가장이자 아버지인 남성으로 제한되었다. 결국 롤즈의 정의론은 일국의 아버지들 사이에서 정의로운 분배 형평성에 도달할 수 있는 절차를 제시한

9 따라서 신자유주의화 속에서 노동자 조직의 결집력이 약화하면서 노동자들은 개인으로 분리되는 동시에 그들의 생애위험 역시 개인화한다. 그러나 이런 위험에도 불구하고 벡은 노동자 계급의 개인화 역시 궁극적으로는 긍정적 현상이라고 보았는데, 그것은 계급이라는 집합적 타자화의 표식이 약화하여 주체/타자의 집합적 귀속이 사라질 것이기 때문이다. 다소 추상적인 이런 인식으로 인해 벡은 자유주의자로 비판되었지만, 그는 생태 위험을 둘러싼 위험사회의 새로운 전선 속에서 기존의 집합적 정체성을 탈피한 개인들이 새로운 방식으로 상호 연대하는 새로운 정치가 펼쳐질 것이라고 보았다. 예컨대 한국에서 직원의 기계 끼임 사고, 손가락 끼임 사고 등에 의해 촉발된 2022년 SPC 그룹 불매운동은 노동권에 대한 개인화한 형태의 저항운동 사례라고 할 수 있다. 이 불매운동은 한국에서 노동권에 대한 소비자 지지 운동으로서는 예외적으로 상당히 크게 확산되었다.

것이다.[10] 그러나 이러한 일국적이고 소위 '정상' 남성 중심적인 분배 정의의 논리는 제2차 대전 이후 제기된 다양한 불평등 이슈들을 통해 도전받게 되었다. 여기서는 재화 분배의 양적 평등만이 아니라, 분배에 관련된 '정상 시민' 또는 '정상 개인'은 누구인가 하는 개념 정의의 문제 역시 불평등의 주요 이슈로 등장하게 된다. 즉 '일국의 남성 가장(=정상) 대 나머지(외국인, 타국민, 여성, 흑인, 청년, 퀴어, 장애인 등)'라는 의미론적 대립이 불평등의 주제로 등장하게 된다.

3) 불평등의 다원화에서 복잡화로: 교차성과 간섭

앞서 사회경제적 불평등 외에 몸과 문화의 의미론과 결합한 불평등의 문제들이 다양하게 제기되었음을 보았다. 그런데 1980년대 말 미국의 흑인 페미니즘에서 '교차성'이라는 개념이 나오기 전까지는, 앞서 열거한 여러 불평등 현상 사이의 관계를 종합적으로 설명하려는 시도가 이루어지지 않았다. 물론 종속이론의 '접합(articulation)' 개념이나 사회주의 페미니즘의 '이중체계' 같은 개념들을 통해서 몇몇 불평등 간의 구조적 관계를 설명하려는 시도는 있었다. 그러나 '교차성' 개념처럼 모든 불평등을 아우를 수 있는 잠재성을 갖는 것은 아니었다. 즉 '교차성' 개념이 나오기 이전까지, 다양한 불평등의 이슈들은 분산적, 병렬적, 다원적인 방식으로 제기되었다.

반면에 흑인 여성들은 자신들의 불평등 지위가 예컨대 인종과 성 범

10 유럽의 복지국가 원리는 롤즈의 자유주의와는 다른 방식이지만, 남성 가장들 내부의 평등을 추구했다는 점에서는 크게 다르지 않았다. 그러나 이후 북유럽을 중심으로 가족이 아닌 개인을 복지의 단위로 규정하는 새로운 제도가 형성되었다(Bergqvist, Blandy, and Sainsbury, 2007).

주들의 '접합'이나 '체계적 결합'의 관계가 아니라, 인종도 성도 아닌 제3의 불평등 지위를 말한다고 주장했다. 불평등을 다원주의적으로 볼 경우, 단일 범주들의 불평등이 각각 병렬적으로 인지되므로 여러 범주가 한꺼번에 작용함으로써 경험되는 독특한 불평등 지형은 인지될 수 없다는 지적이었다. 말하자면 흑인 여성이 경험하는 불평등은 흑인 남성이 경험하는 불평등과 백인 여성이 경험하는 불평등의 총합이나 상호 연결이 아니라, 흑인 남성이나 백인 여성은 전혀 경험하지 않는 새로운 형태의 불평등이라는 것이다.

그뿐만 아니라 교차성 개념이 학계에서 일종의 유행 현상이 되어 '인용 경제'의 문제로까지 지적되면서(Davis, 2008; Knapp, 2005), 그것은 모든 종류의 불평등을 연결할 수 있는 이론적 가능성으로 해석되었다(Lykke, 2010: 67-86.). '교차성' 개념이 전달하는 새로운 내용은, 불평등은 사실상 매우 복잡하며 그 복잡성 속에서 단선적 불평등 논리로는 추론할 수 없는 전혀 새로운 불평등의 경험이 생겨난다는 것이다. 이런 인식은 유럽으로 전달되면서 차별에 관한 '다문화주의 대 교차성'의 관점 차이로 이어지기도 했다(Verloo, 2006; Lombardo and Verloo, 2009). 현대 과학 용어를 빌려서 말하면, 교차성은 특정 집단에 나타나는 그들만의 독특한 불평등 경험과 지위의 '창발'에 대해 설명하는 것 같다. 이런 의미에서 교차성 이론을 주장하는 흑인 페미니스트들은 자신들과 사회적 구성주의가 '비본질주의'를 공유한다고 설명한다.

교차성 이론은 애초에 흑인 여성의 '정체성 정치'를 주장하며 제기되었기 때문에, 그것을 흑인 여성 정체성이라는 '체계'—여기서는 교차적인 복잡계—의 창발에 대한 이론적 접근이라고 볼 수도 있을 것이다. 그러나 교차성 이론가들은 이와 같은 과학 이론 개념을 사용하지 않고 경우에 따라서는 오히려 헤겔적인 '입장 이론(standpoint theory)'을 주장(콜린스, 2009)하기 때문에, 복잡계 관점보다는 오히려 전통적인 구조론에 가까운 것으로 해석되었다(Carbin and Edenheim, 2013).[11] 교차성 이론은 변증법적인 역사적 구성주의를 선호하고 미시적인 사회적 구성주의의 '가벼움'을 비판하는데,[12] 이에 대한 반론이 커지면서 교차성 이론으로부터 '간섭 이론'으로의 전환을 주장하는 논의(Geerts and van der Tuin, 2013)가 나타났다.

'간섭 이론'은 교차적 불평등이라는 복잡성을 미시 물리학에 기초한 양자역학 관점으로 설명하려는 시도이다. '간섭'이라는 개념은 파동의 간섭 현상을 이르는 자연과학 개념이다. 현실을 '입자' 모형이 아닌 '파동' 모형으로 처음 설명한 페미니스트는 생물학자 출신의 해러웨이(2007)인데, 입자물리학자 출신 페미니스트 버라드(Barad, 2007)는 그것을 양자역학적으로 재해석했다. 양자역학적으로 보면 개인의 정체성이라는 '입자'는 동시에 '파동'인데, 파동으로서 그것은 자신의 내부에서 간섭 현상을 보인다. 즉 하나의 정체성은 입자처럼 특정 위치를 갖는 고정된 것이 아니라, 그 내부에서 퍼져 나가는 움직임(=수행성)들이 서로 겹치는 파동으로도 볼 수 있다는 것이다. 아니, 이런 주장은 여기서 한 발 더 나아가 오히려 입자가 아니라 파동으로 보아야 한다는 주장으로 이어졌다. 물론 이에 대해서는 다시 근대적 이분법 모델로 회귀한다

11 교차성 이론에 대한 복잡계적 접근을 시도한 사례도 있다(Choo and Ferree, 2010).

12 예컨대 사회적 구성주의에서는 개인의 수행성을 통해 불평등의 경계를 넘을 수 있다고 주장하지만, 흑인 여성의 불평등 경험은 그렇게 가벼운 것이 아니므로 집합적 정체성의 정치를 필요로 한다고 비판한다. 대표적 수행성 이론가인 버틀러를 이처럼 '가볍게' 해석함으로써, 이후 사회적 구성주의나 신유물론으로부터 비판에 직면하게 된다. 이 중 신유물론 쪽의 비판이 아래에서 다룰 '간섭 이론'으로 연결된다.

고 비판할 수 있을 것이다. 즉 양자역학에서는 '모든 입자는 동시에 파동'임을 주장하지만, 간섭 이론은 다시 '입자가 아니라 파동'의 양자택일 논리로 돌아간다고 비판할 수 있다.

어쨌든 간섭 이론은 파동 모형을 주장하므로 '정체성' 개념 자체에 대해 비판적이다. 즉 교차적인 불평등의 경험, 지위, 정체성 등은 모두 고정된 것이 아니라 유동적이며, 그것의 복잡성은 단순히 여러 불평등 범주가 서로 교차하는 구조론적 복잡성이 아니라는 것이다. 파동으로서 정체성은 그 내부에서의 겹침인 '간섭'뿐만 아니라, 타 파동과도 겹쳐서 하나가 되는 '얽힘'의 운동성 속에 있다. 따라서 그것은 수행성 속에서 끊임없이 다른 경험, 지위, 정체성으로 발현하게 된다는 것이다. 이런 관점에서는 정체성 정치가 아닌 '배치(assemblage)의 정치'를 주장하는데,[13] 양자역학의 '입자/파동 이중성' 개념을 상기하면, 오히려 '정체성/배치의 이중성' 정치를 주장하는 것이 더 적절할 것이다.[14]

한편 교차성이든 간섭이든 불평등의 복잡성을 주장하는 관점은 아직 페미니즘에 제한되어 있다. 전통적으로 불평등을 연구한 사회학에서는 계급·계층론의 이론적 쇠퇴 이후 이론적 논의의 맥이 끊기고 방법론 논의가 이론을 대체했기 때문이다.[15] 따라서 불평등의 복잡성을 보기 위해서는 전통적인 불평등 사회학에 머물 것이 아니라, 차별과 불평등에 대한 다양한 사회정치적 논의들을 참고해야 한다.

13 배치 또는 행위자 배치(assemblage)의 개념은 들뢰즈의 개념인데, 많은 신유물론자들이 버라드의 이론과 들뢰즈의 개념을 혼합해서 사용한다.

14 이런 이중성의 문제에 대해서는 홍찬숙(2021) 참조.

15 한국 사회학에서 계급·계층 불평등에 대한 이론적 논의는 생애과정론(신광영 외, 2014) 이후 끊긴 것으로 보인다.

2. 사회적 갈등의 지형 변화: 분배에서 개념 정의의 갈등으로

사회적 갈등은 사회 불평등에 대한 행동적 표현이다. 사회학의 전통적인 구조론에서 보면, 불평등은 구조적 현상이며 그에 대한 행위자의 경험과 의식을 매개 삼아 갈등으로 연결된다. 구성주의 관점의 출현 이전에 사회학에서는 구조론과 행위론을 연결하는 이론적 성과가 없었기 때문에, 구조적 불평등(소위 '상태')과 집단적 갈등과의 관계는 단순한 재현(representation)의 관계로 생각되었다. 그러나 한편으로는 탈구조주의를 거치며(기든스, 2012), 또 다른 한편으로는 복잡계 인지 생물학을 거치면서(루만, 2020) 인간의 수행성이 구조를 구성한다는 관점이 생겨나고, 사회적 소통 과정에서 형성되는 의미론—즉 담론 구조—이 재화 분배의 구조 못지않게 사회적 체계를 구조화한다는 설명이 등장했다.

이렇게 보면, 불평등 구조와 사회적 갈등을 연결하는 불평등 '경험'은 단순한 재현이 아니라 경험에 대한 의미론적 해석이자 인식의 프레임을 만들어내는 능동적 소통의 과정임을 알 수 있다. 이렇게 해서, 단순히 사회경제적 재화의 분배 문제로 인지되었던 '불평등'의 해결을 위해 소통의 민주화 역시 필요하다는 주장이 제기된다. 대표적으로 하버마스(1997)는 '목소리의 정의론'이라고 부를 만한 방향으로 자유주의 정의론을 변화시켰다. 여기서는 공론장 등 사회적 소통에서 모든 구성원의 목소리가 지위와 무관하게 대등한 참여권을 가져야 한다고 보았다. 즉 사회적 갈등을 정치적으로 해결할 원칙인 정의론의 핵심으로서, 재화 분배의 권력이 아닌 담론 권력의 불평등을 문제 삼은 것이다.

이처럼 사회 불평등 및 갈등과 관련하여 담화 권력의 평등성을 중시한 관점은 이후 세 방향의 사회·정치철학으로 연결된다. (1) 타 문화의 의미론을 동등하게 인정해야 한다는 공동체주의, 다문화주의, (2) 갈등의 규범적·도덕적 성격에 대한 인식을 강조하는 '인정의 정치', (3) 특히 페미니즘 내부에서 일어난 '차이의 정치'가 그것이다.

경제학의 '희소 재화' 개념에 기초한 '사회적 기본 재화' 개념을 분배 정의의 출발점으로 삼은 롤즈를 비판하면서, 왈저(1999)는 분배 영역별로 해당 재화의 의미론이 각각 다르므로 그에 적합한 다양한 기준에 따라 재화 분배가 다원적으로 이루어져야 한다는 '복잡한 평등'의 개념을 제시했다. 또한 그는 재화 분배 과정에서 국가 성원권이 최초의 열쇠로 작용한다고 봄으로써, 일국적 관점을 비판했다. 이처럼 일국 내외의 문화 다양성을 강조한 공동체주의는 이후 문화상대주의적인 다문화주의로 연결되었다.

한편 '인정의 정치'는 잘 알려진 대로, 후기 자본주의 사회 노동자 계급의 정치 변화를 설명하는 호네트(2011)의 이론과, 사회 정의를 재화 분배의 권력 및 담론 권력 인정의 권력 두 차원으로 분리해서 분석해야 한다는 프레이저(2017)의 '분배/인정 이원론'이 있다.

하버마스를 포함하여 위의 두 방향이 근대주의적 정의론의 틀 안에 있다면, 페미니즘의 '차이의 정치'는 근대성에 대한 비판과 함께 제기되었다. '차이의 정치'는 앞서 교차성 이론이 채택한 바 있는 '정체성 정치'에 대한 대립물로 주조된 개념이다—그러나 반드시 간섭 이론과 연결되지는 않는다. 주체의 '정체성(=동일성)' 및 지식의 객관성(또는 완결성)을 비판하며 그에 대한 대안으로 '혼종성'과 지식의 파편성을 제시한 해러웨이(2019)와 마찬가지로, 여기서는 행위자의 정체성이 상황과 이슈에 따라 유동적이므로, 행위자의 자의식을 '동일성'이 아닌 '차이'로 규정해야 한다고 보았다. 그리고 공론장에서 이 모든 차이들이 동등한 목소리를 가질 수 있어야 한다는 것이다(영, 2017; 조주현, 2018).

결국 하버마스의 롤즈 비판은, 분배 정의를 위해서는 평등 분배의 절차보다 오히려 목소리(=참여)의 평등이 더욱 중요함을 강조한 것이다. 물론 분배 절차의 평등과 목소리의 평등 간의 관계가 단순한 선후 문제는 아닐 것이다. 이것은 오히려 평등한 분배가 무엇인지의 문제, 즉 '평등' 개념의 정당성에 대한 문제 제기로 읽힐 수 있다. 예컨대 벡(2011)은 방법론적 일국주의와 방법론적 세계시민주의를 대립시키면서, 평등 개념을 국민국가 내부에서만 유효한 것으로 인식하는 개념 정의(=방법론)를 문제 삼았다. 그리하여 그런 개념 정의에서 벗어나는 '메타 권력'의 정치가 출현한다고 보았고, 그것을 '개념 정의의 정치'라고 불렀다.

앞서 보았던, 근대 사회에서 새로운 방식으로 재배치된 '귀속적 불평등'의 여러 차원 역시 마찬가지의 출발점을 강조한다. 왜냐하면 거기서는 '타자화'(=개념 정의)를 통해 분배 불평등을 정당화하는 이중 권력이 사용되기 때문이다. 그리하여 여기서는 재화 분배의 문제와 함께, 타자화된 해당 불평등 위치들의 '개인 되기' 또는 '주체 되기'의 문제가 제기될 수밖에 없다. 사회적으로 인지되는 '주체'의 개념 속에 해당 위치들이 포함되어만 비로소 평등 분배의 범주로서 정당성을 가질 수 있기 때문이다.

이처럼 불평등을 다원적인 것으로 보면, 분배 불평등은 개념 정의의 정치와 서로 뗄 수 없는 관계 속에 있다. 그리고 이것을 다시 앞서 본 '복잡한 불평등'의 관점으로 보면, 거기서 발현하는 새로운 불평등 위치에 대한 개념 정의가 갈등의 중심부에서 작동함을 알 수 있다. 말하자면 이런 방식으로, '개념 정의의 대립과 갈등'이 분배 갈등에서 핵심적인 문제로 등장한다.

III. '갈등'과 '불평등'의 관계: 반영에서 복잡성 축소로

사회의 성원들이 특정 (특히 귀속적) 특성에 의해서 주체/타자로 나뉘어 범주화되어 있다는 자각 없이 사회적 갈등을 '희귀 재화'의 분배 문제로만 보았을 때, '갈등'은 단순히 불평등 구조(또는 상태)를 반영한다고 여겨졌다. 그리하여 계급 갈등이 불평등의 핵심으로 인지되었고, 사회갈등은 곧 계급 문제에 기초한 구사회운동이라고 설명되었다. 그리하여 모든 사회정책이나 복지국가 모델은 애초에 계급·계층 격차를 줄이는 문제로 모여졌다. 그러나 제2차 대전 이후 불평등을 다원화, 복잡화하는 관점들이 등장하면서, 사회적 갈등에는 의미를 구성하는 소통 행위의 능동적 측면이 이미 내재함을 알게 되었다.

그런데 여기서 다원화(또는 차이)를 강조하면, 위에서 본 '차이의 정치'처럼 모든 다양한 목소리에 동등권을 부여하여 불평등의 다양한 차원들이 사회적으로 소통되고 인지되며 모든 이질적 이해관계가 주장되도록 하는 방책이 필요할 것이다. 그러나 '차이의 정치'는 하버마스와 달리 이성적 '합의' 가능성을 거부하므로, 이런 목소리의 다원적이고 평등한 공론화는 일종의 참여 민주주의적 카오스 상태를 부를 것이다. 그리하여 그 속에서 어떤 정치가 창발할 수 있는가의 문제는 완전한 불확실성 속에 덮인다(조주현, 2018과 비교). 결국 사후적으로 발생한 결과를 통해 경험적 해답을 찾을 수밖에 없을 터이다. 그리고 그간에 확인되었던 새로운 갈등의 정치는 한편으로는 신사회운동에서 시작해서 인터넷 연결에 기초한 세계시민운동, 미투운동 등의 헐거운 연결망 사회운동, 다른 한편으로는 백래시 운동과 혐오 정치, 탈진실 정치와 같은 극우 대중주의 운동의 두 방향이었다.

그렇다면 다양한 목소리의 카오스 속에서 이와 같은 새로운 정치 형태들이 창발하는 과정을 설명할 필요가 있는데, 이와 관련해서는 앞서 본 '불평등의 복잡화' 관점에서 시작할 수 있다. 이를테면 교차성 이론은 교차적 복잡성 속에서 어떻게 제3의 독특한 정체성 정치가 창발하는가를 설명하려는 시도이다. 그리고 간섭 이론은 그 정체성 정치가 실상은 그 내부의 복잡한 배치(간섭과 얽힘)로 인해 끊임없는 유동성을 보일 수밖에 없다고 강조한다. 따라서 특정 형태의 '창발'에 대한 관심은 교차성 이론과 더 가까우며, 간섭 이론은 그 창발한 형태가 고정적이지도 영원할 수도 없고 수행성—즉 또 다른 행위자 배치—을 통해 계속 변화할 것임을 강조한다.

그러나 두 관점 모두 복잡한 불평등[16] 속에서 창발하는 갈등이나 정치의 형태가 일정한 고유 특성으로 드러난다고 본다는 점에서는 다르지 않다. 교차성 이론에서는 고유의 집단 정체성—예컨대 미국 흑인 여성—으로 수렴되어 그것이 상당히 장기 지속한다고 본다. 반면에 간섭 이론에서는 특정 정체성처럼 보이도록 만드는 특정 배치의 형태를 찾는 것이 우선이고, 정체성의 고유한 특성으로 보이는 것이 사실은 그 안에 다른 가능성들을 접어서 품고 있을 뿐이라는 것이다(Barad, 2007: 223-246; Geerts and van der Tuin, 2013). 즉 두 관점 모두 발현하는 특정 갈등의 형태로 불평등의 복잡성이 축소된다는 점에 대해서는 동의한다.[17] 다만 그 축소된 형태가 얼마나 안정적이냐에 대해서 이견을 보이는 것이다. 간섭 이론에서는 그것이 언제든 다시 펼쳐져서 다른 위치와

16 여기서 '복잡한'은 두 차원을 갖는다. 하나는 다원적 불평등의 복잡함이고, 다른 하나는 분배 불평등과 개념 정의의 의미론적 불평등이 서로 분리 불가능하다는 의미이다.

17 이를테면 '흑인 여성'의 정체성에는 인종과 성뿐만 아니라 계급 불평등도 교차한다.

특성으로 나타날 수 있다고 본다.

여기서 교차성 이론의 관점은 루만의 구성주의 체계론과 비교될 수 있다. 즉 여러 불평등의 축이 교차한 혼돈 상태가 사회적 소통의 체계 속에서 일정한 의미로 축소되어 체계화된다는 것이다. 물론 여기서 그렇게 축소된 의미는 주체적 흑인 여성 정체성이 아니라 미국 사회에서 통용되는 흑인 여성의 이미지일 것이다. '미국 시민'보다 오히려 '흑인 여성=뚱뚱한 복지 맘' 등으로 타자화한 의미이기 쉽다. 그러나 흑인 여성들이 자신들 내부의 소통을 통해 주체적 의미론을 구성하여 그것을 '흑인 여성 정체성'으로 체계화하는 데 성공한다면, 저항적 의미론의 새로운 체계(예컨대 흑인 페미니즘)가 구성될 수 있다.[18] 이럴 경우, '흑인 여성' 정체성은 자율화한 실체로 정의된다.

이런 사회적 인지의 과정을 거치면서, 여러 불평등이 교차한 혼돈의 상태는[19] 흑인 여성을 둘러싼 '타자화 대 주체화'의 개념 정의 갈등 및 분배 갈등을 창발한다. 말하자면 불평등을 복잡화해서 볼 때, 특정 갈등 전선으로 복잡성이 축소되는 과정은 불가피하다. 사회적 인지 과정 없이 갈등이 일어날 수 없고, 사회적 인지란 곧 인지 불가능한 복잡성을 특정한 인지 체계 속으로 축소하는 일이기 때문이다. 여기서 또 하나의 중요한 문제가 부상하는데, 그것은 어떤 인지 구성물이 사실에 가까운가 하는 것이다. 즉 개념적 인지의 사실성 또는 진실성 문제가 등장하는데, 이것은 특히 트럼프의 '탈진실' 이후 중요한 이슈로 부상했다. 분

18 루만은 그의 마지막 저서(2012)에서, '저항운동'을 불안정하지만 새로운 사회적 체계라고 설명했다.

19 이것이 혼돈인 이유는 우리가 그 복잡한 상태를 사진 찍듯이 그대로 인지할 수 없기 때문이다.

배 갈등의 전선이 불평등의 복잡성을 축소하는 방식에 따라 진실성 싸움으로 전환될 수 있는 것이다.

인식이나 개념과 같은 사회적 구성물의 '사실성' 문제는 탈구조주의 관점이 사회적 구성주의에서 신유물론으로 변화하도록 동력의 역할을 했다. 물질적 차원을 떠나 사회적 의미 소통 과정만을 현실 구성의 기제로 설명하는 사회적 구성주의는 진실성 문제에 답할 수 없다는 한계를 내장하기 때문이다. 반면에, 예컨대 '행위 실재론'을 표방하는 버라드의 신유물론은 사실의 '객관성' 개념을 폐기하지 않는다.[20] 다만 그것을 다르게 이해할 필요성을 제기하는데, 객관성은 현실의 반영(재현)이 아니라, 실질적으로 거듭 확인됨으로써 그것의 사실성을 다수가 공유할 수 있음을 말한다(Barad, 2007).

여기서는 우리가 경험하는 것들을 실재라고 보지 않는다. 왜냐하면 앞서 간섭 이론 관련하여 보았듯이, 우리가 경험하는 현실은 항상 유동적이나 우리는 그것을 실체처럼 인식하기 때문이다. 우리가 경험하는 바는 사실(=행위) 자체가 아니라 '현상(=행위의 생산물)'이다. 사실은 만물이 행위성임을 말한다. 반면 우리가 확인하는 현실은 그 행위성—구체적으로는 물질의 행위성과 인간의 행위성이 서로의 내부로 들어가 작용하는 것(얽힘, 내부작용)—의 결과 마치 실체처럼 위치와 속성을 갖게 된 어떤 순간적 형태이다. 그런데도 그것이 우리에게 안정적 구조로 경험되는 이유는 그것이 거듭 반복적으로 발생하기 때문이다. 즉 여기서 객관성은 특정 물질-담론 행위들의 얽힘이 특정한, 경험 가능한 현

20 흔히 '행위적 실재론'으로 번역되는 개념(agential realism)을 필자는 '행위 실재론'으로 번역했다. 그 이유는 결국 실재하는 것은 실체(substance)가 아니라 행위임을 주장하는 것이기 때문이다. 즉 실체 실재론 대 행위 실재론의 대비가 가능하기 때문이다.

상을 만들어낸다는 사실의 객관성이다.

예컨대 불평등은 특정 얽힘이 반복적으로 만들어낸 구조화된 현상이자 경험이다. 여기서 불평등의 진실성과 관련하여 중요한 것은, 그 불평등의 현상이 단지 언어적 구성물이 아니라 물질의 행위성에 의해 공동 구성된 결과라는 것이다. 즉 '물질-담론 얽힘'이라는 신유물론적 수행성의 결과이다. 따라서 그 경험은 순수 의미론적인 것이 아니라, 몸으로써 경험되는 객관성을 갖는다. 반면에 순수하게 언어적 소통으로부터 구성된 인식에는 그러한 경험의 객관성이 결여해 있다. 복잡한 불평등의 물질-담론적 얽힘으로부터 특정 불평등의 경험이 생겨나므로, 불평등에 대한 소통은 다양하게 겹쳐진 불평등의 결들을 분석하는 것이어야 할 뿐 아니라 그러한 결들의 물질성에 관한 것이어야 한다. 여기서 '물질성'은 분배되는 재화의 물질성만이 아니라, 모든 물질화한(mattered) 것들—즉 물질적 효과를 만들어내는 모든 것들—을 포함한다.

만일 불평등에 대한 담론이 순수하게 언어적으로만 구성된다면, 그것은 물질적 사실과 무관한 임의적 의미론에 불과하여 칼 슈미트(2012)의 의미에서 '정치적'인 것, 즉 적대관계 창출을 위한 '이념(ideal)'에 불과할 것이다. 이를 통해 발화하는 불평등의 경험은 물질성을 배제하며 불평등을 축소하는 방식의, 심리적이고 도덕화한 형태의 '잔상'이라고 할 것이다. 그것을 발생시킨 불평등의 '사실'은 물질-담론 수행성의 얽힘이지만, 그것이 경험으로 현상화하는(또는 잘리는, cut) 과정에서 물질성이 인식론적으로 배제되고 심리적이고 도덕적인 '기억'만이 소통되는, 그런 방식의 복잡성 축소 형태라는 것이다.[21]

21 철저하게 '사회적' 구성주의자인 루만(2020)은 사회의 의미론 체계가 소통을 통한 '기억'들의 체계화라고 설명했다.

Ⅳ. 나가며: 복잡한 불평등과 한국 청년 세대의 '젠더 갈등'

호네트(2011)는 신자유주의 이후 서구에서 노동자 계급의 계급투쟁이 '인정투쟁'이라는 도덕적 형식을 취하게 되었다고 그 변화를 분석했다. 산업사회의 계급투쟁은 애초에는 몸으로 인식되는 이익투쟁의 형식이었다. 물론 앞서 톰슨을 언급하며 말했듯이, 계급문화 형성에 노동자들의 전통적 생활문화와 도덕 감정은 큰 몫을 했다. 그러나 당시는 불평등의 경험에서 물질성, 즉 계급이익을 가르는 물질적 배치의 문제가 앞섰다. 그리하여 노동자 문화는 오히려 이익투쟁을 위한 접착제로 작용했다. 그러나 이제 인정투쟁의 형식을 띠면, 개인 노동자의 의식에서 계급이익보다는 사회적 기억이 더 중요해진다. 일국화한 분배구조 속에서 자신들이 누릴 수 있었던 '선진국 노동자'라는 특수 지위의 기억을 지키는 일이 장기적 이익보다 중요해지는 것이다.

현재 한국 청년 세대에서 부상한 '젠더 갈등'의 정치 역시 이와 유사하다. 앞서 여론조사 등의 결과에서 보았듯이, 한국 청년들은 다양한 불평등을 경험하고 있다. 그러나 그것이 '갈등'이라는 행위의 차원으로 표현될 때, 복잡한 불평등의 경험은 '젠더 갈등'으로 단순화한다. 청년 여성들은 스스로 시민으로 주체화하며 그 가장 기초적 전제인 '신체의 자유' 및 '양심의 자유'를 구속하는 성폭력을 중심으로 불평등을 이슈화한다. 여기서 성폭력을 '생물학적 남녀' 간의 문제로 단순화하는 관점과 자신들이 처한 여러 불평등의 핵심 특성으로 보는 관점이 갈린다. 앞의 관점이 청년 여성 불평등의 경험을 '생물학적 여성'의 위치에 고정하는 복잡성 축소의 방식이라면, 뒤의 관점은 교차성 이론이나 '차이의 정치', 신유물론을 수용하는 관점으로 또 나뉜다.

'생물학적 여성'과 '교차성' 그리고 '차이의 정치'와 신유물론은 인식의 복잡성 측면에서 차이를 보인다. '생물학적 여성' 정체성이 가장 단순한 복잡성 축소의 방식이라면, '교차성'은 다양한 교차적 정체성을 강조한다. 즉 청년 여성 내부의 여러 불평등 정체성을 인정한다. 그러나 여기서도 '정체성' 개념을 사용하는 만큼, 여성들의 다양한 불평등 위치는 상당히 안정된 것으로 인지된다. 반면 '차이의 정치'나 신유물론 성향의 경우에는 '정체성들'의 불안정성과 유동성을 강조하는 방식으로, 가장 복잡한 인지 방식을 보인다.

한편 언론과 정치권의 적극성에 힘입어 '젠더 갈등'을 지난 대통령 선거의 핵심 이슈로 부상시킨 청년 남성들의 인식은 또 다르다. 청년 남성들에게 젠더는 자신들이 경험한 복잡한 불평등의 핵심과 관련된 범주가 아니라, 가장 억울하게 생각—'공정성' 개념의 사용—되는 정책들의 문제이다. 여러 조사 결과를 볼 때(홍찬숙, 2022 참조), 청년 남성들은 자신들이 겪은 젠더 불평등의 경험을 '공정성' 주장의 구체적 근거로 내세우지 않는다. 오히려 젠더 평등의 '속도 조절'이 공정성의 문제라고 말하기도 한다. 즉 이들은 전통적인 가부장적 의식에서 기성세대 남성보다 자유롭지만, 가부장제를 교정하는 사회적 과정에서 위협받는 위치가 공교롭게도 바로 자신들, 즉 청년 남성이라는 데 대해 문제를 제기하는 것이다.

그리고 가부장제 교정을 가장 강하게 주장하는 세력이 청년 여성이기 때문에, '젠더 갈등'이 자신들의 지위를 위협하는 핵심 문제—소위 '역차별' 또는 그냥 '차별'—라고 인지하는 것이다. 즉 가부장제 교정의 역사적 정당성을 부정하기는 어려우나, 그것이 자신들에게 실질적 위협이 되므로 '위험'이라고 보는 것이다. 결국 여기서 문제는 '위험'의 개념 정의에 관한 것이다. 한편, 청년 남성들의 불평등 경험 역시 복잡하다. 청년 남성 중심으로 거론되는 수저론은 '세습 자본주의' 불평등에 대한 인식이 광범위하게 공유되고 있음을 보여준다. 또 기성세대 남성을 비교 대상으로 만드는 세대, 연령의 범주 역시 불평등의 범주로 자주 거론된다. 이런 불평등의 경험은 '평등'보다는 '능력주의'와 '공정성'이라는 고전적 자유주의의 요구로 연결되는데, 이 역시 '평등'을 요구하는 청년 여성들의 목소리와 대비된다.

문제는 이처럼 복잡한 불평등의 경험으로부터 도출된 능력주의와 공정성의 요구가 궁극적으로 '젠더 갈등'을 핵심 의제로 선택했다는 것이다. 즉 '젠더 갈등' 프레임은 복잡한 불평등을 축소하는 기능을 하나, 여기서 젠더 불평등의 경험이 핵심적이라기보다 그것은 지위 위협에 대한 불안감이 만든 단순화이다. 불평등과 관련된 물질-담론 얽힘은 수저론, 세대론 등의 구체적인 불평등 인식을 발생시키는데, 그런 물질성을 갖는 불평등 경험과 무관한 '젠더 갈등'이 가장 위협적인 '위험'으로 인지되는 것이다. 결국 이 경우 '젠더 갈등'은 불평등의 물질성이 배제된 사회심리적 구성물, 순수하게 사회적 소통에만 기초한 구성물이다.

이렇게 청년 남성과 언론, 정치권에 의해 형성된 '젠더 갈등' 이슈는 물질-담론적 불평등의 구성물이 아니라, 순수 관념적 구성물임을 알 수 있다. 이것은 '얽힘'을 통해 불평등 현상으로 현상화하는 실재와는 무관한, 탈진실의 '불평등 갈등'이다. 그것은 오히려 (역)차별 '위험'의 개념 정의를 둘러싼 담론 갈등이며, 그런 임의적인 방식으로 불평등의 복잡성을 축소하려는 정치적 기획이다. 그리하여 '젠더 갈등' 이슈가 주목받을수록, 그 누구에게도 평등 분배의 이익은 실현되지 않을 것이다.

참고문헌

기든스, 안소니. 2012.『사회구성론』. 황명주 · 정희태 · 권진현 옮김. 간디서원.

벡, 울리히. 2011.『세계화 시대의 권력과 대항권력』. 홍찬숙 옮김. 길.

롤즈, 존. 2003.『정의론』. 황경식 옮김. 이학사.

루만, 니클라스. 2009.『열정으로서의 사랑』. 권기돈 · 조형준 · 정성훈 옮김. 새물결.

루만, 니클라스. 2012.『사회의 사회』. 장춘익 옮김. 새물결.

루만, 니클라스. 2020.『사회적 체계들』. 이철 · 박여성 옮김. 한길사.

부르디외, 피에르. 2005.『구별짓기』. 최종철 옮김. 새물결.

슈미트, 카를. 2012.『정치적인 것의 개념』. 김효전 · 정태호 옮김. 살림.

신광영 외. 2014.『세계화와 생애과정의 구조변동』. 한울.

영, 아이리스 매리언. 2017.『차이의 정치와 정의』. 김도균 · 조국 옮김. 모티브북.

왈저, 마이클. 1999.『정의와 다원적 평등』. 정원섭 외 옮김. 철학과현실사.

조주현. 2018.『정체성 정치에서 아고니즘 정치로』. 계명대학교출판부.

콜린스, 패트리샤 힐.『흑인 페미니즘 사상』. 박미선 · 주해연 옮김. 여성문화이론연구소.

톰슨, 에드워드 파머. 2000.『영국노동계급의 형성』. 나종일 외 옮김. 창비.

프레이저, 낸시. 2017.『전진하는 페미니즘』. 임옥희 옮김. 돌베개.

하버마스, 위르겐. 1997.『담론윤리의 해명』. 이진우 옮김. 문예출판사.

해러웨이, 다나 J. 2007.『겸손한_목격자@제2의_천년.여성인간ⓒ_앙코마우스TM를 만나다』. 민경숙 옮김. 갈무리.

해러웨이, 도나. 2019.『해러웨이 선언문』. 황희선 옮김. 책세상.

호네트, 악셀. 2011.『인정투쟁』. 이현재 · 문성훈 옮김. 사월의책.

홍찬숙. 2021. "팬데믹 위험사회와 돌봄의 사회적 의제화: 사회학의 패러다임 전환 촉구."『사회와 이론』39: 53-82.

홍찬숙. 2022.『한국 사회의 압축적 개인화와 문화변동』. 세창출판사.

Barad, Karen. 2007. Meeting the Universe Halfway. London: Duke University Press.

Bergqvist, Christina, Tanja O. Blandy, and Diane Sainsbury. 2007. "Swedish State Feminism: Continuity and Change," pp. 224-245, in: J. Outshoorn and J. Kantola (eds.), Changing State Feminism, London: Palgrave Macmillan.

Carbin, Maria and Sara Edenheim. 2013. "The intersectional turn in feminist theory: A dream of a common language?" European Journal of Women's Studies 20(3): 1-16.

Choo, Hae Yeon and Myra M. Ferree. 2010. "Practicing Intersectionality in Sociological Research: A Critical Analysis of Inclusions, Interactions, and Institutions in the Study of Inequalities." Sociological Theory 28(2): 129-149.

Davis, Kathy. 2008. "Intersectionality as buzzword: A sociology of science perspective on what makes a feminist theory successful." Feminist Theory 9(1): 67-85.

Geerts, Evelien and Iris van der Tuin. 2013. "From intersectionality to interference: Feminist onto-epistemological reflections on the politics of representation." Women's Studies International Forum 41: 171-178.

Knapp, Gudrun-Axeli. 2005. "Race, Class, Gender." European Journal of Women's Studies 12(3): 249-265.

Lykke, Nina. 2010. Feminist Studies: A Guide to Intersectional Theory. New York: Routledge.

Lombardo, Emanuela and Mieke Verloo. 2009. "Institutionalizing Intersectionality in the European Union?" International Feminist Journal of Politics 11(4): 478-495.

Verloo, Mieke. 2006. "Multiple Inequalities, Intersectionality and the European Union." European Journal of Women's Studies 13(3): 211-228.

"계층·젠더 갈등, 폭발력 더 커졌다." 한국일보 2019. 1. 2. https://www.hankookilbo.com/News/Read/201812270601327645 (검색일: 2023. 1. 6).

"디지털 데이터로 본 韓 사회갈등…'심화·확대됐다'." 뉴스1 2020. 7. 16. https://www.news1.kr/articles/?3997730 (검색일: 2023. 1. 6).

"사회갈등 4년새 2배 가까이 증가, 10건 중 6건이 '진영 갈등'." 머니투데이 2022. 4. 11. https://news.mt.co.kr/mtview.php?no=2022041113554274544&IST (검색일: 2023. 1. 6).

"이념 갈등 위에 젠더 갈등, 현 정부서 6배로." 중앙일보 2019. 4. 17. https://www.joongang.co.kr/article/23442964#home (검색일: 2023. 1. 6).

홍찬숙. "여성가족부 폐지와 새로운 극단의 정치." 대학신문 2022. 11. 27. http://www.snunews.com/news/articleView.html?idxno=31442 (검색일: 2023. 1. 20).

"Goldthorpe Class Scheme." https://www.encyclopedia.com/social-sciences/dictionaries-thesauruses-pictures-and-press-releases/goldthorpe-class-scheme (검색일: 2023. 1. 20).

Inhalt

Studien

Stichwort: Pornografie. (Un-)Sittlichkeit und Geschlecht

저·역자 소개

:: 율리아네 레벤티슈 Juliane Rebentisch

베를린 자유대학에서 철학과 독문학을 공부했으며 포츠담 대학에서 박사학위를 받았다. 프랑크푸르트 대학 철학과에서 교수자격학위를 취득했으며 프랑크푸르트 사회연구소의 주요 일원이기도 하다. 오펜바흐 조형예술대학에서 철학과 미학 교수로 재직 중이다. 미학, 윤리학, 정치철학을 중심으로 현대예술과 자본주의 그리고 민주주의의 관계에 관해 독창적인 연구 활동을 펼치고 있다. 주요 저서로 『설치미술의 미학』 『창조와 우울: 현대 자본주의의 자유』(공저) 『자유의 예술: 민주적 실존의 변증법』 『복수성을 둘러싼 분쟁: 한나 아렌트와의 토론』 등이 있다.

:: 케르슈틴 슈타케마이어 Kerstin Stakemeier

베를린 자유대학에서 정치학을 공부했으며 런던 대학에서 미술 연구로 박사학위를 받았다. 뮌헨 미술대학을 거쳐 뉘른베르크 미술대학에서 미술 이론 교수로 재직 중이다. 예술과 정치적 실천을 둘러싼 문제를 중심으로 독창적인 연구 및 큐레이션 활동을 펼치고 있다. 아트포럼 등 미술 잡지에 정기적으로 글을 기고해왔다. 주요 저서로 『무제한의 형식주의: 반근대적 미학의 방법』 『자율성을 재생산하기: 노동, 화폐, 위기, 그리고 동시대 미술』 등이 있다.

:: 수산나 파소넨 Susanna Paasonen

핀란드 투르쿠 대학에서 미디어 연구로 박사학위를 받았다. 헬싱키 대학을 거쳐 투르쿠 대학 미디어학과 교수로 재직 중이다. 미디어 연구, 디지털 문화 연구, 젠더 연구 분야에서 폭넓은 연구 활동을 펼치고 있다. 주요 저서로 『성욕의 공명: 정동과 온라인 포르노그래피』 『수많은 찬란한 것들: 섹스와 놀이를 생각하기』 『의존, 산만, 지루: 네트워크화된 미디어에서의 정서 형성』 등이 있다.

:: 레오니 칠히 Leonie Zilch

프랑크푸르트 대학에서 연극, 영화, 미디어 연구를 공부하고, 포르노그래피와 다큐멘터리에 관한 연구로 박사학위를 받았다. 보훔 대학을 거쳐 마인츠 대학에서 영화, 연극, 미디어, 문화 연구 교수로 재직 중이다. 포르노 연구, 영화 및 미디어 리터러시, 페미니즘 영화 이론, 다큐멘터리 연구 분야에서 활발한 활동을 펼치고 있다. 주요 저서로 『자극적인 다큐멘터리: 포르노그래피와 다큐멘터리의 권위』 등이 있다.

:: 제니퍼 도일 Jennifer Doyle

럿거스 대학에서 비교문학을 공부하고 듀크 대학에서 문학과 예술 연구로 박사학위를 받았다. 미국 리버사이드 소재 캘리포니아 대학에서 영문학과 교수로 재직 중이다. 퀴어 이론가이자 예술 비평가로 독창적인 연구 활동을 펼치고 있으며, 스포츠 기고가로도 활동하고 있다. 주요 저서로 『성의 대상: 예술과 욕망의 변증법』『캠퍼스 섹스, 캠퍼스 안전』『나와 반대로: 동시대 미술의 난해함과 감정』 등이 있다.

:: 제니퍼 내시 Jennifer C. Nash

하버드 대학에서 아프리카계 미국인 연구로 박사학위를 받았고, 하버드 로스쿨에서 법학 박사학위를 받았다. 미국 듀크 대학에서 젠더, 섹슈얼리티, 페미니즘 연구 분과 교수로 재직 중이다. 흑인 페미니즘 이론, 페미니즘 법이론, 흑인 성 정치와 교차성에 중점을 두고 연구 활동을 하고 있다. 주요 저서로 『황홀한 검은 몸: 인종 독해, 포르노그래피 독해』『교차성 이후 흑인 페미니즘』『흑인 어머니의 탄생』 등이 있다.

:: 페터 고르젠 Peter Gorsen

프랑크푸르트 대학에서 철학과 예술학을 공부하고 아도르노 교수의 지도로 박사학위를 받았다. 은퇴할 때까지 빈 응용예술대학에서 미술사 교수로 재직했다. 1960년대 말부터 근대적 성 윤리성을 근본적으로 문제 삼은 성애미학이라는 주제를 발전시키기 시작했다. 특히 자웅동체적 에로스에 대한 그의 논의는 트랜스섹슈얼의 포르노그래피화에 대한 토론과 연결된다. 주요 저서로 『피그말리온의 형상』『외설의 원칙: 예술, 포르노그래피, 사회』『피에르 몰리니에 그 자신: 초현실주의적 자웅동체인에 대한 에세이』『성애미학: 외설성과 포르노그래피의 부르주아 시민사회적 수용에 대하여』『성애미학: 20세기 감성의 한계형식들』 등이 있다.

:: 문성훈

연세대 철학과를 졸업하고 서울대 대학원을 거쳐 독일 프랑크푸르트 대학 철학과에서 악셀 호네트 교수의 지도로 박사학위를 받았다. 서울여대 교양대학 현대철학 담당 교수로 재직 중이며 『베스텐트』 한국판 책임편집자를 맡고 있다. 저서로 『미셸 푸코의 비판적 존재론』 『인정의 시대』 『새로운 사회적 자유주의』, 공저서로 『프랑크푸르트학파의 테제들』 『포스트모던의 테제들』 『현대 정치철학의 테제들』 『현대 페미니즘의 테제들』 『근대 사회정치철학의 테제들』 등이 있으며, 역서로 『정의의 타자』 『인정투쟁』 『분배냐, 인정이냐?』(이상 공역) 『사회주의 재발명』 등이 있다.

:: 송민정

이화여대 사학과를 졸업하고 동대학원에서 여성학 석사학위를 받았다. 현재 한국여성인권진흥원에서 재직 중이며, 남성성과 조직문화의 역동성에 관심을 두고 있다.

:: 심미섭

서울대 철학과에서 학사와 석사학위를 받았다. 페미니스트 정치세력화를 위한 단체 페미당당을 만들었으며 운영하고 있다. 공저서로 『걸어간다, 우리가 멈추고 싶을 때까지』 『소년소녀, 정치하라!』가 있다.

:: 오혜진

서울대 여성학협동과정에서 석사학위를 받았으며 박사과정을 수료했다. 석사학위논문 제목은 『20대 페미니스트 여성들의 '페미니즘'과 그 의미』이다.

:: 이유선

고려대 철학과를 졸업하고 동대학원에서 박사학위를 받았다. 미국 버지니아 대학교에서 리처드 로티 교수의 지도를 받아 박사 후 과정을 마쳤다. 서울대 기초교육원 강의교수로 재직 중이다. 저서로 『리처드 로티』 『실용주의』 『아이러니스트의 사적인 진리』 『사회 철학』 『현대 정치철학의 테제들』(공저) 『로티의 철학과 아이러니』(공저) 『리처드 로티, 우연성·아이러니·연대성』 등이 있으며, 역서로 『우연성, 아이러니, 연대』(공역) 『철학의 재구성』 『공공성과 그 문제들』(공역) 등이 있다.

:: 정대성

연세대 철학과를 졸업하고 독일 보훔 대학에서 독일 관념론과 사회정치철학 전공으로 박사학위를 받았다. 현재 연세대 미래캠퍼스 철학과 교수로 재직 중이다. 공저서로 『이성의 다양한 목소리』『세상을 바꾼 철학자들』『교육독립선언』『철학, 중독을 이야기하다』 등이 있으며, 역서로 찰스 테일러의 『헤겔』, 클라우스 피베크의 『자유란 무엇인가: 헤겔 법철학과 현대』, 게오르크 루카치의 『사회적 존재의 존재론 2, 3, 4』(공역)를 비롯하여 『청년 헤겔의 신학론집』『비판, 규범, 유토피아』『언어, 의미 그리고 철학』『정치철학사』(공역) 등이 있다.

:: 정대훈

서울대 철학과를 졸업하고 동대학원에서 데카르트 연구로 석사학위를 받았다. 독일 프랑크푸르트 대학에서 크리스토프 멘케 교수의 지도 아래 박사학위를 받았다. 현재 부산대 철학과 교수로 재직 중이다. 공저서로 『근대 사회정치철학의 테제들』『푸코와 철학자들』이 있으며, 역서로 『데카르트』『뉴레프트리뷰 3』(공역) 『현대 영미 철학에서 헤겔로의 귀환』(공역) 등이 있다.

:: 정성조

중앙대 사회학과에서 군대 남성성과 동성애혐오를 분석한 석사 논문을 썼고, 같은 학교에서 박사과정을 수료했다. 한국 성소수자 인권운동에 관한 박사 논문을 준비하고 있다. 성소수자 대학원생/신진연구자 네트워크와 다양성을 향한 지속가능한 움직임 '다움'에서 활동하고 있다.

:: 조현준

경희대 영문학과를 졸업하고 동대학원에서 박사학위를 받았다. 현재 경희대 후마니타스 칼리지에서 인문중핵교과 담당 교수로 재직 중이며, 한국비평이론학회에서 학술이사로 활동 중이다. 저서로 『젠더는 패러디다』『주디스 버틀러, 젠더 트러블』『쉽게 읽는 젠더 이야기』『영화로 읽는 페미니즘 역사』『개인의 탄생』『주디스 버틀러의 〈젠더 허물기〉 읽기』가 있다. 역서로 『젠더 트러블』『젠더 허물기』『써커스의 밤』『젠더 정체성은 변화하는가』 등이 있다.

:: 최태섭

성공회대 사회학과에서 박사과정을 수료했다. 문화평론가이자 사회학 연구자로 활동 중이다. 지은 책으로 『모두를 위한 게임 취급 설명서』『한국, 남자』『억울한 사람들의 나라』『모서리에서의 사유』『잉여사회』 등이 있으며, 문화연구, 계급, 젠더, 섹슈얼리티에 관심을 갖고 있다.

:: 홍찬숙

서울대 여성학협동과정 강사이다. 연구분야는 사회학 이론과 젠더 이론이다. 단독저서로는 『한국 사회의 압축적 개인화와 문화변동: 세대 및 젠더 갈등의 사회적 맥락』『개인화: 해방과 위험의 양면성』 외에 2권이 더 있다. 공동저서로는 『정보혁명: 정보혁명 시대의 문화와 생명의 새로운 패러다임』『세월호가 묻고 사회과학이 답하다』『독일통일과 여성』 외에 6권이 더 있다. 울리히 벡의 저서 3권을 단독 번역했고, 그의 공동저서 1권을 공동 번역했다.

포르노그래피,
그리고 청년이라는 문제

베스텐트 한국판 10호

1판 1쇄 발행 2024년 4월 10일

편저자 연구모임 사회 비판과 대안
지은이 율리아네 레벤티슈 외
옮긴이 문성훈 외
펴낸이 안희곤
펴낸곳 사월의책

편집 박동수
표지 디자인 이원우

등록번호 2009년 8월 20일 제2012-118호
주소 경기도 고양시 일산서구 중앙로 1388 동관 B113호
전화 031)912-9491 | **팩스** 031)913-9491
이메일 aprilbooks@aprilbooks.net
홈페이지 www.aprilbooks.net
블로그 blog.naver.com/aprilbooks

ISBN 979-11-92092-28-7 94100
ISBN 978-89-97186-10-5 (세트)

* 책값은 뒤표지에 있습니다.